Christian Bochmann | Friederike Driftmann (Hg.)

Generation Verantwortung

Christian Bochmann | Friederike Driftmann (Hg.)

Generation Verantwortung

Wenn Eigentum verpflichtet

HERDER

FREIBURG · BASEL · WIEN

© Verlag Herder GmbH, Freiburg im Breisgau 2021
Alle Rechte vorbehalten
www.herder.de

Satz: Daniel Förster, Belgern
Herstellung: CPI books GmbH, Leck

Printed in Germany

ISBN Print: 978-3-451-38873-6
ISBN E-Book (E-Pub): 978-3-451-82338-1
ISBN E-Book (PDF): 978-3-451-82269-8

Was du ererbt von deinen Vätern hast,
Erwirb es, um es zu besitzen.
Was man nicht nützt, ist eine schwere Last.

Johann Wolfgang von Goethe – »Faust I«

INHALT

VORWORT

Statistiken heben in großer Regelmäßigkeit die Bedeutung von Familien*unternehmen* für die deutsche Volkswirtschaft hervor. Sie sind investitions-, ausbildungs- und forschungsstark und belegen Spitzenwerte bei Beschäftigung sowie Umsatz. Unternehmer*familien* hingegen begegnen uns mitunter in Zerrbildern. Schlagwörter wie »Clan«, »Erbe« und »Streit« erheischen Aufmerksamkeit und suggerieren mit sich selbst beschäftigte Organismen hinter den Unternehmen.

Der vorliegende Band spürt jenseits derartiger Klischees dem Kern der Besonderheit von Familienunternehmen nach. Er erzählt Geschichten über die wechselseitige Sinnstiftung zwischen Familien und ihren Unternehmen, die weit über die Profitmaximierung hinausweist. Diese Geschichten sind ebenso vielgestaltig wie Familienunternehmen es sind. Denn Unternehmerinnen und Unternehmer selbst kommen mit ihren eigenen Gedanken und in ihrem ganz individuellen Stil zu Wort: Der etablierte Kaufmann, der einen konkreten Appell zur Rolle der mittelständischen Wirtschaft beim Klimaschutz formuliert. Die Nachfolgeaspirantin, die nach dem Besuch internationaler Spitzenuniversitäten im väterlichen Unternehmen auf der Schwäbischen Alb soziale und ökologische Standards weit über das branchenübliche Maß hinaus hochhält. Das Unternehmerehepaar, das klarstellt, dass die höchsten Werte in unserer Gesellschaft nicht funkeln müssen.

Aus diesen und vielen weiteren Botschaften setzt sich ein Bild zusammen, das gängigen Stereotypen klar widerspricht. Familienunternehmerinnen und Familienunternehmer genießen zweifelsohne die Vorzüge des Eigentums. Es liegt jedoch in ihrer DNA, sich nicht auf den passiven Besitz zu beschränken. Vielmehr krempeln sie die Ärmel hoch, um mit unterschiedlichsten Ansätzen und kreativen Ideen das von früheren Generationen Geschaffene für künftige zu erhalten und fortzuentwickeln. Sie sind Macher und Gestalter einer besseren Zukunft – eine *Generation Verantwortung.*

Jedes einzelne Kapitel ist ebenso wie der Band insgesamt ein Beitrag in der Debatte über die Bedeutung von Verantwortung und Werten im Unternehmertum, über die Verbindung von Tradition und Fortschritt sowie über die Funktionen des Eigentums und die damit einhergehenden Verpflichtungen. Diese Fragen sind von allgemeingesellschaftlichem Interesse, beschäftigen aber auch die Wissenschaft. Ein Ort des wissenschaftlichen Gesprächs ist das Zentrum Familienunternehmen der *Bucerius Law School* in Hamburg. Es widmet sich bereits seit über zehn Jahren den rechtlichen Besonderheiten von Familienunternehmen und bezieht dabei stets Familienunternehmerinnen und Familienunternehmer selbst in den wissenschaftlichen Dialog mit ein – woraus auch die Idee zu diesem Buch entstanden ist.

Wir danken allen Autorinnen und Autoren für ihre inspirierenden Beiträge sowie für Zeit und Gedanken, die sie ungeachtet der jüngeren Herausforderungen während der Coronapandemie investiert haben. Dem *Verlag Herder* gilt unser Dank für die Aufnahme in sein Programm, Herrn *Dr. Patrick Oelze* und Frau *Miriam Eisleb* für die sorgsame und geduldige verlagsseitige Betreuung. Zudem war uns Herr *Nicolas Philipps* mit seinem tatkräftigen organisatorischen Einsatz eine geschätzte Unterstützung beim Entstehen des Werkes.

Gewidmet ist dieses Buch all jenen, die sich der *Generation Verantwortung* zugehörig fühlen oder ihre Zukunft als Teil ebendieser sehen.

Hamburg im März 2021
$\qquad$ *Christian Bochmann*
$\qquad$ *Friederike Driftmann*

DR. CHRISTIAN BOCHMANN, LL.M. (CAMBRIDGE), Jahrgang 1982, studierte Rechtswissenschaft an der Bucerius Law School in Hamburg, der Columbia University in New York City sowie der University of Cambridge. Als Rechtsanwalt in Hamburg, geschäftsführender Direktor des Zentrums Familienunternehmen der Bucerius Law School, Lehrbeauftragter an der Juristenfakultät der Universität Leipzig sowie Mitglied des Aufsichtsrats der *Peter Kölln GmbH & Co. KGaA* in Elmshorn verbindet er seinen anwaltlichen Beratungsschwerpunkt bei Familienunternehmen mit Aktivitäten in Forschung und Lehre. Er ist Autor zahlreicher Fachpublikationen und referiert regelmäßig zu rechtlichen Fragen rund um Familienunternehmen und Unternehmerfamilien.

VERANTWORTUNG UND RECHT

Symbiose statt Substitution

Von Christian Bochmann

Der Duden definiert Verantwortung als die mit einer bestimmten Stellung verbundene Verpflichtung, dafür Sorge zu tragen, dass alles einen möglichst guten Verlauf nimmt, das jeweils Notwendige und Richtige getan wird und möglichst kein Schaden entsteht. Verantwortung zu tragen, heißt folglich, Antworten zu geben. In Familienunternehmen bedeutet Verantwortung die individuell empfundene Verpflichtung, Kunden und Lieferanten, Mitarbeitern, der Gesellschaft, der Region, der Umwelt und natürlich der Familie permanent Antworten zu geben und für deren Konsequenzen einzustehen. Die nachfolgenden Beiträge dieses Bandes veranschaulichen dies in eindrucksvoller und vielfältiger Weise.

Auch Recht begründet Verpflichtungen. Es ist nichts anderes als formalisierte Verantwortung, die im Interesse der Allgemeinheit jeden gleichmäßig trifft und notfalls mithilfe staatlicher Gewalt durchsetzbar ist.

Verantwortung und Recht sind damit auf ihre jeweils eigene Art Verhaltenswegweiser – was die Frage ihres Verhältnisses zueinander aufwirft. Welche Funktion kommt Verantwortung und Recht in Familienunternehmen zu? Wo und wie ergänzen sie sich? Wo stehen sie einander im Weg? Kann Verantwortung durch Recht gestärkt oder gar ersetzt werden?

Verantwortung über das Recht hinaus

Als Erstes dürfte vielen *Verantwortung über das Recht hinaus* als prägendes Merkmal von Familienunternehmen in den Sinn kommen. Familienunternehmen setzen Regulierung und Bürokratie die ordnende Kraft wertegeleiteter unternehmerischer Verantwortung entgegen. Sie verkörpern das Ideal des ehrbaren Kaufmanns und gehen damit zum Wohle ihres Umfelds anerkanntermaßen vielfach über gesetzliche Standards weit hinaus.

Quell des für Familienunternehmen typischen Verantwortungsbewusstseins sind die aus familiärer Verbundenheit fließenden Werte wie Vertrauen, Zusammenhalt, Tradition und generationenübergreifendes Denken. Neben die nicht selten von Kindesbeinen an geweckte Leidenschaft für das Geschäft treten Ehrfurcht vor dem Lebenswerk früherer Generationen und die daraus folgende intrinsische Motivation, das Geschaffene zum Wohle künftiger Generationen zu erhalten und weiterzuentwickeln.

Hinzu kommt die enge Verknüpfung von Wohl und Wehe des Unternehmens und der Familie. Das hat eine starke ökonomische Komponente, da nicht selten Arbeitseinkommen, Ausschüttungen sowie der Wert der Unternehmensbeteiligung und gewährter Darlehen mit dem unternehmerischen Gelingen stehen und fallen. Die Verquickung der Schicksale von Inhaberfamilie und Unternehmen geht aber weit darüber hinaus, was häufig schon durch Namensidentität von Unternehmen und Familie augenfällig wird. Jede bedeutsame unternehmerische Entscheidung hat einen persönlich-familiären Einschlag. Anders als in der Start-up-Kultur wird das Scheitern des Ganzen nicht von vornherein als Chance eines neuen Versuchs einkalkuliert, sondern es dreht sich alles um die Nachhaltigkeit und Dauerhaftigkeit des Geschäfts. Auch folgen einschneidende Maßnahmen nicht lediglich operativem und finanziellem Kalkül. Eine Standortverlagerung beispielsweise wird regelmäßig schon mit Rücksicht auf die zu erwartende Reaktion der Nachbarn,

Gemeindemitglieder, Vereinsfreunde etc. in der Heimatregion unvorstellbar sein.

Dieses in der Unternehmerfamilie wurzelnde Verantwortungsbewusstsein überträgt sich aufgrund der engen Verbindung zum Unternehmen auf ebendieses. Es entfacht auf Unternehmensebene Leidenschaft und sachorientierte Entscheidungsfreude, fördert langfristiges Denken und schärft das Bewusstsein für Werte und Ziele jenseits der monetären Ergebnismaximierung. Das gilt unabhängig davon, welche konkrete Rolle die Inhaberfamilie im Unternehmen einnimmt. Im Falle der Identität von Inhabern und Geschäftsführern ist die Verbindung zwischen der Verantwortungsgemeinschaft der Familie und dem Ort, an dem konkrete unternehmerische Entscheidungen zu treffen sind, zwar am augenfälligsten. Aber auch dann, wenn die Inhaberfamilie ihre Rolle gegenüber dem Familienunternehmen in Kontrollgremien wie Bei- oder Aufsichtsräten ausübt oder sich gar ausschließlich auf die Gesellschafterrolle zurückzieht und sowohl das Management wie dessen Aufsicht in die Hände familienfremder Dritter legt, muss dies keinesfalls eine Schwächung der Verbindung von Familie und Unternehmen bedeuten. Gerade bei sehr groß gewordenen und komplexen Familienunternehmen wird die strategische Ebene sogar der geeignetste Resonanzboden für die Verantwortung der Familie im Unternehmen sein.

Verantwortung bedeutet bei all dem stets – und jeder der nachfolgenden Beiträge dieses Bandes ist Beleg hierfür –, als Individuum aus innerer Überzeugung für das Gelingen und die Zukunft des Familienunternehmens einzustehen. Nicht aus Rücksichtslosigkeit oder Ignoranz wird das Recht dabei mitunter als lästiger Störfaktor empfunden, sondern aufgrund seiner Formalität, derer es dort, wo Verantwortung tatsächlich gelebt wird, mitunter gar nicht bedürfte, um bestimmte gesetzlich intendierte Ziele zu erreichen. Dokumentationspflichten zum Arbeitsschutz etwa stiften dort wenig zusätzlichen Nutzen, wo das Wohl der Mitarbeiterinnen und Mitarbeiter ohnehin oberste Priorität genießt.

Verantwortung aus Recht

Das führt zu den Überschneidungen und Wechselwirkungen zwischen Verantwortung und Recht. Die plakativste besteht darin, dass Familienunternehmen erhebliche *Verantwortung aus Recht* tragen, da sie stetig zunehmenden regulatorischen und bürokratischen Anforderungen ausgesetzt sind, etwa beim Datenschutz oder im Steuer- und Abgabenrecht. Das Verantwortungsbewusstsein von Familienunternehmen zeigt sich in diesem Zusammenhang in ihrer besonderen Rechtstreue. Damit soll freilich nicht behauptet werden, Familienunternehmen verstießen per se nicht gegen das Gesetz. Große und spektakuläre Wirtschaftsskandale betreffen allerdings so gut wie nie Familienunternehmen, sondern werden regelmäßig mit börsennotierten Publikumsgesellschaften in Verbindung gebracht.

Dieser Diskrepanz wiederum trägt das Recht durchaus Rechnung. Denn bei börsennotierten Aktiengesellschaften mit ihrer ausgeprägten Trennung zwischen anonymen Anlegern und tendenziell kurzfristig orientiertem, da auf die eigene Amtszeit fokussiertem Management hat sich längst die Erkenntnis durchgesetzt, dass es strengerer regulatorischer Rahmenbedingungen bedarf, um verantwortliches Unternehmertum zu gewährleisten. Detaillierte Vorgaben zur Führung und Kontrolle von Familienunternehmen nach Vorbild der speziellen Regularien für börsennotierte Publikumsgesellschaften wären jedoch bereits im Ansatz verfehlt. Denn Inhaberschaft und Verantwortung für das unternehmerische Gelingen fallen bei ihnen nicht systematisch auseinander, sondern sind besonders eng miteinander verwoben. Im Umkehrschluss zu börsennotierten Publikumsgesellschaften stellt sich daher vielmehr die Frage, ob das in den Strukturen von Familienunternehmen angelegte besondere Verantwortungsbewusstsein nicht durch regulatorische oder bürokratische Erleichterungen honoriert werden müsste.

Hiergegen wird häufig eingewandt, dass es bereits an einer rechtssicheren Definition des Begriffs »Familienunternehmen« fehlt, an die irgendwie geartete Sonderregeln anknüpfen könnten. Das ist nicht von der Hand zu weisen, umschreibt das Problem aber nur unzureichend. Denn an einer Definition allein kann es in Anbetracht all dessen, was der Gesetzgeber sonst in Gesetze zu fassen vermag, kaum scheitern. Es mangelt nicht in erster Linie an einer Definition. Es fehlt vielmehr an einer hinreichend klaren, verlässlichen und vor allem allgemeingültigen Beschreibung der Besonderheiten von Familienunternehmen, die tauglicher Anknüpfungspunkt für spezifische Regeln sein könnte, die gerade und nur für Familienunternehmen gelten sollen. Derartige Sonderregeln existieren daher gegenwärtig so gut wie nicht. Selbst die erbschaft- und schenkungsteuerlichen Verschonungsregelungen für unternehmerisches Vermögen sind bei Lichte besehen nicht auf Familienunternehmen begrenzt, sondern haben bei diesen lediglich ihren Hauptanwendungsbereich, da Unternehmensbeteiligungen schlichtweg viel häufiger im Familienkreis verschenkt und vererbt werden als außerhalb.

Verantwortung für das Recht

Ungeachtet der Tatsache, dass es noch nicht gelungen ist, die ordnende Funktion familiärer Verbundenheit für unternehmerische Verantwortung in einer Weise auf einen Begriff zu bringen, dass sie besondere Vorschriften gerade für Familienunternehmen rechtfertigt, setzen diese und die von ihnen getragenen Verbände doch starke Akzente in der Gesetzgebung. Familienunternehmen übernehmen damit *Verantwortung für das Recht* und machen sich für eine Gesetzgebung stark, die berechtigte Regulierungsanliegen mit den Erfordernissen der Unternehmenspraxis in Einklang bringt. Sie verfolgen damit häufig ordnungspolitische Ansätze, da wertegeleitete unternehmerische Verantwortung zwar nicht ohne rechtliche Rahmenbedingungen auskommt, aber vor allem Freiräume von Regulierung und Bürokratie braucht, um sich zu entfalten.

Die Impulse von Familienunternehmen in der Gesetzgebung zielen zum einen auf die Gesamtrichtung regulatorischer Initiativen ab, was etwa bei der Debatte um ein sogenanntes Unternehmensstrafrecht zu beobachten war. Familienunternehmen bereichern Gesetzgebungsprozesse aber auch durch sehr spezifische Anregungen, die sie aus ihrem breiten und tiefen Wissen um die praktischen Bedürfnisse in der Wirtschaftslandschaft schöpfen. Dies gilt beispielsweise für die Fachkräfte- und Arbeitsmarktpolitik, da die Mehrzahl der Arbeitsplätze in Deutschland auf Familienunternehmen entfällt.

Recht auf Verantwortung?

Das Verhältnis von Recht und Verantwortung hat neben den gesetzlichen Anforderungen, die von außen an Familienunternehmen gestellt werden, auch eine auf ihr Innenleben bezogene Komponente. Eine diffizile und teils konfliktträchtige Ausgangsfrage ist dabei, ob und inwiefern es ein *Recht auf Verantwortung* in Familienunternehmen gibt.

Grundsätzlich ist das nicht der Fall. Unternehmerische und familiäre, nicht rechtliche Erwägungen sind ausschlaggebend dafür, wer Verantwortung im Unternehmen übernimmt oder sich erarbeitet. Die Beantwortung der Frage, wem wann welche Verantwortung übertragen wird, ist somit ihrerseits Teil der Verantwortung von Familienunternehmern – nicht des Rechts. Die Positionen, in denen Verantwortung wahrgenommen wird, werden jedoch rechtlich abgesteckt und durch Verträge übertragen. Das gilt vom Ausbildungs- oder Anstellungsvertrag über die Berufung in den Beirat oder Aufsichtsrat bis hin zur Bestellung zum Geschäftsführer.

All diese Abstufungen der Mitwirkungsrechte und Pflichten in der Organisation des Unternehmens leiten sich direkt oder indirekt von den Anteilseignern ab. Diese bestimmen über die Rechtsform und konkrete Verfassung des Unternehmens (GmbH, GmbH & Co. KG, Aktiengesellschaft etc.) und damit über den rechtlichen Zuschnitt der Verantwortungspositionen und ihr Zusammenspiel sowie über die Besetzung dieser Positionen. Die Gesellschafter einer GmbH etwa berufen die Geschäftsführung und legen fest, ob es daneben einen Beirat gibt, welche Kompetenzen diesem anvertraut werden, welchen Regeln seine Besetzung folgt und wem ein Beiratsamt übertragen wird.

Im Ausgangspunkt bestehen auch hinsichtlich der Übertragung von Anteilen an Familienunternehmen und der damit verbundenen Grundlagenverantwortung keine rechtlichen Einschränkungen. Mit anderen Worten: Die jeweils gegenwärtige Gesellschaftergeneration entscheidet autonom, in welchem Umfang sie wann wem Anteile und die damit verbundene Verantwortung übergibt. Das gilt sowohl für vorweggenommene Erbfolgen durch Schenkung unter Lebenden wie auch für Übertragungen von Todes wegen durch letztwillige Verfügungen.

Als tückisch erweist sich das Recht aber mitunter dann, wenn Anteile und die damit verbundene Verantwortung nicht gleichmäßig an die nachfolgende Generation übertragen werden sollen. Ob eine Kronprinzenregelung, eine Teamlösung oder eine Mischform den Vorzug verdient, ist schon aus unternehmerischer und familiärer Perspektive eine komplexe und schwierige Entscheidung. Darüber hinaus kann aber auch das Recht ausgeklügelte Nachfolgeüberlegungen empfindlich stören. Es stellt sich einer asymmetrischen Verteilung von Anteilen zwar nicht direkt in den Weg, schränkt mit dem sogenannten Pflichtteil die Autonomie der abgebenden Generation aber ein.

Denn bei der Anteilsverteilung Übergangene können mit der Geltendmachung des sogenannten Pflichtteils einen finanziellen Ausgleich für ihre Ungleichbehandlung verlangen. Der Pflichtteil entsteht im Zeitpunkt des Todes des Seniorgesellschafters, der seine Anteile ungleichmäßig vererbt oder vor seinem Tod verschenkt hat, und steht übergangenen Abkömmlingen grundsätzlich zwingend zu. Damit ist eine ganze Reihe von Problemen verbunden: Der Pflichtteil entspricht der Hälfte des gesetzlichen Erbteils, ist auf Grundlage des Wertes des

Nachlasses – und damit des Unternehmens – im Todeszeitpunkt zu ermitteln und wird sofort in Geld fällig. Der Nachfolger oder die Nachfolgerin, der oder die bei der Anteilsübertragung bevorzugt wurde, sieht sich damit erheblichen finanziellen Verbindlichkeiten ausgesetzt, verfügt aber regelmäßig nicht über die zu ihrer Begleichung notwendigen liquiden Mittel. Denn der Wert des Unternehmens und damit des Nachlasses leitet sich aus der Summe aller künftigen Erträge aus dem betroffenen Unternehmen ab, ist jedoch auf unabsehbare Zeit in den übertragenen Anteilen gebunden. Verschärft wird die damit drohende finanzielle Überlastung der Anteilsnachfolger nicht selten durch familiäre Konflikte aufgrund der Enttäuschung der übergangenen Abkömmlinge, die nicht länger durch die leibhaftige Überzeugungskraft des verstorbenen Seniorgesellschafters im Zaum gehalten wird.

Wenngleich es damit im Ergebnis kein *Recht auf Verantwortung* in Familienunternehmen gibt, kann das Recht sich doch als Störfaktor bei der Verantwortungsnachfolge erweisen. Es handelt sich dabei aber gerade nicht um eine unentrinnbare Naturgewalt, sondern um einen rechtlichen Gestaltungsfaktor, der schlichtweg angemessen und rechtzeitig berücksichtigt werden muss. Das kann beispielsweise durch frühzeitige Übergaben geschehen, da Anteilsschenkungen zehn Jahre vor dem Todesfall oder früher nicht pflichtteilsrelevant sind. Ferner können Pflichtteilsverzichtsverträge zur rechtlichen Absicherung von Unternehmensnachfolgen beitragen. Regelmäßig werden diese mit Zuwendungen anderweitigen Vermögens verbunden. Ist solches in erheblichem Umfang vorhanden, entschärft dies das Pflichtteilsproblem allerdings von vornherein, da diejenigen, die keine Anteile erhalten, damit trotzdem wertmäßig äquivalent am Nachlass beteiligt werden können.

Bei all diesen Möglichkeiten, mit dem potenziellen Störfall des Pflichtteils technisch umzugehen, darf freilich nicht vergessen werden, dass es auch auf familiärer Ebene eine schmerzhafte Erkenntnis sein kann, dass es – für Einzelne – gegebenenfalls kein *Recht auf Verantwortung* gibt. Hierauf ist im Folgenden zurückzukommen.

Verantwortungseigentum

Verschiedene Vorschläge zur Umdeutung oder Reform des geltenden Rechts zielen auf die skizzierten, mit dem Pflichtteilsrecht verbundenen Unwägbarkeiten bei der Nachfolgegestaltung in Familienunternehmen ab. Jüngst wurde sogar eine neue Rechtsform gefordert, die nicht zuletzt den mit dem Pflichtteilsrecht verbundenen Problemen begegnen würde. Der von einer privaten Initiative erarbeitete Vorschlag einer sogenannten GmbH mit gebundenem Vermögen – auch GmbH in Verantwortungseigentum genannt – zielt insbesondere auf Familienunternehmen mit ungeregelter Nachfolge ab. Im Kern soll die Umwandlung in eine solche GmbH zu einem sogenannten Asset Lock führen. Der Gedanke, dass in einem Familienunternehmen jede Generation lediglich als Treuhänder der nachfolgenden Generationen agiert – der auch in den nachfolgenden Beiträgen immer wieder deutlich zum Ausdruck kommt –, wird damit vom Ideal zur handfesten juristischen Realität. Anteilseigner einer GmbH mit gebundenem Vermögen sollen keinerlei Gewinne aus der Gesellschaft entnehmen können, sondern lediglich eine angemessene Vergütung für die Tätigkeit als Geschäftsführer oder sonstiger Mitarbeiter erhalten. Das Unternehmen hat damit zwar noch Gesellschafter, gehört aber de facto sich selbst. Der Anteilsbesitz wird zur Staffage. Einmal vollzogen, soll der Schritt in die GmbH in Verantwortungseigentum zudem unumkehrbar sein.

Dieser Vorschlag einer neuen Rechtsform findet auch unter Familienunternehmerinnen und Familienunternehmern prominente Fürsprecher – ist aber zugleich auf scharfe Ablehnung gestoßen. Kritiker wie Befürworter eint im Ausgangspunkt der Gedanke, dass rechtliche Strukturen der Wahrnehmung unternehmerischer Verantwortung jedenfalls nicht im Wege stehen dürfen. Allerdings ziehen sie ganz unterschiedliche Schlussfolgerungen daraus:

Die Fürsprecher der GmbH in Verantwortungseigentum sehen in der engen Verbindung von Eigentum und Verantwortung im geltenden

Recht ein Hindernis für die dauerhaft verantwortliche Führung von Unternehmen unabhängig von der Familie, obwohl unter Umständen gerade die Entkoppelung von Unternehmen und Familie angezeigt sein könnte, um die fähigsten und motiviertesten Personen in Verantwortung zu bringen. Außerdem hänge bei jeder familieninternen Nachfolge das Damoklesschwert der Versilberung des Ererbten über dem Unternehmen, was allein aufgrund der Pflichtteilsproblematik nicht von der Hand zu weisen ist.

Für die Kritiker birgt jedoch gerade die Auflösung ebenjener Verbindung zwischen Eigentumsrechten und Verantwortung die Gefahr, dass sich zumindest auf lange Sicht niemand mehr für das Unternehmen verantwortlich fühlt. Die Unumkehrbarkeit des Wechsels in eine GmbH in Verantwortungseigentum bedeute zudem eine »Herrschaft der toten Hand«, der das Recht mit Rücksicht auf die damit verbundenen lähmenden Effekte grundsätzlich kritisch gegenübersteht, indem es etwa die Dauertestamentsvollstreckung zeitlich begrenzt.

Die Skepsis hinsichtlich des Vorschlags einer GmbH in Verantwortungseigentum erscheint durchaus berechtigt. Die Formulierung in Artikel 14 des Grundgesetzes, dass Eigentum verpflichtet, ist nämlich nicht nur eine Direktive, sondern auch eine treffende Beschreibung der Realität. Eigentum und die damit verbundenen vermögensmäßigen Vorzüge sind bei nahezu allen Familienunternehmen ganz sicher nicht die primäre oder gar einzige Triebfeder für unternehmerische Verantwortung und Motivation. Verantwortung entwickelt sich aber eben *auch* aus der mit Eigentumsrechten verbundenen Selbstbetroffenheit und aus dem Wunsch nach Vermögensmehrung für die gegenwärtige Generation sowie für künftige Generationen. Eigentum ist Grundlage und Gegenstand unternehmerischer Verantwortung zugleich. Es ist selbst ein Produkt der Rechtsordnung, jedoch ein so fundamentales, dass es nicht durch rechtliche Hilfskonstrukte ersetzt werden kann. Jedenfalls sind erhebliche Zweifel angebracht, weshalb ausgerechnet die Lockerung der von Eigentum ausgehenden Bindungswirkungen im

Rahmen einer neuen Rechtsform unternehmerischer Verantwortung langfristig förderlicher als der Status quo sein soll.

Auch wirft die Ewigkeitswirkung des Wechsels in die GmbH in Verantwortungseigentum Schatten auf die vermeintliche Freiwilligkeit und Legitimität dieser Entscheidung, wenn nicht im Einzelfall bereits die Gründergeneration sie trifft. Denn bei einem Familienunternehmen als Werk von Generationen stellt sich die Frage, weshalb gerade eine bestimmte Generation für sich in Anspruch nimmt, eine Disposition zu treffen, die alle künftigen unwiderruflich bindet, obwohl sie selbst das Unternehmen frei von solchen Bindungen erhalten hat.

Zunehmende Dynamik des Verhältnisses von Verantwortung und Recht

Auch die von vielen Unternehmerfamilien tatsächlich verfolgten Strategien, um Strukturen zu entwickeln, die verantwortliches Handeln begünstigen, widerlegen die Richtigkeit der Vorstellung von Recht als Verantwortungssubstitut, wie sie im Vorschlag der GmbH in Verantwortungseigentum zum Ausdruck kommt.

Die erfolgreiche Behauptung im Wettbewerb am Markt unter sich rasant ändernden Rahmenbedingungen erfordert stete unternehmerische Weiterentwicklung. Dieser unternehmerische Kerngedanke fasst zunehmend auch bei der Ausgestaltung der rechtlichen Verhältnisse in Familienunternehmen sowie zwischen Familie und Unternehmen Fuß. Dauerhafte Stabilität wird immer seltener in starren und letztverbindlichen Vertragswerken, deren Sicherheit sich als trügerisch erweisen kann, gesucht. Denn was nützt der scharfsinnigste Gesellschaftsvertrag mit fein austarierter Kompetenzverteilung zwischen Geschäftsführung und Beirat, wenn er an der Realität scheitert? Welchen langfristigen Wert hat eine Unterschrift unter einem Pflichtteilsverzichtsvertrag, wenn er Grundlage einer Anteilsverteilung wird, an welcher der Familienfrieden und damit der Kraftquell des Unternehmens zerbricht? Vor diesem Hintergrund setzt sich zunehmend die Erkenntnis durch, dass das Recht bei steigender Komplexität der Verhältnisse in Familienunternehmen kein rein technisches, statisches oder gar alleiniges Ordnungsinstrument sein kann. Verantwortungsbereiche am juristischen Reißbrett abstecken zu lassen und zu übertragen, genügt oftmals nicht.

Die zunehmende Lebendigkeit des Interesses für die (rechtlichen) Strukturen ihres Unternehmens geht in vielen Inhaberfamilien auf einen Rollenwechsel im Zuge der Generationenfolge zurück. Denn sowohl die über die Zeit wachsende Größe und Internationalisierung des Geschäfts wie auch des Gesellschafterkreises begünstigen den Übergang von Eigen- zu Fremdgeschäftsführung. Die Mitglieder der Unternehmerfamilie werden damit von geschäftsführenden zu nichtgeschäftsführenden Gesellschaftern, teilweise überdies zu Mitgliedern des Beirats, Aufsichtsrats oder vergleichbarer Gremien. Eine solche Veränderung der Rolle der Inhaberfamilie führt nahezu zwangsläufig zu komplexeren rechtlichen Strukturen. Was in der ersten oder zweiten Generation in kleinstem Gesellschafterkreis, der durchweg aktiv im Unternehmen tätig war, gleichsam »blind« funktionierte, muss für größere Zirkel nichtgeschäftsführender Gesellschafter ausdifferenziert und zu einem gewissen Grade formalisiert werden. Kompakte, wenige Seiten umfassende Gründungsgesellschaftsverträge schwellen dabei leicht zu umfangreichen Regelwerken an, die zudem von Geschäftsordnungen, Zustimmungskatalogen, Poolverträgen, Beiratsverfassungen etc. ergänzt werden.

Die Gestaltung der rechtlichen Verhältnisse wird damit selbst zum Verantwortungsbereich, etwa wenn eine Unternehmerfamilie sich die Frage stellt, ob ab einer bestimmten Größe des Gesellschafterkreises die Gesellschafterversammlung noch der richtige Ort ist, um bestimmte Angelegenheiten effizient und in hinreichender Tiefe diskutieren und beschließen zu können. Mit der Entscheidung, einen Gesellschafterausschuss oder Beirat einzurichten und die dafür erforderlichen Anpassungen des Gesellschaftsvertrags umzusetzen, ist es nicht getan. Denn es muss mit allen Beteiligten – primär den Gesellschaftern, daneben etwaigen externen Beiratsaspiranten, in bestimmten Grenzen aber auch mit der Geschäftsführung – im Detail ausbalanciert und abgestimmt werden, welche Kompetenzen übergehen sollen, wie die Verantwortungsbereiche zusammenwirken und wer in welcher (neuen) Rolle konkret Verantwortung übernimmt. Die Struktur muss zudem eingeübt, erprobt und bei Bedarf angepasst werden.

Familienverfassungen als Bindeglied zwischen Verantwortung und Recht

Ganz neue Wege im Zusammenspiel von Recht und Verantwortung beschreiten Unternehmerfamilien in jüngerer Zeit zudem mit der Erarbeitung sogenannter Familienverfassungen, Familienchartas oder Familienstatuten. Diese Regelwerke deuten ihrem Namen und ihrer Form nach zunächst ganz eindeutig auf Recht hin. Tatsächlich sind sie jedoch rechtlich unverbindliche Leitlinien und Grundsätze zum Wirken der Unternehmerfamilie im Verhältnis zu ihrem Familienunternehmen, die von den Unternehmerfamilien selbst erarbeitet und formuliert sowie bewusst unter einen Vorläufigkeitsvorbehalt gestellt werden. Denn der Weg – die gemeinsame Bewusstmachung, Verfeinerung und Anpassung von Rollen, Strukturen und Abläufen – ist das Ziel. Typische Elemente von Familienverfassungen sind die Bekräftigung des Selbstverständnisses als Unternehmerfamilie sowie des Willens zur generationsübergreifenden Unternehmensfortführung, Bekenntnisse zum Standort sowie zu kaufmännischen, sozialen, philanthropischen und ökologischen Werten. Ferner werden Regelungen zum Umgang miteinander im Konfliktfall, zu gemeinsamen Aktivitäten, zur Außendarstellung der Unternehmerfamilie und ihrer Mitglieder sowie zu deren (potenziellen) Rollen in der Familiengesellschaft von der Mitarbeit über die Geschäftsführung bis hin zum Aufsichtsorgan getroffen.

All dies ist Ausdruck des erhöhten Verantwortungsbewusstseins für die Strukturen in Familienunternehmen. Die mit Familienverfassungen verbundene Präferenz für rechtliche Unverbindlichkeit und Vorläufigkeit steht dabei nicht in einem Widerspruch zu vorausschauender rechtlicher Vorsorge, sondern ergänzt diese. Familienverfassungen können beispielsweise komplexe Strukturen in Familienunternehmen veranschaulichen und damit die Partizipation und das Verantwortungsbewusstsein gering beteiligter Familienmitglieder zum Wohle des Unternehmens stärken. Sie können das kommunikative Bindeglied zwischen der unvermeidlich steigenden Komplexität der rechtlichen Strukturen auf der einen Seite und den berechtigten Erwartungen an Verständlichkeit und Transparenz auf der anderen Seite sein.

Unverbindlichkeit und Vorläufigkeit von Familienverfassungen erweitern zudem den Horizont des Vorstellbaren und erlauben ein behutsames und schrittweises Herantasten an Lösungen, die ab einer gewissen Ausreifung in rechtliche Strukturen überführt werden können, etwa durch Anpassungen des Gesellschaftsvertrags. Sie vermögen rechtliche Strukturen außerdem in einen lebendigen Kontext zu stellen, indem beispielsweise Pflichtteilsverzichte und damit einhergehende ungleichmäßige Anteilsübertragungen in eine für alle einsichtige Gesamtstrategie der Unternehmerfamilie zum Wohle des Unternehmens eingebettet werden. Teil einer solchen Gesamtstrategie können beispielsweise Verantwortungsbereiche weit jenseits der mit dem Anteilseigentum verbundenen unternehmerischen Verantwortung sein, etwa im philanthropischen Bereich. Schließlich institutionalisieren Familienverfassungen die Bereitschaft, die gegebenen rechtlichen Strukturen regelmäßig auf den Prüfstand zu stellen, und geben der Art und Weise, in der das geschieht, verlässliche Formen.

Fazit

Familienunternehmerinnen und Familienunternehmer leben tagtäglich
Verantwortung, die viele Facetten vom Operativen bis hin zum Strategischen hat, im Kern jedoch in individuellem Pflichtbewusstsein im
Angesicht des Werkes der früheren Generationen und zum Wohle der
nachfolgenden besteht. Diese Art der Verantwortung kann ersichtlich
nicht durch Recht vorgeschrieben werden. Gleichwohl gehen Verantwortung und Recht Hand in Hand, da sich jedwede Position in Familienunternehmen, innerhalb derer Verantwortung übernommen wird,
aus den gegebenen rechtlichen Strukturen und in letzter Instanz aus
dem Anteilseigentum und den damit verbundenen Rechten und Pflichten ableitet.

Das Recht selbst wird dabei mehr und mehr vom rein technischen
Umsetzungsinstrument zum eigenständigen Verantwortungsbereich.
Gute rechtliche Strukturen beeinträchtigen Verantwortung nicht, sehr
gute vermögen Verantwortung gar zu fördern – schlechte hingegen können der Entfaltung noch so ausgeprägten Verantwortungsbewusstseins
hinderlich sein.

Skepsis ist allerdings gegenüber der Vorstellung angezeigt, das Recht
könne die mit dem Eigentum einhergehende Verantwortung in Familienunternehmen ersetzen. Oder mit den Worten des Grundgesetzes:
Eigentum verpflichtet.

DR. DOMINIK BENNER ist Familienunternehmer in der fünften Generation. Er transformierte ein 1882 gegründetes Einzelhandelsgeschäft zu einem digitalen E-Commerce-Unternehmen, welches neun Branchenplattformen für Händler betreibt und 120 Millionen Euro Umsatz erzielt. *The Platform Group* betreibt Portale wie *Schuhe24*, *Bike-Angebot*, *Outfits24* oder *Teech.de*. Ziel ist es, den digitalen Wandel im Handel umzusetzen und dabei den Händlern vollständig digitale Prozesse abzubilden. Dominik Benner studierte Betriebswirtschaft in St. Gallen und promovierte dort über Familienunternehmen. Das Family Office der Familie umfasst Investition in Immobilien, Energie und Handel. Weitere Informationen unter the-platform-group.com sowie benner-holding.com.

VERANTWORTUNG UND VERÄNDERUNG

Von Dominik Benner

Von der Pflicht zur freiwilligen Entscheidung

Vor acht Jahren starb überraschend mein Vater, und ich musste über Nacht entscheiden, ob ich die Nachfolge im Familienunternehmen antrete. Für mich war dies beschränkt interessant, da ich als angestellter Geschäftsführer bei einem Energiekonzern gutes Geld verdiente, sehr viele Mitarbeiter verantwortete und die Position gerade erst angetreten hatte. Die Nacht der Entscheidung habe ich mit einigen Gläsern Rotwein, Gesprächen mit meiner Frau und der Überlegung verbracht, ob unser Familienunternehmen überhaupt eine Zukunft haben wird. So weit die Theorie.

Blickt man einmal hundert Jahre zurück, so gab es für die meisten Nachfolger in Familienunternehmen wenig Wahlmöglichkeiten: Der älteste Sohn hat das Unternehmen übernommen, alle anderen Nachkommen wurden abgefunden und haben sich andere Tätigkeiten gesucht. Wenn das Familienunternehmen größer war, gab es häufig mehrere Generationsvertreter, die ihr Wissen eingebracht haben. Eines hatten sie alle gemein: Es war eine Pflicht, die Nachfolge anzutreten, und ein Privileg zugleich. Bereits als Kind wurde man darauf vorbereitet, später einmal wie der Vater jeden Tag im Unternehmen zu sein und Verantwortung für die Mitarbeiter zu übernehmen. Und die Tätigkeit des Unternemens war vorgegeben, man hat dies weitergeführt.

Hundert Jahre später ist ein potenzieller Nachfolger weder erstgeboren noch hat er eine Pflicht oder fühlt sich in einem besonderen Maße gebunden, die Aufgabe wahrzunehmen.

Veränderung im Mindset bedeutet Veränderung der Nachfolge

Die junge Nachfolgegeneration wächst mit der Haltung auf, dass die Welt ein großer Raum von Möglichkeiten ist. Ihr Mindset ist:»Die Welt bietet mir Tausende Optionen – warum soll ich mich lebenslang für etwas committen?« Diese Denkweise stellt die Unternehmer vor die grundlegende Frage, ob das Unternehmen überhaupt attraktiv für einen Nachfolger ist und ob einer der Nachfolger sich dieser Aufgabe widmen möchte. Und dann kommt die Frage, was man verändern kann im Unternehmen, um diesem eine Zukunft zu geben.

Nachfolge – eine reizvolle Aufgabe?

Die meisten Jungunternehmer, die ich kenne, schauen stark auf die Frage, ob die Aufgabe überhaupt reizvoll ist. Dadurch, dass inzwischen 90 Prozent der Nachfolger ein gutes Studium genossen haben und sich in anderen Unternehmen profilieren konnten, ist diese Frage die wichtigste. Warum sollte auch ein Unternehmer mit Doktorat und Geschäftsführerposition bei Bosch zu einem 50-Mann-Betrieb im Maschinenbau wechseln, der im Schwarzwald beheimatet ist? Der Reiz muss daher definiert werden, wichtige Faktoren sind hierbei:

- Stellt die Aufgabe eine Herausforderung dar? Persönlich wie beruflich?
- Hat das Unternehmen eine Zukunft, die ich gestalten kann?
- Welches Wissen und welche Themen kann ich einbringen?

Welche Relevanz hat mein Handeln in einem Unternehmen?

Wenn man heute junge Bewerber hat, zielt deren erste Frage nicht mehr auf das zu erwartende Gehalt ab, sondern sie fragen zunächst nach dem »Impact« oder nach der Relevanz des Handelns. Dies kann zum einen gesellschaftlich sein, zum anderen persönlich. Denn nur wenn man sich persönlich entfaltet, dann hat das Handeln eine Relevanz und man kann seine Stärken so einbringen, dass ein Mehrwert gestiftet wird.

Passt die Nachfolge in mein Lebenskonzept?

Die aktuelle Generation an Nachfolgern studiert in verschiedenen Ländern, hat multinationale Arbeitserfahrung und einen privaten Lebensbereich, der einen starken Partner mit eigenen Berufswünschen beinhaltet. Entsprechend muss die Frage beantwortet werden, ob die Nachfolgelösung des Familienunternehmens zum eigenen Lebenskonzept passt.

Lohnt sich mein Engagement finanziell?

Nicht jedes Familienunternehmen ist so ausgestattet, dass es mehrere Generationen oder Nachfolger tragen kann. Daher ist eine wichtige Frage, wie der Ertrag des Unternehmens sich derzeit darstellt und wie die Planung für die nächsten Jahre aussieht. Folgende Fragen stehen hier im Mittelpunkt: Gibt es eine Chance, das Unternehmen großzumachen? Kann ich es so verändern, dass eine neue Strategie entsteht?

Permanente Veränderung in Familienunternehmen

Die Digitalisierung hat dafür gesorgt, dass Veränderung in Familienunternehmen im Wesentlichen innerhalb von drei Dimensionen erfolgt.

Erste Dimension: Digitalisierung im Unternehmen

Die Digitalisierung im Unternehmen ist für viele kleine und mittlere Betriebe die größte Herausforderung, da oftmals die notwendigen Ressourcen, Mitarbeiter und das Wissen fehlen, um sie wirklich umzusetzen. Digitalisierung meint hier nicht den Kauf von iPad-Tablets, sondern wirklich alle internen Prozesse auf den Kopf zu stellen und digital umzusetzen. Dies fängt bei Kunden an und geht über die Lieferketten bis hin zu digitaler Mitarbeiterführung.

Als ich damals als junger Mensch die Nachfolge antrat, war unser Unternehmen mit Excel ausgestattet, viel mehr Tools gab es nicht. Doch schlimmer war, dass unser Geschäftsmodell mit stationären Geschäften einen Fokus hatte, der in Zeiten von Amazon keine Relevanz mehr hat. Also begann ich damals, einen Bereich zu etablieren, der nichts mit dem Kerngeschäft zu tun hat: eine digitale Plattform.

Ich fragte mich zunächst, wie ich mittels Plattform gemeinsam mit anderen mehr aufbauen kann, als wenn ich allein Produkte verkaufe. Denn eine Plattform ist skalierbar.

Mein nächster Gedanke: Wie kann ich diese digital so aufstellen, dass andere Händler hier mitmachen und einen Mehrwert in der Plattform sehen? Denn ohne Mehrwert bringt sie nichts.

Also startete ich, programmierte mit ein paar Leuten eine Schnittstelle zu lokalen Händlersystemen und begann, für lokale Händler den Onlineverkauf zu organisieren. Vor acht Jahren war dies ein Thema, das bisher keinen Player interessierte, heute kämpfen viele in diesem Bereich. Das Spannende war der schnelle Erfolg: Unser erster Händler, den wir angebunden hatten, verkaufte direkt am ersten Tag über 70 Paar Schuhe – dies war der Grundstein für *Schuhe24* und alle 3000 Händler, die heute bei unseren Plattformen mitmachen.

Zweite Dimension: Digitalisierung der Branche

Das ganze Projekt funktioniert nur, wenn auch die Branche digitalisiert wird. Hier ist der Zyklus wichtig: Branchen wie Elektronik sind inzwischen weitgehend online, über 70 Prozent der Produkte werden online erworben. Branchen wie Baumärkte oder Möbel stehen erst am Anfang, hier kaufen über 95 Prozent der Kunden im lokalen Laden ein. Wenn man also eine Anpassung des Unternehmens wünscht und den Wandel vorantreibt, muss man in Branchen aktiv sein, die eher am Beginn oder in der Mitte der Digitalisierung stehen. Denn hier wächst der Markt online, man kann Marktanteile leichter gewinnen und sich einen vorderen Platz sichern.

Als wir damals mit dem Schuhhandel starteten, waren wir bei einem Onlineanteil von unter 13 Prozent, heute sind es über 30 Prozent. Und wir gehen konsequent in Branchen, die noch am Anfang stehen. 2019 starteten wir ein Portal für Juweliere, 2020 haben wir eine Plattform für Maschinenhandel und eine für E-Bikes übernommen. Alles Branchen, die noch nicht zu weit im digitalen Zyklus sind.

Dritte Dimension: Die Geschwindigkeit der Veränderung

Dies ist der wichtigste Punkt der Veränderung. Die letzten zehn Jahre haben mehr verändert als die 30 Jahre zuvor. Das Coronajahr hat für die meisten Branchen mehr verändert als die Jahre davor. Die Geschwindigkeit nimmt dabei vor allem bei der Veränderung der Lieferkette und den Endkunden zu. Nicht zuletzt sind es auch die Mitarbeiter, die sich oft überfordert fühlen, hier überhaupt noch mitzuhalten. Als wir damals begannen, digitale Plattformen zu bauen, war es eine gute Entscheidung, keine bisherige Mitarbeiter einzubinden, sondern neue Leute mit neuen Ideen einzustellen, die räumlich separat waren. So hatten sie ausreichend Freiheit, um genug Geschwindigkeit für Veränderungen und Prozesse zu erhalten – ein sehr wichtiger Umstand. Und auch eine Kultur der Fehler und des »Trial and Error« konnte sich etablieren. Früher galt immer, dass der Große den Kleinen frisst, heute schlägt der Schnelle den Langsamen. Für Unternehmen ist dies dramatisch, gerade für Familienunternehmen, da kein Senior mehr planen kann, dass er in 20 Jahren sein Unternehmen übergibt. Die Zyklen sind kürzer, die Entscheidungen schneller. Veränderungen erfordern schnelles Handeln, auch bei der Nachfolge.

Wie die Nachfolge in dynamischen Umfeldern gelingt

Blicke ich zurück auf die vielen mir bekannten Unternehmer, waren die Nachfolgeregelungen immer unterschiedlich, es gab aber gewisse Grundmuster, die mehr Erfolg versprachen. Gern möchte ich hier die Lessons Learned widerspiegeln.

Der Übernehmer braucht das Sagen – Konsens verliert

Viele Familienunternehmen haben gewachsene Gesellschafterstrukturen, oft über Stämme verteilt, mit sehr vielen Gesellschaftern. Nichts ist schädlicher als ein CEO, der stets versucht, Konsens mit allen Beteiligten zu erringen. Denn die meisten Gesellschafter, die seit langer Zeit wenig operativen Bezug haben, kennen das Unternehmen aus früheren Zeiten und messen es daran. Ein Nachfolger sollte daher so früh und deutlich wie möglich eine Machtposition erhalten, die ihm oder ihr genug Macht verleiht, Veränderungen auch gegen Widerstände umzusetzen.

Die Übergabezeiten werden kürzer

In der Fachliteratur der letzten 30 Jahre werden Übergabezeiten von drei bis fünf Jahren empfohlen. Die Digitalisierung und die gestiegene

Geschwindigkeit machen diese Zeiten obsolet, hier sind Monatssichtweisen gefordert. Daher ist es einem Nachfolger empfohlen, einen Zeitraum von maximal zwölf Monaten zu wählen, um die notwendigen Schritte einzuleiten und den übergebenden Unternehmer konsequent abzulösen. Und genau hier braucht es klare Meilensteine, die zwischen beiden Seiten vorab festgehalten werden.

Die Kompetenz kann nicht einer allein haben

Die Digitalisierung greift auf verschiedenen Ebenen durch: Mitarbeiter, Lieferanten, Produktion, Produkte, Vertrieb etc. Es gibt keinen Nachfolger mehr, der hier alles überblicken und beherrschen könnte. Daher sind bei heutigen Übergaben Beiräte und Adviser viel wichtiger als früher. Damit sind nicht steuerliche Berater gemeint, sondern echte Experten in digitalen Aufgabenfeldern. Als ich 2013 mit der ersten Plattform startete, kamen bei mir vier Themen auf, in denen ich nicht fit war. Und genau danach habe ich den Beirat gesucht und installiert: damit er mir bei diesen vier Themen hilft, fachlich sowie über sein Netzwerk. Bis heute ist jede Beiratssitzung für mich eine Bereicherung, und ich habe viele Fehler vermieden, die ich sonst gemacht hätte.

Eine Kultur des Trial and Error muss entstehen

Unser kleines Start-up, welches 2013 entstand, wurde immer unter dem Motto geführt: »Lasst uns Sachen einfach ausprobieren, Fehler sind erlaubt, es gibt keine Hierarchie, die Fehler sanktioniert.« Das war extrem hilfreich, da man als Nachfolger neue Dinge testen konnte, die von außen nicht gleich kritisiert wurden. Diese Trial-and-Error-Haltung haben wir uns bis heute bewahrt, auch wenn inzwischen Hierarchien vorhanden sind und für eine gewisse Ordnung sorgen. Die Veränderungsbereitschaft ist aber nur dann groß, wenn Fehler nicht sanktioniert, sondern belohnt werden!

Ein harter Cut ist besser als Evolution

Wie oft gab es schon Senioren, die sich schrittweise zurückgezogen haben, bei früheren Prozessen aber immer beharrlich auf deren Einhaltung bestanden. In einem digitalen Umfeld ist nichts schädlicher als das Beharren auf historischen Prozessen und Strukturen. Es ist sogar tödlich. Daher ist es oft besser, wenn der Nachfolger direkt durchregieren kann, harte Cuts vornimmt und gar nicht erst versucht, alles als Evolution darzustellen. Immer getreu dem Motto: Geschwindigkeit vor Größe. Denn wer schnell ist mit guten Lösungen, wird automatisch groß.

Kooperation vor Isolation

Auch wenn es komisch klingen mag, haben sich bei Familienunternehmen oft über Generationen Haltungen zu Konkurrenten oder Branchen entwickelt, die es unmöglich machen, Kooperationen zu starten. Wenn man aber die Presse über Google liest, weiß man, dass man nur mit Kooperationen wächst und neue Bereiche erschließt. Für den Nachfolger ist es daher von großem Vorteil, wenn er hier voll auf Kooperationen setzt, die dem übergebenden Unternehmer persönlich widerstreben würden.

Greife dich selbst an

Wie entdeckt man die eigenen Schwachstellen am besten? Nein, nicht durch Berater. Sondern indem man sich selbst angreift und dies einmal im Jahr macht. Wie geht das? Entweder man gründet eine Einheit mit fitten Köpfen, die das eigene Geschäftsmodell angreift und alternative Lösungen erarbeitet, oder man zieht sich einmal im Jahr zurück und lässt allen Mitarbeitern den Freiraum, mit eigenen Ideen als Konkurrent das eigene Unternehmen anzugreifen. Wir haben bei solchen Events hervorragende Ergebnisse erlebt und früh gemerkt, wo wir als

Unternehmen verwundbar sind. Auch wenn dies oft unbequem ist, es ist immer besser, Schwächen selbst zu entdecken, als von der Konkurrenz dort überholt zu werden.

Kleine Empfehlungen im Alltag – der Drive Changer

Jeder Tag ist für einen echten Unternehmer ein kleines Abenteuer, da selten genau feststeht, wie der Tag verläuft. In einem Umfeld, wo man jeden Tag neue Kooperationen, Digitalthemen und Angriffe erlebt, ist es wichtig, den eigenen Geist fit zu halten und mitzuhalten, um den Wandel im Unternehmen zu bestehen. Gerade für den Nachfolger ist dies wichtig, um früh Trends zu erkennen und im Unternehmen zu verankern. Ich habe die besten Empfehlungen befreundeter Unternehmer abgewogen und auch darüber nachgedacht, was mich selbst als Unternehmer die letzten Jahre über beweglich für Veränderungen gehalten hat.

Impulse durch Branchengrößen

Als wir den ersten Strategietag abgehalten haben, kam die Idee auf, den besten Marketingmann von Google hierzu einzuladen. Dieser Tag hat bei uns sehr viel verändert, wir haben eine Menge Insights erhalten und viele Entscheidungen fortan anders getroffen. Ich kann nur empfehlen, mit externen Cracks einen Strategietag zu starten. Dies eröffnet neue Horizonte für jeden Nachfolger und Unternehmer.

Google & Co sind das Vorbild, nicht der andere Maschinenbauer

Oft höre ich in Unternehmen, dass der Konkurrent XY das Vorbild sei, weil dieser viel größer ist oder günstiger produziert. Dabei wird oft völlig vergessen, dass externe Unternehmen die Wertschöpfung komplett auf den Kopf stellen können. Wenn man anfängt zu überlegen, was Google, Amazon oder Facebook als Chef meines Unternehmens machen würden, sieht die Welt ganz anders aus – wirklich! Probieren Sie es einmal aus, oder laden Sie einen Mitarbeiter dieser Unternehmen zu sich ein.

Nur wenn man selbst modern ist, bleibt auch das Unternehmen innovativ

Oft begegnen mir Unternehmer, die sich als modern und innovativ geben, aber eine Rolex, die Vorzimmerdame und die S-Klasse als Standard sehen. Wenn man den Kopf jung halten will, sollte man sich auch mit jungen Dingen umgeben, die eine andere Sichtweise ermöglichen. Das fängt beim Smartphone mit den richtigen, wichtigen Apps an und geht über Tools im Arbeitsalltag weiter. Ob man nun Instagram cool findet oder nicht, spielt keine Rolle, man muss es beherrschen. Ob man Elektroautos gut findet ist egal, man sollte eines haben und wissen, wie der Markt hier tickt und warum Tesla besser ist als andere. Oder wie will man sonst die Generation Y als Kunde verstehen?

Schare Driver um dich, nicht Verwalter

Wenn man als Nachfolger echte Veränderungen bewirken will, braucht man ein Umfeld, das nicht von Verwaltern dominiert ist. Verwalter sind jene, die ihre Pflicht erfüllen und das Unternehmen fortführen, aber Veränderungen nicht wünschen. Ein echter Drive-Changer muss immer versuchen, seinen Freundeskreis und Inputquellen am Abend so aufzustellen, dass er echte Impulse erhält. Denn die Themen Mitarbeiterführung, Digitalisierung im Unternehmen und Marketing sind so stark in Veränderung, dass man hier nur durch gute Empfehlungen vorankommt und etwas lernt. Wenn ich daran denke, wie viele Abende ich neben einem Maschinenbauunternehmer saß, der die Vorteile eines speziellen Fertigungsschritts erklärte oder wie sich die Produktion um 0,x Prozent verbessern lässt, waren dies zu viele Abende, die ich mir besser hätte einteilen können. Ich selbst habe vor Jahren begonnen, die Abende nur mit Leuten zu verbringen, die mich inspirieren, die wachsen wollen und etwas verändern.

Fange früh an, dich durch bessere Leute zu ersetzen

Die echte Nachfolge hört da auf, wo sie selbst einmal begonnen hat: beim eigenen Abgang. Der muss ja nicht sofort passieren, basiert aber auf der Idee, sich selbst mehr aus dem operativen Business zu entfernen und bessere Leute ans Ruder zu lassen. Und genau diese Leute machen letztlich den Unterschied aus: Tesla ist nicht deshalb groß geworden, weil es bessere Ingenieure hatte, sondern weil der Gründer extreme Mitarbeiter mit noch extremerer Arbeitsmotivation rekrutiert hat, die alle eine Vision verfolgen, egal ob es Autos sind oder Raketen. Und genau dies ist entscheidend: sich früh die Cracks an Bord zu holen, die etwas bewegen wollen, die mehr arbeiten als andere und eine Vision teilen. Und wenn man dabei selbst mehrere Nachfolger entdeckt, die in ihren Teilbereichen besser sind als man selbst als Nachfolger, dann hat man es geschafft: die eigene Nachfolge auf die Beine zu stellen, die ein Unternehmen mit Wachstum hervorruft und in dynamischen Zeiten Gas gibt. Hört sich gut an, ist es auch!

Blicke ich nun acht Jahre zurück, als mein Vater über Nacht völlig überraschend an einem Herzinfarkt gestorben ist, so schaut er sicher manchmal auf mich herunter und wird schmunzeln: Die Nachfolge war nicht geplant, es war ein gewaltiger Cut, und alles wurde auf links gedreht. Aber ein neues Unternehmen entstand, alles ist digital, und der Nachfolger hat alle Freiheiten, Fehler zu machen und Sachen voranzubringen. Das erfüllt zumindest mich mit tiefer Demut und auch Dankbarkeit – und ihn vielleicht auch.

ANITA SCHELLER, Jahrgang 1985, ist in neunter Generation geschäftsführende Gesellschafterin des 1834 gegründeten mittelständischen
Nahrungsmittelunternehmens *Scheller Mühle GmbH* mit Sitz in Bay-
ern. Es zählt zu den führenden Privatmühlen Deutschlands, beliefert
neben der Back- und Pastaindustrie den Lebensmitteleinzelhandel
und vertreibt Mehlprodukte unter der Eigenmarke *Mehlzauber*.
Zuvor studierte sie Betriebswirtschaftslehre an der European Business
School in Oestrich-Winkel, erwarb einen Master of Law and Business
an der Bucerius Law School in Hamburg und arbeitete als Commodity
Trader in einer Großbank in den USA. Anita Scheller ist Vorstandsmit-
glied im Wirtschaftsbeirat des Landkreises Pfaffenhofen und engagiert sich pro bono für benachteiligte Mädchen in Äthiopien.

GETEILTE VERANTWORTUNG

Von Anita Scheller

Während ich diese Zeilen schreibe, ist der Notartermin zur Übertragung der Gesellschaftsanteile unseres 177 Jahre alten Familienunternehmens vier Wochen entfernt. Es gab Momente in den letzten zehn Jahren, während derer ich daran gezweifelt habe, ob es hierzu jemals kommen würde; jedenfalls bestand für mich lange Zeit Ungewissheit darüber, in welcher Form die Firmennachfolge letztendlich umgesetzt werden würde. Ein Unternehmen zu übertragen, ist bekanntlich weit mehr als nur ein offizieller Akt beim Notar. Gleich, ob man als Übernehmer schon bislang als Teil der Geschäftsführung oder in einer anderen Form aktiv oder aber auch passiv am Unternehmen beteiligt gewesen ist – es handelt sich bei der Übertragung eines Unternehmens vor allem um die Übernahme immenser Verantwortung. Verantwortung gegenüber dem Überlasser, gegebenenfalls dem Gründer, der Historie des Unternehmens, gegenüber den Mitarbeitern, Gläubigern und Kunden, der Familie und zuletzt aber auch gegenüber sich selbst. Der Übertragung von Unternehmensanteilen gehen meist viele Jahre Vorbereitung voraus, manchmal beginnen diese bereits, wenn die Nachfolger noch nicht volljährig sind, und enden anders – aber nicht unbedingt schlechter –, als der Überlasser es sich vorgestellt oder gewünscht hat. Auch dies ist Ausdruck von Verantwortung, Verantwortung gegenüber dem oder den Übernehmern, der nachfolgenden Generation.

Der Mangel an Nachfolgern ist omnipräsent, vielen Unternehmern fehlt es an geeigneten oder willigen Nachfolgern in der Familie. Oder aber es sind geeignete und willige Nachfolger in der Familie zu finden, aber jahrelange und schwierige Übernahmeprozesse führen zur Resignation des Nachfolgers. Zudem ist nicht nur die Übernahme von Verantwortung schwierig; gerade auch die Abgabe von Verantwortung stellt viele Unternehmerinnen und Unternehmer vor große Herausforderungen. Diese führen im schlimmsten Fall zum Verkauf des Lebenswerkes oder aber zur Führung durch externe Geschäftsführer.

Entstehung der geteilten Verantwortung

Man sagt, ein Schiff verträgt nur einen Kapitän. Und es gibt nicht wenige Unternehmer, die die Übertragung eines Unternehmens an zwei oder mehrere Nachfolger als »Kapitäne« kategorisch ablehnen. Die Primogenitur, bei der der erste Sohn alles erbt, war – ist man ehrlich – das gängige Modell der Unternehmer im 20. Jahrhundert und diente dazu, das Vermögen zusammenzuhalten. Vermögen zu erhalten, ist sicherlich einer der wesentlichen Faktoren bei der Planung der Nachfolgeregelung. Dass die Übernahme durch einen einzelnen Nachfolger jedoch nicht immer der Königsweg ist, zeigen viele prominente Beispiele der letzten Jahrzehnte. Familienunternehmen entwickeln sich heute in der Regel auf der Achse der Inhaberdimensionen vom (i) Alleininhabergeführten über (ii) die Geschwistergesellschaft zum (iii) Vetternkonsortium bis letztlich zur (iv) Familiendynastie. Die erfolgreiche Übertragung eines Unternehmens hängt heute sicherlich auch stärker mit der Qualifikation der involvierten Personen ab, wobei die Regelungen der Innenverhältnisse den Bewegungsrahmen abstecken.

Unser Unternehmen wurde über acht Generationen hinweg jeweils an den ersten Sohn übergeben. Der Einfachheit halber hießen sie auch immer gleich, so musste noch nicht einmal der Firmenname geändert werden. Da auch ich einen älteren Bruder habe, war mein Weg ins Unternehmen in den ersten 24 Jahren meines Lebens eigentlich nicht vorgezeichnet. Selbstverständlich wächst man als Unternehmerkind im Umfeld des Unternehmens auf, und die Firma ist immer das »dritte Kind« am Mittagstisch. Nach einem Betriebswirtschaftsstudium und diversen Auslandsaufenthalten war mein Weg eigentlich jener der Beraterin. Durch einige Ereignisse im Jahr 2010 war meine Rückkehr ins heimische Unternehmen allerdings notwendig geworden; dem Ruf meines Vaters bin ich gefolgt. Nach einer zehnjährigen »Lehrzeit« sind mein Bruder und ich seit April 2020 nunmehr gemeinsam Geschäftsführer und seit November 2020 paritätische Gesellschafter unserer Unternehmensgruppe. Wir teilen uns die Verantwortung.

Geteilte Verantwortung sieht in jedem Unternehmen oder jeder Nachfolge anders aus. Insbesondere, weil die Rolle der Gesellschafter – als aktiv mitgestaltend oder passiv partizipierend – maßgeblich für die zu treffenden Regelungen ist. Da dieser Beitrag nicht vollumfänglich alle aktiven und passiven Rollen beschreiben kann, wird hauptsächlich auf eine aktive Rolle in der Geschwistergesellschaft eingegangen.

Ich denke, der sanfte, zuweilen auch intensivere Druck, den man als nachfolgende Generation verspürt, kann nicht allzu präzise in Worten beschrieben werden. Sicherlich gibt es Überlasser, welche eine sehr genaue Vorstellung von der Firmenübernahme und der Rolle des eigenen Kindes haben und diese offen kommunizieren. Der Wunsch der Kinder wird hier zuweilen nicht unbedingt gehört. Doch selbst wenn es ein nicht offen kommunizierter Wunsch des Überlassers ist, so schwebt doch die Firmenübergabe ab einem gewissen Alter unweigerlich über den Köpfen der Beteiligten. Wie freiwillig ein Einstieg des Kindes oder der Kinder in ein Unternehmen ist, variiert von Fall zu Fall in unterschiedlichsten Schattierungen. Gibt es viele Übernehmer, die ihr Leben lang zielstrebig auf die Übernahme hingewirkt haben, so gibt es wohl mindestens genauso viele Übernehmer, die die eigenen Wünsche über Bord werfen und sich letztlich dem Willen des Überlassers oder der Notwendigkeit einer Situation beugen.

Geteilte Spitzen in Familienunternehmen kommen wohl meist durch mehrere Kinder und deren unterschiedliche Begabungen und Ausbildungen zustande oder aber durch die Notwendigkeit, gewisse Positionen zu besetzen. Essenziell bei der gemeinsamen Führung ist daher stets die genaue *Abgrenzung der Aufgabengebiete*, die sich so wenig wie möglich überschneiden sollten. Führungspositionen unter Nachfolgern sollten genauso wenig doppelt besetzt werden, wie man dies mit familienfremden Managern tun würde. In unserem Fall sind die Teilbereiche in kaufmännische und technische getrennt. Als Assistenten des jeweiligen Bereichsleiters wurden wir von Grund auf in das Unternehmen eingearbeitet. Die Verantwortung für Sonderprojekte ließ uns schnell wachsen und in die Managementebene unter unserem Vater einrücken. Heute führen wir das Unternehmen gemeinsam und teilen die Aufgaben als kaufmännische Geschäftsführerin und technischer Geschäftsführer. Das Organigramm ist entsprechend strukturiert, und die Zugehörigkeit aller Abteilungen und entsprechender Mitarbeiter sowie der Berichtslinien ist festgelegt und wird auch wie festgeschrieben »gelebt«. Letzteres würde ich als eine der größten Herausforderungen bei der Übernahme im Fall der geteilten Verantwortung sehen. Eine Verwirrung oder gar Uneinigkeit bei der Zugehörigkeit oder Verantwortung innerhalb der Führungsebene führt zu starken Reibungen zwischen den Nachfolgern und gegebenenfalls auch dem Überlasser, noch gravierender jedoch zu Unordnung und Frustration und damit auch zum Verlust des Verantwortungsbewusstseins für die Sache unter den Mitarbeitern. War dies in der Übergangsphase schwierig und resultierte in Fluktuation, Leistungsabfall und teils schlechter Stimmung zwischen den Abteilungen, haben wir heute eine sehr klare Vereinbarung: Nach außen (innerhalb und außerhalb der Unternehmung) werden die Entscheidungen des jeweils anderen mitgetragen und nur im Vier-Augen-Gespräch kritisiert; Anweisungen des jeweils anderen werden nicht revidiert oder öffentlich kritisiert; Entscheidungen ab einer gewissen Größenordnung werden gemeinsam getroffen und der eigene Unternehmensbereich eigenständig geführt. Je nach Charakter und Temperament ist dies nicht immer einfach, jedoch hilft der Gedanke Hans-Georg Gadamers, dass der andere vielleicht auch Recht haben könnte.

Während die Aufgabenverteilung größtenteils zwischen den Nachfolgern vereinbart wird (falls sie nicht ohnehin durch die vorausgegangene Einarbeitung vorgezeichnet ist), so wird die *Anteilsverteilung* in der Regel durch den Überlasser bestimmt. Die beiden wichtigsten Aspekte sind hier wahrscheinlich Fairness und Handlungsfähigkeit. Während Letzteres zwingend notwendig ist, ist Ersteres nahezu unmöglich, zumal die Frage emotional im hohen Maße aufgeladen ist – denn schließlich ist damit meist ein erzwungenes oder freiwilliges Zurückstecken eines Nachfolgers verbunden. Der größte Alptraum eines jeden Stakeholders ist nämlich bekanntlich die Pattsituation bei hälftiger Verteilung des Anteilseigentums; sobald der kleinste Konflikt oder Unstimmigkeiten im Unternehmen auftreten, ist das Unternehmen handlungsunfähig und gelähmt; dies kann einem Todesurteil gleichkommen. Ist es daher aber fair, die Anteile ungleich zu verteilen, obgleich die Verantwortung gleich verteilt ist? Ist es möglich, Verantwortung zu gewichten und dem Rechnung tragend die Anteile ungleich zu verteilen? Ist es fair, einem Kind mehr Vermögen zukommen zu lassen, und wo findet der »gerechte« Ausgleich statt? Wenn eine Gewichtung möglich ist oder aber ein anderweitiger Ausgleich stattfinden wird, ist eine ungleiche Anteilsverteilung wichtig und unbedingt durchzuführen. Sind zwei Nachfolger jedoch relativ gleichgewichtig im Unternehmen involviert, stellt die Anteilsverteilung die wohl schwierigste Aufgabe des Überlassers dar und ist nicht selten ein »Dealbreaker« im Prozess Übernahme geteilter Verantwortung. Wie bei vielen Führungsentscheidungen von Familienunternehmen muss darüber hinaus auch hier in Generationen gedacht werden. So stellt sich etwa die Frage, wie sich die Anteile in der nächsten oder gar übernächsten Generation verteilen sollen, was umso schwieriger zu beantworten ist, wenn im Hier und Jetzt eine harte Entscheidung gescheut wurde. Ein Weg, damit umzugehen, kann die sogenannte goldene Stimme darstellen. Hierbei wird die Satzung vor Übertragung der Anteile durch den Überlasser geändert und einem Geschäftsanteil eine weitere Stimme gegeben. Bei der Übertragung wird notariell festgelegt, wer diese Stimme erhält und damit in Pattsituationen Entscheidungen treffen kann. Die Anteile können dann gleich und vermeintlich fair verteilt werden, und das Unternehmen bleibt dennoch auch bei Konflikten in der Führungsetage handlungsfähig. Auch wenn dies sicher nicht von allen als fair angesehen wird, ist es doch aus meiner Sicht wahrscheinlich der fairste Weg, ein Unternehmen an zwei Nachfolger und damit zwei Familienstämme zu übertragen. Strebt der Überlasser diese Art der Verteilung an, sollte zur Konfliktvermeidung ein Berater oder Mediator in den Prozess hinzugezogen werden, um die Leitplanken der Verantwortung und Befugnisse der gemeinsamen Arbeit unter den Nachfolgern zu erarbeiten. Je genauer die Spielregeln für alle definiert sind, desto strukturierter und konfliktfreier kann man sich darin bewegen. Ein erfahrener Berater begleitet dabei alle involvierten Parteien und führt Voraussetzungen, Vorstellungen, Wünsche und auch Ängste der Einzelnen unvoreingenommen zusammen. Berater handeln auch mit der gebotenen Rationalität und emotionalen Distanz im Hinblick auf die Anteils- oder Stimmverteilung und nehmen eine vermittelnde Position ein, damit das Unternehmen im Sinne des Übergebers übertragen und im Sinne der Nachfolger fortgeführt werden kann. Unser zunächst in eigener Regie geführter Generationenübergang kam so denn auch ohne zunächst eingeschalteten Berater an einem gewissen Punkt ins Stocken und wurde durch äußere Umstände, die ein baldiges Handeln notwendig machten, doch immer dringlicher. Mein Bruder involvierte daher einen auf Nachfolgeregelungen in mittelständischen Familienunternehmen spezialisierten Steuerberater und Wirtschaftsprüfer in den Prozess. Gemeinsam wurden eine Strategie und Meilensteine erarbeitet, das wohl Wichtigste dabei war jedoch, dass unser Vater den Berater akzeptierte und achtete und wir dadurch eineinhalb Jahre später nicht zerstritten, sondern aufeinander hörend und mit einer guten Perspektive für die Zukunft bei unserem Notar saßen.

Das Innenverhältnis der Nachfolger kann über eine Familienverfassung geregelt werden. Hierbei handelt es sich um eine einstimmig verabschiedete Absichtserklärung über Werte und das Verhalten innerhalb der Familie und gegenüber dem Unternehmen. Die Themen Mitgliedschaft, Selbstverständnis, Ziele, Corporate Governance (u. a. Nachfolgeregelung und Führung) und Family Governance (u. a. Maßnahmen zur Förderung der Familienzusammengehörigkeit) werden erarbeitet. Die Verfassung dient zur Konfliktvermeidung und wird oft mit dem Hausgesetz des Adels verglichen. Bei mehreren oft weitverzweigten Anteils- und Stimmeignern handelt es sich um ein sinnvolles Instrument, den gemeinsamen Umgang zu regeln und Entscheidungen herbeizuführen. Haben große Familienunternehmen oft eine Familienverfassung, ist sie allerdings bei mittleren und kleinen Familienunternehmen oder Unternehmen mit wenigen Anteilseignern noch nicht so weit verbreitet. Auch wenn man stolz auf die sogenannte Sitzung am Mittagstisch ist, sollten die Innenverhältnisse auch schriftlich geregelt werden, um in Situationen der Uneinigkeit nicht auf die Konfliktlösung beim Mittagessen angewiesen zu sein.

Mit der Geschwistergesellschaft befinden wir uns in Phase zwei der geschilderten Inhaberdimension. Nach einer schwierigen und langwierigen Übernahme werden wir sicher als einen der nächsten Meilensteine das Innenverhältnis noch genauer definieren und schriftlich formulieren. Ob daraus eine Familienverfassung oder ein Nachhaltigkeitskodex zur Sicherstellung der Handlungsfähigkeit entstehen wird, bleibt abzuwarten. Neben der eigenen Rolle ist in Geschwistergesellschaften – wahrscheinlich weit mehr als in den anderen Dimensionen – zudem die Rolle der Ehepartner und Kinder zu regeln. Neben dem Ehevertrag, dem Testament und damit dem Umgang mit dem Pflichtteilsrecht des Ehegatten und der Testamentsvollstreckung zur Sicherung der Handlungsfähigkeit sind auch die Rollen der Kinder und die Umstände der Aufnahme in das Unternehmen zu definieren. Noch sind unsere Kinder klein, doch die Zeit vergeht schnell, und nur eine Regelung auf dem Weg zum Vetternkonsortium schafft die nötige Struktur. Eine Struktur, die in vielen Familienunternehmen heute fehlt und oft zu den eingangs beschriebenen Schwierigkeiten im Nachfolgeprozess führt. Werden die Aspekte des Innenverhältnisses, in welcher Form auch immer, klar formuliert und geregelt, führt dies zu Transparenz und Klarheit, welche letztendlich die Zufriedenheit der Beteiligten ermöglichen. Das eigene Verhalten kann klaren Strukturen folgen, und man kann die Aktionen und Reaktionen der weiteren Familienmitglieder einschätzen und ein Stück weit voraussehen.

Chancen der geteilten Verantwortung

Blut ist dicker als Wasser – so abgenutzt dieses alte Sprichwort auch klingen mag, so sehe ich den dahinter stehenden Gedanken als einen der größten Vorteile in der geteilten Verantwortung in unserem Unternehmen. Das Vertrauen, das man in sein Geschwisterteil bei einem guten persönlichen Verhältnis hat, wird man einem externen Dritten selten entgegenbringen können. Vor allem, wenn man als Unternehmensnachfolger im Unternehmen aufgebaut wurde und nicht »natürlich« mit Kollegen gemeinsam im Unternehmen wachsen konnte. Geschwister sitzen von Anfang an im gleichen oder sehr ähnlichen Boot und haben über Jahre eine gemeinsame Konfliktkultur erarbeitet. Neben meinem Mann gibt es niemanden, der meine Entscheidungen und die Art meines Handels stärker kritisch hinterfragt und dies auch kundtut, außer meinem Bruder. Genau diese Kritik, welche ich im Übrigen auch an ihm übe, empfinde ich als sehr hilfreich, da man nur an der Hinterfragung des eigenen Handelns wachsen und sich verbessern kann. Zu viel Selbstbeweihräucherung und wenig vertikale Kritik können durchaus zu Überheblichkeit führen, die letztlich schädlich für jedes Unternehmen ist. Ein externer Dritter würde diese Form der Kritik wohl nie üben. Darüber hinaus kann ich davon ausgehen, dass man das gleiche Ziel verfolgt und mit der geübten Kritik keinen Schaden zufügen möchte. Nun gibt es natürlich genug Machtkämpfe in Familienunternehmen und etliche Beispiele, in denen sich Familienunternehmer versuchen, gegenseitig Anteile und Macht abzunehmen – hier ist jedoch anzunehmen, dass im Rahmen der Nachfolgeregelung hinsichtlich der Anteils- und Stimmvergabe und der Regelungen des Innenverhältnisses durchaus Unstimmigkeiten und Konfliktpotenzial gegeben sind.

Gemeinsame Verantwortung bringt auch Freiraum. Die im Jahr 2020 gestartete Initiative *#stayonboard* hat gezeigt, dass es für Frauen und auch Männer in Geschäftsführer- oder Vorstandspositionen kaum möglich ist, für ein Kind zu pausieren. Eine gesetzliche Grundlage, als Nichtarbeitnehmer Elternzeit zu beantragen, ist nicht vorhanden. Darüber hinaus sind nicht ausgefüllte Geschäftsführerpositionen, selbst wenn gute nachgeordnete Führungsebenen vorhanden sind, für einen längeren Zeitraum nicht vorstellbar. Meine wenn auch nur sehr kurze Pause, als unser Sohn geboren wurde, war nur durch die geteilte Verantwortung mit meinem Bruder möglich, der in dieser Zeit einen Großteil meiner Aufgaben übernommen oder deren Erledigung kontrolliert hat. Hierfür bin ich ihm sehr dankbar. Diese kurzfristige Übernahme oder Kontrolle der Aufgaben ermöglicht ein kurzzeitiges Ausfallen des anderen oder aber auch Auszeiten, die man sich insbesondere bei kleineren und mittelgroßen Familienunternehmen üblicherweise nicht leisten dürfte oder sich nur mit schlechtem Gewissen leisten könnte. Zukünftig möchten wir uns gegenseitig Sabbaticals ermöglichen, welche Regeneration und Inspiration ermöglichen, aber auch zur Umsetzung von Projekten außerhalb der Firma dienen. Denn einen weiteren Vorteil der geteilten Verantwortung bringt die Schaffung persönlicher Freiräume und Entwicklungsmöglichkeiten. Wurde der älteste Sohn eines Familienunternehmers oft ungeachtet seiner eigenen Interessen zum Nachfolger auserkoren, war dem Nachgehen der eigenen Interessen oft ein Ende gesetzt. Geteilte Verantwortung bedeutet in der Regel eben auch ein Stück weit weniger Verantwortung für den Einzelnen und kann, wenn gewünscht, zu Kapazitäten für andere Projekte außerhalb der

Unternehmung führen. Sowohl mein Bruder als auch ich haben Projektentwicklungsgesellschaften außerhalb unseres Familienunternehmens gegründet, mit denen wir eigene Ideen und Projekte umsetzen. Die Balance zwischen Haupt- und Nebentätigkeit ist hier selbstverständlich im Auge zu behalten. Letztlich ermöglicht nicht nur die Digitalisierung eine Veränderung des Wohnortes, sondern das physische Vor-Ort-Sein von einem der beiden Gesellschafter. Ein Familienunternehmen ohne einen Geschäftsführer, der permanent am Hauptstandort ist, ist heute kaum denkbar. Mein Mann ist beruflich im Norden Deutschlands gebunden, und ein Ortswechsel ist ihm nicht möglich. Gemäß Vereinbarung mit meinem Bruder wird sich meine Rolle in unserem im Süden Deutschlands befindlichen Familienunternehmen in den nächsten Jahren so verändern, dass wir unseren Sohn in Hamburg einschulen werden.

Umgang mit dem Übergeber nach Übergabe

Der Übergang von einer Alleininhaberschaft zu einer Geschwistergesellschaft ist nie einfach und verlangt ein Zurückstecken auf allen Seiten. Ebenso wie die Zusammenarbeit der neuen Gesellschafter zu definieren ist, ist auch der Umgang mit dem Übergeber und dessen Rolle im Unternehmen von großer Wichtigkeit. Meiner Meinung nach besteht hier eine große Gefahr, dass der »Senior« nun weiter »Senior« ist und die »Junioren« als weitere »Chefs« ein bisschen »mitspielen« dürfen. Ist das Unternehmen an die Nachfolgegeneration übergeben, ist dies neben der Aufgabenverteilung, der Verantwortung des Einzelnen und den neuen Berichtslinien sowohl innerhalb als auch außerhalb des Unternehmens klar zu kommunizieren. Ein komplettes Ausscheiden aus dem Unternehmen ist für die meisten Unternehmer auch nach der Übernahme schwierig in der Umsetzung, aber dennoch für die Entfaltung der Nachfolger wichtig. Eine Möglichkeit des passiven Partizipierens bietet die

Bildung eines beratenden, aber vom operativen Geschäft ausgeschlossenen Beirats. Hierbei wird der Beirat über aktuelle Themen informiert, und Entscheidungen werden im Rahmen von Beiratssitzungen diskutiert. Vorteil für die nachfolgende Generation sind selbstverständlich die Nutzung der Erfahrung und das Spiegeln eigener Entscheidungen am Wissen der vorausgegangenen Generation.

Auch hier gilt: Transparenz und Klarheit schaffen Vertrauen und unterstreichen die Rolle der Übernehmer. Freilich gilt dies nicht nur bei der Übernahme durch Geschwister, sondern ganz allgemein.

Geteilte Verantwortung – das richtige Modell?

Das Konstrukt der geteilten Verantwortung wird von uns seit geraumer Zeit gelebt und auch geschätzt. Durch die Übernahme des Unternehmens hat die Zusammenarbeit zwischen meinem Bruder und mir jedoch nochmals eine andere Struktur erhalten. Eine Struktur, die natürlich auch zu Reibung führt, sodass sich jeder in seiner neuen Rolle erst wiederfinden muss. Inwiefern wir diese Struktur anpassen müssen, wird die Zeit zeigen. Es liegt an uns, eine offene Kommunikation zu führen, Vereinbarungen, auch die nicht niedergeschriebenen, einzuhalten und definierte Ziele zu verfolgen. Dies unterscheidet uns jedoch auch als Geschwister nicht von Co-Geschäftsführern ohne Verwandtschaftsverhältnis.

Ein Familienunternehmen gemeinsam zu führen, bedeutet an einigen Stellen Kompromisse einzugehen. Für uns heißt es aber auch, an sehr vielen Stellen Chancen auszunutzen. Wir nutzen die Stärken des anderen aus und überdecken damit manchmal die Schwächen des anderen. Beim Abschluss dieser Zeilen ist die Übertragung des Unternehmens erfolgreich vollzogen worden. Dieser Prozess war nur möglich durch den Einbezug von Beratung auf der juristischen, auf der steuerlichen und nicht zuletzt auf der emotionalen persönlichen Ebene. Unser Berater hat das Unternehmen umformiert, um eine Übertragung überhaupt erst zu ermöglichen; er hat sichergestellt, dass die Leitplanken für meinen Bruder und mich sicher gesetzt werden konnten und die Rolle des Vaters formuliert wurde. Dabei haben alle Beteiligten ihr Gesicht wahren können, und auch Sorgen und Ängste haben Raum im Prozess erhalten. Wir sind uns einig, dass unser Unternehmen leichter zusammen als allein zu führen ist. Die geteilte Verantwortung wird sicherlich auch Einschränkungen, Diskussionsbedarf und sogar einmal Frust bedeuten. Sie gibt uns jedoch auch Möglichkeiten und Chancen, die man als alleiniger Nachfolger nicht hat – und diese gilt es zu nutzen. Nun kommt es darauf an, das Unternehmen erfolgreich zum Vetternkonsortium zu führen und dabei verantwortlich mit der zehnten Generation – unseren Kindern – umzugehen. Die zehnte Generation besteht derzeit aus drei Söhnen, von denen im Übrigen keiner den Vornamen der vorhergehenden Generationen erhalten hat.

© Anne Grossmann Fotografie

SARNA RÖSER ist Bundesvorsitzende des Wirtschaftsverbands Die Jungen Unternehmer, designierte Nachfolgerin für das 1923 gegründete Familienunternehmen *Zementrohr- und Betonwerke Karl Röser & Sohn GmbH* in Baden-Württemberg und Mitglied der Geschäftsleitung der *Röser FAM GmbH & Co. KG.* Als Stimme der jungen Unternehmergeneration vertritt sie über 1500 Familien- und Eigentümerunternehmer bis 40 Jahre. 2020 wurde Sarna Röser in den Aufsichtsrat der Fielmann AG sowie als stellvertretende Vorsitzende der Ludwig-Erhard-Stiftung gewählt. Des Weiteren ist sie im Beirat der Deutschen Bank sowie im Vorstand der Wertekommission – Initiative Werte Bewusste Führung e. V. aktiv.

VERANTWORTUNG UND MEINUNG

Von Sarna Röser

> *Mach das, wofür du brennst.*
> *Mach es ganz und mit vollem Einsatz.*
> *Finde deine Leidenschaft.*
> *Artikuliere deine Interessen.*
> *Zeige Haltung.*
> *Übernimm Verantwortung für dein Tun und Lassen.*

Ohne die Leidenschaft, das Engagement und Herzblut meiner Eltern und Großeltern wäre ich heute nicht da, wo ich bin. Ich bin mit dem Unternehmertum und allem, was dazu gehört, groß geworden. Das heißt, mutig Ideen und Visionen in die Tat umzusetzen, Entscheidungen zu treffen und keine Angst zu haben, die eigene Meinung zu äußern. Ich bin leidenschaftliche Unternehmerin, Netzwerkerin und Nachfolgerin eines in dritter Generation geführten Familienunternehmens in der Tiefbaubranche – einem klassischen Unternehmen der Old Economy. Und ganz nebenbei bin ich Vertreterin der jungen Generation und in meiner Rolle als Bundesvorsitzende der Jungen Unternehmer die Stimme der jungen Familienunternehmergeneration, die auch oft mit Vorurteilen konfrontiert war und ist. Zu wählerisch, zu verwöhnt, zu unpolitisch. Dass das für das Gros unserer Generation so nicht stimmt, zeigt auch dieses Buch.

Verantwortung für Zukunftschancen

Wir sind eine Gruppe junger Menschen, die Verantwortung übernimmt. Verantwortung ergibt sich für Unternehmer wie mich aus dem Eigentumsprinzip. Wir gehen mit unserem eigenen Kapital ins Risiko, um Menschen für unsere Idee zu begeistern und Arbeitsplätze und damit Wohlstand zu schaffen. Um Innovationen einzubringen, um unsere Produkte weiterzuentwickeln und am Ende zu verkaufen. Und wir haften mit unserem eigenen Geld für unsere Entscheidungen. Das ist das Eigentumsprinzip: Risiko und Haftung in einer Hand. Und jeder weiß, dass man mit den eigenen Sachen oft sorgfältiger umgeht als mit geliehenen. Das merken wir schon, wenn wir uns mal ein Auto mieten. Das heißt nicht, dass wir unsere Mietautos schlecht behandeln oder an die Wand fahren. Das heißt auch nicht, dass externe Manager und Mitarbeiter ohne Beteiligung ungeeignet sind, ein Unternehmen zu führen. Aber aus dem Eigentumsprinzip entsteht ein ganz besonderes Verantwortungsbewusstsein. Und eine besondere Leidenschaft, ein Feuer für das eigene Unternehmen.

Das Großartige an der heutigen Welt ist ja auch: Man braucht nicht unbedingt Geld, um ein Unternehmen zu gründen, um seine Visionen und Träume in die Wirklichkeit umzusetzen. Wenn jemand heute ein Unternehmen gründet, ist es in der Regel kein Stahlwerk. Oft reichen ein Laptop, eine Internetverbindung und eine brillante Idee.

Zudem stehen in den nächsten Jahren Tausende Unternehmen in Deutschland vor dem Generationenwechsel, ihre Chefs gehen in den Ruhestand. Viele Töchter und Söhne so wie ich können sich vorstellen, das Unternehmen weiterzuführen, aber auch dafür braucht es Mut zur Verantwortung, Gestaltungswillen und Durchsetzungskraft. Die Fragen sind doch: Traue ich mir zu, die Verantwortung auf eigenen Schultern zu tragen, für Mitarbeiter, für die Region, für die Familie? Besteht meine Idee? Bleibt mein Unternehmen wettbewerbsfähig? Und im größeren Bild gedacht: Welche Rahmenbedingungen brauchen Unternehmen heute? Welche Hürden müssen abgebaut werden, damit wir auch in Zukunft ein erfolgreiches Land der Macher und Erfinder sind? Was sind politische, was sind globale Herausforderungen? Wie können wir im Rennen um die besten Unternehmen mit anderen Ländern bestehen? Wie können unsere Werte der Sozialen Marktwirtschaft auf die Fragen von heute adaptiert werden?

Politisches Engagement von Unternehmern ist nicht Kür, sondern Pflicht

Diese Fragen, diese Herausforderungen für Unternehmer und Erwartungen an die Politik müssen artikuliert werden! Denn politische Entscheidungen betreffen die Wirtschaft direkt und indirekt. Wer sich raushält, lässt anderen freie Hand, ihre Interessen durchzusetzen. Politische Instrumente, Gesetze, die Art der Auseinandersetzung, Netzwerke – alles ist im Fluss. Das ist die Chance, darauf Einfluss auszuüben – mit dem Ziel, heute die Bedingungen dafür zu schaffen, dass auch in 20 Jahren junge Menschen noch Lust und die Chance aufs Unternehmertum haben. Es gilt, die politischen Weichen heute so zu stellen, dass Familienunternehmen – das Rückgrat unserer Wirtschaft – Bestand haben, international wettbewerbsfähig bleiben, Arbeitsplätze stellen und Nachfolger finden. Dabei geht es um mehr als die Existenz des eigenen Unternehmens: Die Verantwortung des Unternehmers für Mitarbeiter, für den Betrieb kann nur aufgehen, wenn das politische und das gesellschaftliche Umfeld dieses auch zulassen. Deswegen ist das politische Engagement eines Unternehmers nicht die Kür, sondern Pflicht.

Ich bin mir sicher, dass die meisten Familienunternehmer zu fast allem eine Meinung haben. Doch endet die Artikulation dieser Meinung nicht selten am Fabriktor, am Unternehmerstammtisch oder mit der Faust in der Tasche. Gerade wenn es um prägnante Äußerungen zum politischen Tagesgeschehen geht. Ich kann mich nicht an sehr viele starke Meinungsäußerungen von gestandenen Unternehmern in der Öffentlichkeit in der jüngeren Vergangenheit erinnern. Das mag seine Gründe haben. Etwa, weil man gegen den publizistischen Mainstream schwimmen würde? Oder es ist mittlerweile Resignation, eine Art Gleichgültigkeit, die Einzug hält, weil man als Unternehmer zunehmend das Gefühl bekommt, dass man von den Politikern nur noch in Sonntagsreden erwähnt wird. Jedenfalls ist das Narrativ, die Wirtschaft habe die Politik im Griff, Schnee von gestern. Wenn es diese Wirklichkeit überhaupt jemals gab. Die politischen Entscheidungen der Vergangenheit mit ihren zahlreichen Eingriffen in die unternehmerische Freiheit sind der beste Beweis dafür. Für die Bundesregierung war es in den letzten Jahren ja nahezu ein Selbstläufer, dass die Wirtschaft endlos brummen und Vollbeschäftigung herrschen würde und man von Rekord zu Rekord bei den Steuereinnahmen eilt. Die vollen Taschen, auch in den Sozialversicherungen, machten die Politik träge, von Reformeifer war keine Spur.

Die Wirtschaft ist nicht unverwundbar

Vor diesem Hintergrund hat die Coronapandemie den Politikern direkt vor Augen geführt, dass unsere Wirtschaft nicht unverwundbar ist, dass die Wachstumsraten nicht gottgegeben sind. Plötzlich brechen die Steuereinnahmen und die Beiträge in den Sozialversicherungen ein. Träume des einen oder anderen Sozialpolitikers, was man noch alles an Geld ausgeben könnte, zerplatzen momentan wie Seifenblasen. Jetzt muss sich die Politik wieder bewegen, jetzt muss sie den »Autopiloten« ausschalten und wieder selbst ans Steuer. Raus aus dem Schlafwagen, rauf auf den Fahrersitz.

Dass die Bundesregierung in Zeiten der Pandemie nicht untätig bleibt, ist richtig. Sie muss allerdings mit Augenmaß agieren. Sie muss ihr Handeln begründen und erläutern. Die getroffenen Regelungen müssen verhältnismäßig sein. Sind die Regelungen nicht nachvollziehbar, werden sie auf wenig Verständnis bei der Bevölkerung treffen. In diese Diskussion müssen auch wir Unternehmer uns einmischen. Nicht alle Hilfsmaßnahmen der Vergangenheit waren sinnvoll, nicht alle Regelungen verhältnismäßig. Beispielsweise die im »Lockdown light« beschlossenen Maßnahmen zur Schließung von Gaststätten und Restaurants. Hier trifft es eine Branche mit voller Härte, die während der Pandemie große Anstrengungen unternommen hat, um die Einhaltung von Hygieneschutzregelungen zu gewährleisten.

Entscheidend ist nicht nur, wie wir der Pandemie medizinisch begegnen und wann es einen Impfstoff oder wirksame Medikamente geben wird, um das Virus unschädlich zu machen oder zumindest dessen Folgen abzumildern.

Entscheidend wird auch sein, wie wir der Pandemie politisch und wirtschaftlich begegnen. Welche Richtung wollen wir nach der Pandemie einschlagen?

Ein unbestreitbarer Fakt ist, dass die Bekämpfung der Pandemie richtig viel Geld gekostet hat und vermutlich noch kosten wird. Um das zu finanzieren, verschulden wir uns aktuell immer stärker. Damit stellt sich die Frage, wer diese Rechnung irgendwann bezahlen wird. Und die Antwort kennen wir bereits: Es werden die nächsten Generationen sein!

Wie schwer oder wie leicht es ihnen fallen wird, diese Rechnung zu begleichen, ist natürlich Sache der gegenwärtigen Politik.

Weichenstellungen im Superwahljahr

Vor diesem Hintergrund werden Wahlentscheidungen in zahlreichen Landtagen und im Bundestag sehr wichtig werden. Nicht nur personell, sondern vor allem in der inhaltlichen Weichenstellung. Bereits vor Corona haben viele Parteien eine Schlagseite in Richtung Zentralisierung, verstärkte staatliche Lenkung und Verbotspolitik erkennen lassen. Die Werte Eigentum, Freiheit, (Eigen-)Verantwortung und Wettbewerb sind nicht mehr en vogue. Dass sie das Fundament unseres Wohlstands sind, scheint vergessen. Die Spitze des Eisbergs waren sicherlich die Rufe nach

Enteignungen und Verstaatlichungen von Unternehmen. Das Stichwort »VEB BMW« lieferte der stellvertretende SPD-Bundesvorsitzende Kevin Kühnert. Die schleichende Vergemeinschaftung und staatliche Umverteilung schreiten voran. Hinzu kommen die Forderungen nach einer Vermögensteuer und nach mehr Schulden, die zahlreichen Rentenpakete, die Demontage der Generationengerechtigkeit oder die Sozialisierung von Unternehmerdaten. Der alte ordnungspolitische Kompass, ja unser Vertrauen auf unsere eigene Verantwortung und die Soziale Marktwirtschaft sind verloren gegangen – auf hoher See, irgendwo zwischen Niedrigzinspolitik und der Abkehr vom Leistungsprinzip in der Grundrente.

Demgegenüber steht ein kaum wahrnehmbarer Rest an Parteien oder politischen Akteuren, welche die Eigenverantwortung und die Prinzipien der Sozialen Marktwirtschaft hochhalten. Die Gefahr ist groß, dass die Regierung weniger im Sinne Ludwig Erhards agiert, sondern die großen Aufgaben der aktuellen Zeit, insbesondere die Bekämpfung der Folgen der Pandemie und der Folgen der demografischen Entwicklung, mit noch mehr Schulden oder höheren Steuern, aber auf alle Fälle mit stärkeren staatlichen Eingriffen lösen will.

Da es die Unternehmer und ihre Mitarbeiter sein werden, die all das bezahlen müssen, braucht es von uns Unternehmern und den Steuerzahlern eine starke Stimme. Es kann uns allen nicht egal sein, in welche Richtung sich dieses Land in Zukunft entwickeln wird. Wenn wir unseren Wohlstand erhalten wollen, müssen wir aktiv werden und gegensteuern.

Starke Stimme der jungen Unternehmergeneration

Wir jungen Unternehmer stehen für die Zukunft unserer Wirtschaft. Als Next Generation innerhalb eines starken Unternehmerverbandes. Seite an Seite mit den Familienunternehmern sind wir die Stimme für nahezu 180 000 Familienunternehmen in Deutschland. Nicht nur alteingesessene Traditionsunternehmen, sondern auch Nachfolger, Gründer und

Start-ups aus den verschiedensten Branchen machen die Vielfalt unseres Verbandes aus. Sie alle einen Werte und Prinzipien wie Freiheit, Verantwortung, Eigentum, Wettbewerb und Nachhaltigkeit. Als Botschafter der Sozialen Marktwirtschaft fühlen wir uns unseren Mitarbeitern, unseren Kunden und den Regionen, aus denen wir kommen, verpflichtet. Unsere Wertmaßstäbe legen wir dabei nicht nur an uns selbst, sondern auch an die Politik an. Wir sind beispielsweise der festen Überzeugung, dass nur eine gute Wirtschaftspolitik auch eine gute Sozialpolitik sein kann. Nicht umgekehrt. Unser generationenübergreifendes Denken und Handeln fordern wir auch von den Politikern ein. Allerdings hapert es da noch enorm, wie die Umverteilungspolitik der letzten Jahre auf Kosten der nächsten Generationen zeigt.

Dennoch konnten wir in der Vergangenheit bereits die eine oder andere Mehrbelastung der Unternehmen durch die Politik verhindern. Ich erinnere dabei nur an die Idee von SPD und Grünen im Bundestagswahlkampf 2013, die Vermögensteuer wieder einzuführen. In einer viel beachteten und umfangreichen Kampagne haben wir darauf aufmerksam gemacht, welche Auswirkungen diese Steuer auf die betrieblichen Vermögen hat und dass sie mittelbar alle trifft und schädigt. Die Parteien haben daraufhin von ihren Plänen abgelassen.

Aber auch bei der aktuellen Bundesregierung haben wir falsche politische Entscheidungen angeprangert und die Verantwortlichen zu einem Umdenken bewegen können. Beispielsweise als Bundeswirtschaftsminister Peter Altmaier seine neue Industriestrategie vorstellte. Im Angesicht der wirtschaftlichen Stärke der USA und vor allem Chinas als »Global Player« insbesondere mit ihren Tech-Giganten schwebte ihm die Idee nationaler und europäischer »Champions« vor. Staatliche Großkonzerne, die in Konkurrenz zu den amerikanischen und chinesischen Konzernen treten sollten. Das hätte schwere Wettbewerbsverzerrungen zulasten des familien- und inhabergeführten Mittelstandes in Deutschland bedeutet. Mit dem »Nationalen Fitness-Programm« hat unser Verband daraufhin eigene Vorschläge für eine Industriestrategie erarbeitet, die dann auch im weiteren Verlauf Eingang in die Überlegungen des Bundeswirtschaftsministeriums gefunden haben. Zentraler Punkt unserer Vorschläge ist eine offensive Wirtschaftspolitik, welche die Wettbewerbsfähigkeit der heimischen Unternehmen in den Mittelpunkt stellt.

Schließlich war der Verband auch in der Coronazeit mit seiner Forderung nach der Anpassung des Insolvenzrechts erfolgreich. Hintergrund war, dass die Bundesregierung zu Beginn der Pandemie die mittelständischen Unternehmen in erster Linie mit Krediten unterstützt hat, was für viele Unternehmen die Gefahr der Überschuldung und Insolvenz in sich barg. Wird diese nicht binnen drei Wochen angezeigt, ist eine Insolvenzverschleppung mit persönlicher Strafverfolgung und Haftung der Geschäftsführer die Folge. Die Insolvenzantragspflicht wurde daraufhin eine gewisse Zeit ausgesetzt. In den Wochen vor dem Auslaufen dieser Sonderregel haben wir uns für ein maßvolles und differenziertes Zurück in die insolvenzrechtliche Normalität starkgemacht. Der jetzige Kompromiss trägt unsere Handschrift.

Die genannten Beispiele zeigen, wie wichtig es ist, dass wir Unternehmer mit einer gemeinsamen Stimme sprechen und unseren Interessen auch nach außen Nachdruck verleihen.

Gelebtes Verantwortungsbewusstsein ist der Schlüssel

Warum können wir Verantwortung leben, und warum sind gerade Familienunternehmer dabei besonders glaubwürdig? Diese Fragen stellen sich sicherlich viele. Nun, meiner Meinung nach hat das insbesondere mit der engen Verbindung aus Verantwortung und Haftung zu tun. Die meisten Familienunternehmer stehen für ihr Tun und Handeln nicht zuletzt mit ihrem privaten Vermögen ein. Nachhaltigkeit und Denken in Generationen sind in unserem familiengeführten Mittelstand gelebte Praxis. Keine leeren Floskeln.

Entsprechend kritisch sehe ich vor diesem Hintergrund die Bestrebungen, eine neue Rechtsform für Unternehmen einzuführen. Die sogenannte »Gesellschaft in Verantwortungseigentum« mag gefällig klingen, doch der Unternehmer wäre dann beim »Verantwortungseigentum« nur noch Verwalter eines Lebenswerks. Eigentum und Unternehmen, und damit Risiko und Haftung, würden zusehends entkoppelt. Dabei ist diese unternehmerische Einheit von Risiko und Haftung das Erfolgsrezept des viel gepriesenen »German Mittelstand«. Das aufzugeben wird zulasten der ganzen Volkswirtschaft gehen.

Doch nach diesem kurzen Exkurs zurück zum Wesentlichen. Wie bereits erwähnt, ist die Bedeutung der nächsten Bundestagswahl beträchtlich. Es wird um nichts weniger als eine Richtungsentscheidung gehen, wie wir die großen Aufgaben der nächsten Zeit angehen und lösen wollen.

Die Begrenzung der Schulden, die generationengerechte Ausgestaltung der sozialen Sicherungssysteme, sinnvolle Investitionen in Infrastruktur, Bildung und Digitalisierung sowie eine vernünftige Klimapolitik – das werden die zentralen Themen der nächsten Jahre sein. Wir Unternehmer wollen uns der Diskussion darüber nicht verschließen und sagen laut, wie wir uns die Zukunft vorstellen.

Re-Start Deutschland!

Was wir in den nächsten Jahren brauchen, ist ein Re-Start für Deutschland! Wir müssen zurückfinden zu einer gelebten Sozialen Marktwirtschaft und dürfen nicht den Hauch eines Zweifels lassen, uns irgendwelchen planwirtschaftlichen Hirngespinsten zu ergeben. Das endet nur in den üblichen Umverteilungsorgien, die uns nicht weiterbringen.

Klar ist, dass wir für den wirtschaftlichen Wiederaufschwung unseres Landes nach der Pandemie einen Dreiklang aus Wachstumsimpulsen, Beschäftigungsimpulsen und der Priorisierung bei der Ausgabenpolitik brauchen.

Um Wachstumsimpulse zu setzen, müssen wir endlich die unternehmenssteuerlichen Bremsen lösen und die Eigenkapitalbildung stärken. Innovationsfähigkeit und Beschäftigungsaufbau hängen ganz stark vom Eigenkapital der Unternehmen ab. Insofern sollten wir dringend auf zusätzliche ertragsteuerliche oder substanzverzehrende Belastungen verzichten. Zu weiteren Wachstumsimpulsen gehören für mich auch Maßnahmen wie die komplette Abschaffung des Solidaritätszuschlages oder die Rücknahme der Vorfälligkeit der Sozialversicherungsbeiträge. Anpassungen an die internationalen Steuersenkungen sowie die Reduzierung der Energiekosten lassen den Unternehmen ebenfalls mehr finanziellen Spielraum. Zudem würde ein stärkerer Bürokratieabbau wie ein kostenloses Konjunkturpaket wirken. Wie wäre es denn, wenn wir für die Einführung eines neuen Gesetzes zwei alte Gesetze abschafften (»one in, two out«)? Das wäre ein wirklicher Beitrag zur Bürokratiereduzierung!

Die nahezu erreichte Vollbeschäftigung der vergangenen Jahre hat verschleiert, was in der Krise nur umso deutlicher wird: Zeiten wachsender Arbeitslosigkeit bringen unsere Sozialkassen an ihre Grenzen. Es gilt daher, die Fähigkeit und die Bereitschaft der Unternehmen für mehr Beschäftigung zu stärken. Wir brauchen also Beschäftigungsimpulse. Wie wäre es, Gründungen zu erleichtern, indem wir junge Unternehmen drei Jahre lang von den Sozialabgaben befreiten? Sie wären rasch in der Lage, die gewonnene Liquidität unter anderem für zusätzliche Arbeitsplätze einzusetzen. Auch wäre es aus meiner Sicht in Zeiten der Krise sinnvoll, den Mindestlohn auf dem jetzigen Niveau bis zum Jahr 2022 einzufrieren. Zu hoch wäre die Hürde sonst für jene, die noch nicht in den Arbeitsmarkt integriert sind. Schließlich ließe sich mit der Implementierung eines Abfindungsmodells im Kündigungsschutzgesetz der Anreiz bei den Unternehmen, auch in unsicheren Zeiten neue Mitarbeiter einzustellen, erhöhen.

Eine verantwortungsvolle Haushaltspolitik, die nicht allein in den engen Grenzen von Wahlperioden denkt, muss neben der aktuellen Krisenbewältigung auch die Belastung der kommenden Generationen in den Blick nehmen. Auch hier deckt die gegenwärtige Krise falsche Prio-

ritätensetzungen der Vergangenheit auf. Insofern muss unsere Ausgabenpolitik auf den Prüfstand, um in den nächsten Jahren Geld für die Themen der Zukunft übrig zu haben. Anknüpfungspunkt dürfte dabei vor
allem die Sozialpolitik sein, bei der es nicht um Klientelpolitik, sondern
um zielgerichtete Maßnahmen gehen sollte. Beispielsweise ist aus demo-
grafischer Sicht eine Koppelung des gesetzlichen Renteneintritts an die
steigende Lebenserwartung unumgänglich. Das würde nicht nur die Ausgaben bei der gesetzlichen Rente bremsen, sondern auch für mehr Ein-
nahmen sorgen. Grundsätzlich ist es sinnvoll, stärker auf die Eigenvor-
sorge bei der Altersvorsorge zu setzen, um die gesetzliche Rente finanziell
zu entlasten. Neben der Ausgabenbegrenzung in der Sozialpolitik sind
aus meiner Sicht vor allem zwei Dinge mindestens genauso wichtig: Zum
einen müssen wir die staatlichen Subventionen zurückfahren. Vor allem
im Bereich der Energiepolitik, hier denke ich besonders an das Erneu-
erbare-Energien-Gesetz. Zum anderen muss so schnell wie möglich die
Schuldenbremse, die in Coronazeiten ausgesetzt wurde, wiedereingeführt
werden. Nur sie ist Garant dafür, dass wir zu einer verlässlichen Haus-
haltpolitik ohne Schulden zurückkehren.

Mehr Freiraum statt Belastung!

Wir Unternehmer brauchen eine vorausschauende Politik, die faire Spielregeln setzt und uns Platz für unser unternehmerisches Potenzial lässt.
Ohne staatliche Betreuung, ohne Bevormundung, ohne neue Schulden.

Ich bin mir sicher, dass wir mit der Umsetzung einer solchen Agenda
optimistisch in die Zukunft blicken könnten. Nur, dazu braucht es Mut.
Mut von uns Unternehmern, unsere Meinung und unsere Forderungen
klar und unmissverständlich zu äußern sowie Haltung zu zeigen. Mut bei
den Politikern, diese Forderungen auch in konkrete politische Maßnahmen umzusetzen. Wenn ihr mich fragt, was ich mir von unseren Politikern wünsche, dann wäre es, dass sie uns Unternehmern mehr zutrauen.

ELENA VON METZLER, Jahrgang 1987, kam 2015 nach Berufserfahrungen in der Industrie zum *Bankhaus Metzler* und ist seit 2017 als Senior-Kundenbetreuerin im Kerngeschäftsfeld Private Banking tätig. Sie schloss ein Studium in Finance an der EADA Business School in Barcelona, Spanien, mit einem Master of Science ab und gehört zum Gesellschafterkreis der Frankfurter Privatbank. Das *Bankhaus B. Metzler seel. Sohn & Co. KGaA*, mit über 345 Jahren älteste deutsche Privatbank im ununterbrochenen Familienbesitz, bietet individuelle Kapitalmarktdienstleistungen für Institutionen und anspruchsvolle Privatkunden in den Kerngeschäftsfeldern Asset Management, Capital Markets, Corporate Finance und Private Banking.

VERANTWORTUNG UND VERMÖGEN

Von Elena von Metzler

Metzlers lange Tradition: Vom Tuchhandel zum Bankhaus

Ich arbeite in unserem Familienunternehmen, dessen Wurzeln bis ins Jahr 1674 zurückgehen. Benjamin Metzler gründete vor knapp 350 Jahren eine Tuchhandlung in Frankfurt am Main und legte damit den Grundstein für unser heutiges Bankhaus. Damals entstanden viele Banken aus Handelsgeschäften. Nicht nur den Warentransport mussten die größeren Händler finanzieren, sie mussten sich auch mit dem Münztausch auskennen, denn aufgrund der Kleinstaaterei waren unzählige Münzeinheiten im Umlauf. Das brachte zwangsläufig den Währungshandel mit sich. Gegen Ende des 18. Jahrhunderts trennte sich mein Vorfahr – er hieß Friedrich Metzler, wie mein Vater – vollständig vom Warenhandel und setzte nur noch aufs Geldgeschäft. Er war somit der erste tatsächliche Bankier in unserer Familie. Ein einschneidender Schritt, der ganz sicher auch ein Wagnis war.

Unsere Vorfahren haben sich immer wieder Herausforderungen stellen müssen. Sie haben Kriege und Krisen durchlitten. Sie waren Zeitzeugen der Industrialisierung und des Wirtschaftswunders, so wie wir heute Zeitzeugen der Digitalisierung sind. Und sie mussten ihr Geschäftsmodell stets neu überdenken. Als im 19. Jahrhundert die Universalbanken, Volksbanken und Sparkassen gegründet wurden, galt es, eigene Wege zu finden. Schon seit langem konzentrieren wir uns daher auf Geschäftsfelder, in denen wir spezifische Kompetenzen haben, sind also ein Nischenplayer. Im Fokus stehen heute individuelle Kapitalmarktdienstleistungen für Institutionen und anspruchsvolle Privatkunden. Unsere Kerngeschäftsfelder sind das Asset Management für institutionelle Kunden, Capital Markets, Corporate Finance und Private Banking. Ob wir unsere Arbeit gut machen, drückt sich in der Zufriedenheit unserer Kunden und in langfristigen Kundenbeziehungen aus – das war und ist unser oberstes Gut.

Die Bank ist heute, fast 350 Jahre nach ihrer Gründung, nach wie vor zu 100 Prozent im Familienbesitz. Als Vertreter der zwölften Generation sind mein Bruder Franz, mein Vetter Leonhard und ich Gesellschafter des Bankhauses. Die Verantwortung für das operative Geschäft teilen sich sechs Partner außerhalb des Familienkreises, nachdem sich mein Vater 2018 mit 75 Jahren aus der Geschäftsführung zurückgezogen hat.

Im Konflikt mit mir selbst: Bank ja oder nein?

Dass unser Bankhaus schon so lange am Markt besteht, das verdanken wir unseren Vorfahren. Mit Blick auf diese Familientradition läge es nahe, dass unsere Eltern auf uns Kinder eingewirkt hätten, eines Tages ins Bankhaus zu gehen. Diesen Druck haben sie aber nie auf uns ausgeübt, und dafür bin ich ihnen sehr dankbar. Sie haben meinen älteren Bruder und mich vielmehr immer ermuntert, unseren eigenen Weg zu finden. Denn eine Nachfolge anzutreten, weil es überkommenen Gepflogenheiten entspricht, das könnte uns unglücklich machen – und damit langfristig auch der Bank schaden. Inzwischen haben wir uns beide aus freien Stücken für das Bankhaus entschieden: Franz übernahm in diesem Jahr als Geschäftsführer im Asset Management die Verantwortung für die Betreuung unserer institutionellen Kunden, ich arbeite als Kundenbetreuerin des Private Banking.

Der Weg dahin verlief für mich keineswegs geradlinig. Ich habe mich für vieles interessiert, auch für ganz andere Themen als die Wirtschaft und das Bankwesen, aus denen sich eine Berufswahl hätte ableiten lassen können. Zugleich spürte ich natürlich die Sorge, dass ich mich aufgrund der Unternehmenstradition nicht so frei würde entscheiden können, wie unsere Eltern uns das mit auf den Weg gegeben hatten. Schließlich gibt es das Bankhaus, es gibt eine beeindruckende Historie, und es gibt – auch wenn sie nicht eingefordert wird – eine Familienverantwortung. Die zentrale Frage lautete: Gehe ich in die Bank, weil sie nun einmal existiert, oder gehe ich in die Bank, weil das wirklich mein gewünschter Berufsweg ist? Dass meine Studienwahl letztlich auf die Wirtschaftswissenschaften fiel, war ein Baustein im Prozess, diesen Konflikt zu lösen. Allerdings stand schon während des Studiums für mich fest, dass ich auf jeden Fall andere Arbeitswelten außerhalb der Bank kennenlernen wollte. Wie alle Studenten absolvierte ich mehrere Praktika, so beim Städel Museum in Frankfurt und bei Air Liquide, einem Hersteller von technischen Gasen.

Der Berufseinstieg führte mich zu Nestlé, wo ich mit Aufgaben im Controlling, mit der Budgetplanung und mit der Optimierung von Produktionsprozessen betraut war. Gut vier Jahre habe ich dort eine Fülle von Erfahrungen sammeln können – und es machte mir Spaß. Im Laufe dieser vier Jahre nahm aber meine Neugierde auf »heimisches Terrain« immer mehr überhand: Wie würde sich eine Arbeit bei Metzler anfühlen? Was könnte mich da besonders interessieren? Es lag nahe, erst einmal ein Traineeprogramm im Bankhaus zu absolvieren. Das Programm eröffnete mir umfassende Einblicke in alle vier Kerngeschäftsfelder und auch in einige Back-Office-Bereiche. Meine Fragen, mein »Wissenwollen«, mein Nachhaken wurden überall ernst genommen. Selbstverständlich habe ich als Mitglied der Familie Metzler einen »Heimvorteil«. Das war aber sehr schnell auch Ansporn, Verantwortung für das Bankhaus zu übernehmen.

Ich erinnere mich sehr gut an meinen ersten Tag in der Bank, es war ein ganz besonderes Gefühl. Aufgewachsen in einer Familie mit bestimmten Wertvorstellungen, konnte ich nun die gleiche Haltung im Unternehmen bei der täglichen Arbeit erleben. Das hatte natürlich einen einzigartigen Reiz und motivierte mich sehr – kurz: Ich fühlte eine emotionale Verbundenheit mit der Bank, mit der ich nicht gerechnet hatte. Ich fühlte mich zu Hause.

Nun galt es, »meinen« Platz in der Bank zu finden – eine Aufgabe zum Nutzen unseres Hauses, unserer Kunden und Kollegen. Mehrere Stimmen im Unternehmen plädierten von Anfang an fürs Private Banking. Ich wollte mich aber auch hier nicht beeinflussen lassen, kannte ich doch ebenso die Aufgaben im Corporate Finance, im Asset Management und im Bereich Capital Markets kaum. Und doch lief es genau darauf hinaus. Schließlich entschied ich mich für die letzte Station des Traineeprogramms, für die Arbeit in der Kundenbetreuung des Private Banking. Eine vertrauensvolle Zusammenarbeit und gegenseitige Wertschätzung sind hier »Grundmuster«; sie gelten gleichermaßen für das Kundengespräch wie im Kollegenkreis.

Die Arbeit ist vielseitig. Für die Dienstleistungen im Private Banking ist es zentral, Zahlen und Fakten zu analysieren sowie wirtschaftlichen Zusammenhängen nachzuspüren. Der Austausch mit unseren Kapitalmarktspezialisten ist dabei für mich sehr aufschlussreich: Was passiert am Markt? Sind wir für das Marktgeschehen langfristig richtig aufgestellt? Das sind Fragen, denen wir uns regelmäßig stellen – aus Verantwortung für unsere Kunden. Auch das ist ein besonderer Reiz. Jeden Tag treffe ich beeindruckende und interessante Menschen und darf ihnen gemeinsam mit meinen Kolleginnen und Kollegen die Anlagephilosophie von Metzler erläutern, also die Grundlagen der Vermögensverwaltung im Private Banking.

Für unsere Kundengespräche können wir uns Zeit lassen. Wir wollen niemandem unsere Anlagephilosophie überstülpen, sondern mit Argumenten überzeugen. Dass wir das in aller gebotenen Ruhe tun können, ohne Renditezielen nachzujagen, erlaubt uns unsere Unabhängigkeit. Die Gespräche mit (potenziellen) Kunden – oftmals sind das Unternehmer – haben noch weitere Facetten: Wir lernen immer wieder neue Unternehmen und Unternehmerfamilien kennen und mit ihnen immer andere Herangehensweisen an zukunftsweisende Themen. Welche Ziele setzt sich eine Firma, und wie sollte die Vermögensanlage darauf abgestimmt sein? Wie gestalten Unternehmerfamilien die Nachfolge? Unabhängig davon, ob wir unser Gegenüber als Kunden gewinnen oder nicht, ist allein das schon spannend.

Heute, nach fünf Jahren im Bankhaus, habe ich meine Rolle gefunden: Es ist vor allem die Arbeit mit und für Menschen, die mich in meinem Beruf fasziniert. Ich möchte erkennen und umsetzen, was Menschen motiviert und wie wir am besten gemeinsam erfolgreich sein können.

Eigentum verpflichtet: Gesellschaftliches Engagement bei Metzler

Ein nicht zu vernachlässigender Baustein hat meiner Motivation, ins Bankhaus zu gehen, ebenfalls einen kräftigen Schub verliehen: die Albert und Barbara von Metzler-Stiftung. Sie bündelt das gesellschaftliche Engagement unserer Familie und des Bankhauses. Seit dem Jahr 2015 bin ich Mitglied des Kuratoriums der Stiftung – eine Arbeit, die mir sehr viel Freude bereitet. Das Stiftungsmotto »Gutes vermögen« bringt das Ziel der Metzler-Stiftung auf den Punkt. Ich sehe dieses Ziel vor allem darin, dass Vermögen und Verantwortung für das Handeln Hand in Hand gehen sollten. Etwas »vermögen« umfasst aber auch, eine Fähigkeit zu haben.

Mit unserer Stiftungsarbeit wollen wir erreichen, dass mehr Menschen es vermögen, sich selbst und anderen zu helfen. Eine besondere Vermögensvermehrung ist nicht zuletzt das »Anstiften zum Stiften«: Wir freuen uns immer, wenn sich weitere Menschen oder Organisationen an gemeinnützigen Projekten beteiligen, und werben daher aktiv ums Mitmachen.

Das Engagement für unsere Heimatstadt Frankfurt am Main – für Kultur, Soziales und vieles mehr – gehört zur Tradition der Metzlers, und ich trage sehr gern dazu bei, diese Tradition weiterzuführen. Vermögen erreichen ihren eigentlichen Wert erst dann, wenn sie über den persönlichen Vorteil hinausgehen, wenn sie auch der Gemeinschaft dienen, so meine Überzeugung. Meine bisherige Erfahrung hat gezeigt, dass sich sehr viele Menschen zu Werten bekennen, die über das rein Materielle hinausweisen – sie münzen so den materiellen Wert des Geldes um in einen immateriellen. Genau das ist der Zweck eines Stiftungsvermögens: Es wird gemeinnützig und zweckgebunden eingesetzt, schafft so einen Mehrwert für unsere Gesellschaft und erreicht Gutes für viele.

Zur Nachfolge: Bewährt haben sich »ungeschriebene Gesetze«

Dass unsere Bank fast 350 Jahre lang im Familienbesitz geblieben ist, funktioniert auch deshalb, weil es ungeschriebene, gleichwohl wirksame Regeln gibt. Die Familienmitglieder, die mit dem Bankhaus eng verbunden sind, haben die Möglichkeit, den anderen Gesellschaftern ihre Anteile zu einem vernünftigen Preis abzukaufen. So gibt es immer nur eine kleine Anzahl von Gesellschaftern und keinen Streubesitz in verschiedenen Familienstämmen. Auch wollen wir als Aktionäre nicht von den Dividenden leben müssen; entsprechend gering sind sie.

Die Grundsätze hierfür haben schon zahlreiche Metzler-Generationen beherzigt. Umfangreiche Vertragswerke oder eine Familienverfassung gibt es bei uns nicht, sehr wohl aber »Gespräche beim Abendessen«, also einen Austausch über Zukunftsthemen. So lassen sich gewisse Regeln über Generationen weitergeben. Diese Regeln resultieren mehr aus einer lange gelebten Praxis als aus einem komplexen juristischen Kompendium. So stellen wir sicher, dass die Bank allein in der Hand der Familie und damit unabhängig bleibt.

Unser zentraler Wert: Unabhängigkeit

Ein enormes »Asset« nicht nur im Private Banking ist die Unabhängigkeit unseres Bankhauses – für das Unternehmen und vor allem für unsere Kunden. Sie zieht sich wie ein roter Faden durch unsere Unternehmensgeschichte. Unabhängigkeit bedeutet Freiheit – in der Meinungsbildung, bei der Analyse, beim Gestalten von Dienstleistungen, in der Verwaltung großer Vermögen und in der individuellen Betreuung unserer Kunden. In unserem Bankhaus gibt es keine externen Anteilseigner, denen wir Rechenschaft schuldig sind oder die gar Einfluss nehmen könnten. Wir haben keine eigenen Produkte, die wir vertreiben und in unserer Vermögensverwaltung platzieren müssen.

Mein Großvater Albert von Metzler hat drei Grundsätze aufgestellt, die wichtig sind, um die Unabhängigkeit vor allem in den immer wieder erlebten Krisenzeiten zu bewahren.

Der erste lautet, stets ausreichend Eigenkapital zu haben, die Gewinne in die Bank zu reinvestieren und keine größeren Summen auszuschütten.

Der zweite ist, dass die Familie immer »nah beieinander« sein soll. Entsprechend leben wir heute die Philosophie, den Gesellschafterkreis klein zu halten. So können wir uns auf kurzen Wegen abstimmen.

Und drittens: Man darf keine hohen Risiken haben, weder aus dem Kredit- noch aus dem Refinanzierungsgeschäft. Daher betreiben wir – unter anderem – kein kommerzielles Kreditgeschäft und meiden so die daraus resultierenden Risiken.

Wir sehen es so: Unsere Unabhängigkeit seit 1674 war und ist einer der Garanten für den Unternehmenserfolg. Umgekehrt garantiert uns der Geschäftserfolg unsere Unabhängigkeit.

Das Metzler-Credo: Vermögenserhalt über Generationen

Für die Unabhängigkeit des Bankhauses Metzler ist es eine *Conditio sine qua non*, dass wir finanziell gut ausgestattet sind. Ich empfinde es als eine unglaubliche Leistung meiner Vorfahren, das Familienunternehmen über fast 350 Jahre erhalten zu haben. Unsere Kunden haben das gleiche Ziel. Auch sie wollen ihr Unternehmen und ihre Vermögenswerte erhalten und möglichst unbeschadet an die nächste Generation weitergeben. Wie kann das gelingen?

Um diese Frage zu beantworten, muss man zunächst die grundlegenden Risiken kennen, die ein Vermögen bedrohen. Wie sich in den vergangenen Dekaden wiederholt gezeigt hat, lassen sie sich im Kern auf drei elementare Risiken reduzieren: politisch bedingte Risiken, Inflation und Deflation. Um politische Risiken zu minimieren, bietet es sich an, in Regionen zu investieren, die politisch stabil und deren Finanzmärkte intakt sind.

Bei dem Risiko Inflation steigt das Preisniveau von Waren und Dienstleistungen, und die Kaufkraft des Geldes sinkt. Daraus entsteht eine Bedrohung für die sogenannten Nominalwerte, also für alles, dessen Wert »auf dem Papier steht«. Hierzu zählen etwa Bargeld, Anleihen oder Schuldverschreibungen. Schutz bei einer Inflation bietet das sogenannte Sach- oder Substanzvermögen. Es umfasst alles, was einen materiellen Gegenwert hat – etwa Immobilien und auch Aktien, die ja einen Anteil an einem Unternehmen verbriefen. Die Deflation ist das Gegenstück zur Inflation: Kommt das Risiko einer Deflation zum Tragen, sinkt das Preisniveau, und Geld gewinnt tendenziell an Kaufkraft. In einer Deflation wiederum bietet das Nominalvermögen Schutz, während Sach- und Substanzwerte bedroht sind.

Da politische Verwerfungen, Inflation oder Deflation unterschiedliche Vermögensklassen in den Keller ziehen, ist es wichtig, zu jedem Zeitpunkt in jener Vermögensklasse investiert zu sein, die weniger verliert. Hier kommt das Schlagwort Diversifikation ins Spiel: Da wir niemals wissen, welche Anlageklasse der Verlierer in einem Krisenszenario sein wird, ist die Diversifikation so wichtig. Jedes Depot sollte also sowohl Substanz- auch als Nominalwerte enthalten. Denn so ist ein Anleger am besten gegen Krisen gewappnet. Und nur so bleibt er handlungsfähig, um selbst in Krisenzeiten Optionen und Chancen an den Kapitalmärkten zu nutzen.

Eine gut durchdachte und zu den unternehmerischen oder individuellen Zielen passende Aufteilung des Vermögens in Nominal- und Sachwerte ist ein entscheidender Schlüssel für den Vermögenserhalt. Das Vermögen unserer Kunden verantwortlich zu betreuen, bedeutet für uns, gemeinsam mit ihnen eine sinnvolle Diversifikation zu entwickeln, damit es kommenden Krisen bestmöglich standhält. Denn eines ist klar: Krisen mit vermögensbedrohenden Risiken im Schlepptau werden wir immer wieder erleben. Sie kommen mit Sicherheit – wir wissen nur nicht genau, welcher Art sie sind und wann sie kommen. Jüngstes Beispiel ist die Coronapandemie, die aus mehr oder weniger heiterem Himmel um sich griff. Ihre Auswirkungen haben die Weltwirtschaft in eine Rezession gestürzt.

Es mag sein, dass unsere Anlagephilosophie zulasten kurzfristiger Gewinne geht. Doch wissen wir aus unserer Erfahrung: Jeder Vermögensaufbau, jedes Wachstum braucht Zeit. Kurzfristige Gewinne sind oft ebenso schnell wieder verschwunden, wie sie erzielt worden sind. Die vielen Crashs der Vergangenheit haben das hinreichend bewiesen.

Aktien: Die Basis für den langfristigen Vermögensaufbau

Wenn man über den Vermögenserhalt über Generationen nachdenkt, darf ein zentraler Baustein nicht fehlen: die Aktie. Dass das *Bankhaus Metzler* zwölf Generationen nach seiner Gründung immer noch im

Familienbesitz ist, verdankt es nicht zuletzt den breitgestreuten Investitionen in den Sachwert Aktie. Diese Anlagen haben geholfen, die Katastrophen des 20. Jahrhunderts wirtschaftlich zu überstehen. Anleihen und auch Geldvermögen hingegen verloren mehrfach ihren gesamten Wert. Aus den regelmäßigen Anlagen in Aktien ist heute ein solides Vermögen gewachsen. Ein solches Polster möchten wir auch für unsere Kunden schaffen.

In meinen vielen Gesprächen im Bankalltag erfahre ich allerdings immer wieder, dass manche Anleger Investitionen in Aktien eher skeptisch sehen. Oft gelten sie als Spekulation und damit als zu unsicher. Wir halten Aktien jedoch nicht nur für einen unverzichtbaren Bestandteil eines ausgewogenen Depots, sondern auch für unverzichtbar in einer funktionierenden Wirtschaft. Wirtschaftliche Entwicklung braucht Investitionen, und Investitionen brauchen Kapital. Unternehmen können große Summen an Kapital einsammeln, indem sie Aktien begeben. Wer Aktien kauft, erwirbt also einen Anteil am Produktivvermögen eines Unternehmens und beteiligt sich somit am Substanzvermögen einer Volkswirtschaft. Natürlich: Das Auf und Ab an den Börsen ist nicht immer einfach auszuhalten. Doch ist dafür häufig die Anlegerpsychologie ausschlaggebend, und die ist nicht immer rational begründet. Denn wer Aktien kauft und verkauft, handelt oft in einem Spannungsfeld zwischen Pessimismus und Euphorie, was zu übertriebenen Reaktionen an den Börsen führt. Der Preis einer Aktie spiegelt deshalb nicht immer den fairen oder inneren Wert eines Unternehmens wider. Auf längere Sicht nähert er sich jedoch in aller Regel seinem fairen Wert an.

Deshalb sollte man bei Anlagen in Aktien Zeit haben können – ein langfristiger Anlagehorizont ist entscheidend für den Erfolg. Je länger der Anlagehorizont, desto geringer sind die Verlustrisiken. Wer beispielsweise regelmäßig in Aktien des Deutschen Aktienindex DAX gespart hat, konnte an der Kursentwicklung und den Dividenden der großen deutschen Börsenwerte partizipieren. So lag laut einer Studie des Deutschen Aktieninstituts die minimale Rendite bei historischen DAX-Sparplänen mit einer Laufzeit von 20 Jahren bei 4,7 % pro Jahr, die maximale Rendite bei 16,1 %. Nach einer Laufzeit von 30 Jahren betrug die minimale Rendite 6,3 %, die maximale Rendite 13,2 %. Für den durchschnittlichen Ertrag aller Sparpläne wurden knapp 9 % pro Jahr errechnet. Diese Ergebnisse zeigen: Je länger die Anlagedauer, desto stärker wird das vielfach unerwünschte Risiko der Volatilität minimiert.

Ein Blick in die Zukunft: Nachhaltigkeit und Altersversorgung

Verantwortung und Vermögen – das Thema hat viele Aspekte. Um Vermögen langfristig zu erhalten, müssen wir konsequent die Zukunft im Blick haben. Zwei große Trends fallen uns besonders auf, mit denen sich vor allem unsere Kolleginnen und Kollegen im Asset Management von Metzler intensiv beschäftigen: Nachhaltigkeit und betriebliche Altersversorgung.

Nachhaltigkeit wird zum »New Normal« beim Geldanlegen

Unsere Nachhaltigkeitsstrategen im Asset Management gehen davon aus, dass die nachhaltige Kapitalanlage bald zum Standard des Investierens gehören wird. Bereits heute wird mehr als ein Drittel aller weltweit verwalteten Vermögenswerte nach sogenannten ESG-Kriterien investiert. Darunter versteht man die Berücksichtigung von Kriterien aus den Bereichen Umwelt (*Environmental*), Soziales (*Social*) und verantwortungsvolle Unternehmensführung (*Governance*).

Experten erwarten, dass bis zum Jahr 2035 ein Großteil der globalen Vermögenswerte nachhaltig gemanagt werden könnte. Drei Faktoren sollten diese Entwicklung beflügeln: Zum einen dürfte die zunehmende ökonomische Unsicherheit den Wunsch nach stabilen Geldanlagen fördern. Zweitens stützt eine striktere Regulierung der Geldanlage vor allem nachhaltige Anlageinstrumente. Drittens stellen viele Anleger mittlerweile konventionelle Finanzprodukte infrage und wollen ihre Anlagestrategie nachhaltig ausrichten.

Ich persönlich stelle bei den Gesprächen mit vielen meiner Altersgenossen – auch bei anderen Unternehmensnachfolgerinnen und -nachfolgern – ein großes Interesse daran fest, nicht nur selbst das Unternehmen zukünftig nachhaltiger zu führen, sondern auch nachhaltiger zu investieren.

Bedeutung der betrieblichen Altersversorgung (bAV) steigt

Zu einer nachhaltigen Unternehmensführung gehört auch eine Altersversorgung für die Mitarbeiter. Das Problem ist bekannt: Mit der gesetzlichen Rente in Deutschland werden kommende Generationen ihren Lebensstandard im Alter nicht beibehalten können. Viele Arbeitnehmer sorgen deshalb privat vor, doch im aktuellen Niedrigzinsumfeld erzielen sie mit ihren Sparbüchern oder Festgeldkonten kaum Rendite. Eine ertragreichere Anlageform sind – wie schon festgestellt – Aktien. Hier sind auch Unternehmen gefordert: Sie können in der betrieblichen Altersversorgung stärker auf Aktien setzen und so ihren Mitarbeitern Chancen auf höhere Kapitalerträge eröffnen. Für Unternehmen kann sich ein passendes Modell der betrieblichen Altersversorgung durchaus lohnen. Nicht nur ist ein Unternehmen, das bAV-Lösungen anbietet, ein sozial attraktiver Arbeitgeber, die moderne betriebliche Altersversorgung bietet auch Modelle zur Ausfinanzierung von Pensionsverpflichtungen, was sich positiv auf die Gewinn-und-Verlust-Rechnung eines Unternehmens auswirken kann.

Metzler Pension Management, angesiedelt im Asset Management unseres Hauses, war sehr frühzeitig mit bAV-Modellen am Markt und bietet heute eine Vielzahl von Lösungen an.

Das Familienunternehmen: Ein Geschenk auf Zeit

Man sieht, selbst bei einem Nischenplayer wie dem Bankhaus Metzler ist das Aufgabenspektrum umfassend. Und je mehr ich mich in die unterschiedlichen Themen hineingekniet habe, desto faszinierender empfinde ich die Arbeit in der Bank. Dabei ist es überaus beruhigend zu wissen, dass auf den Partner- und Kollegenkreis immer Verlass ist – ob im Private Banking, im Corporate Finance, im Asset Management, bei Capital Markets oder in den Back-Office-Bereichen. Natürlich habe ich auch großen Respekt vor den mitunter anspruchsvollen Aufgaben und betrete die Bank hin und wieder mit einem Gefühl von Demut. Im Ohr habe ich dabei Worte meines Vaters: »Die Bank ist ein Geschenk auf Zeit, ihr müsst immer auch an die nächste Generation denken.«

Mit diesem Geschenk geht eine große Verantwortung einher. Es ist mir ein wichtiges Anliegen, dieser Verantwortung gerecht zu werden – für unsere Kunden, meinen Kollegenkreis und meine Familie.

© dm/Christina Riedl

CHRISTOPH WERNER, Jahrgang 1972, ist seit September 2019 Vorsitzender der Geschäftsführung von *dm-drogerie markt*. Zuvor war er acht Jahre als Geschäftsführer bei dm für das Ressort Marketing und Beschaffung mitverantwortlich. Bei dm arbeiten in 13 europäischen Ländern mehr als 62 500 Menschen in über 3700 Märkten. Konzernweit wurde im Geschäftsjahr 2019/2020 ein Umsatz von 11,5 Milliarden Euro erwirtschaftet, in Deutschland lag der Umsatz bei mehr als 8,5 Milliarden Euro. dm ist für die Kunden der beliebteste überregionale Drogeriemarkt Deutschlands, so das Ergebnis der Verbraucherbefragung »Kundenmonitor Deutschland 2020«.

VERANTWORTUNG UND FÜHRUNG

Führung aus Verantwortung

Von Christoph Werner

Von Chancen und Taten

Goethe weist im *Faust* mit den eingangs dieses Bandes zitierten Versen auf den qualitativen Unterschied hin zwischen einerseits den Möglichkeiten, die uns gegeben sind, und andererseits deren tatsächlicher Verwirklichung.

Möglichkeiten beziehungsweise Chancen sind uns gewissermaßen in die Wiege gelegt. Sie wachsen uns zu, ohne unseren aktiven Beitrag. Sie können sich ausdrücken in Fähigkeiten und Fertigkeiten. Sie sind Begabungen. Beim Genie treten sie besonders brillant in Erscheinung und versetzen andere Menschen in Staunen. Sie können aber auch irdischer Natur sein: Die Möglichkeit einer guten Ausbildung, eine Erbschaft oder das Glück, einem Menschen zu begegnen, der einem wohlgesonnen ist, der Anteil nimmt und mit Lebensrat unterstützt. Vielleicht werden uns diese Möglichkeiten von einem guten Geist in die Wiege gelegt. Fast immer werden sie uns aber von den vorausgegangenen Generationen, auf deren Schultern wir stehen, geschenkt. Das gilt für uns als Gesellschaft und natürlich auch für uns als Menschen.

Während mir Möglichkeiten zufallen, kommt es bei deren Verwirklichung auf mich selbst an. Ich muss meine Potenziale erkennen. Ich muss sie annehmen. Und ich muss tätig werden im Augenblick der

Gegenwart. Denn allein im Augenblick der Gegenwart kann ich meine Möglichkeiten nutzen und meinen Beitrag leisten, um Zukunft mitzugestalten. Was ich konkret unternehme, hängt von meinen Zielen ab. Wie ich es ausführe, von den Werten, die ich für angemessen und vertretbar halte. Gedankenspiele über das, was getan werden könnte, ohne zur Tat zu schreiten, sind nutzlos. Sich zu verlieren in Nebensächlichkeiten, ohne die geschenkten Möglichkeiten fruchtbar zu machen, ist Zeitverschwendung. In beiden Fällen können im Laufe des Lebens die nicht genutzten Möglichkeiten zu einer Last werden. Zu einer Last nicht genutzter Entwicklungschancen, eines mangelnden Kohärenzgefühls, eines nicht gefundenen Sinns im Leben.

Auf die Verwirklichung, auf die Tat, kommt es Goethe also an. Durch Verwirklichung greife ich in das Weltgeschehen ein, entwickle mich weiter und berühre das Leben anderer Menschen. Ich hinterlasse Fußspuren. Und ich werde damit, ob es mir behagt oder nicht, für diese verantwortlich. Selbst wenn ich diese Verantwortung nicht ernst nehmen wollte, kann ich für meine Taten von anderen zur Verantwortung gezogen werden. Daher ist es lebenspraktisch, sich bereits beim Handeln mit den Folgen der eigenen Taten zu verbinden und dafür Verantwortung zu übernehmen. Durch die aus Einsicht übernommene Verantwortung für die Folgen meiner Taten komme ich in die Gestaltung der Welt, entwickle meine Fähigkeiten und gestalte damit aktiv meine Biografie. In dieser Gestaltung kann ich Freiheit erleben und Sinn erfahren.

Führung und Verantwortung

Führung von Menschen verwirklicht sich im Handeln. Damit gilt es, immer Verantwortung für die Folgen des eigenen Führungsverhaltens zu übernehmen. Führung ist kein Zweck an sich, sondern immer Mittel zum Zweck. Verantwortung für mein Handeln als Führungskraft kann ich daher nur übernehmen, wenn ich mir Klarheit über die Ziele verschaffe, die ich durch mein Führungsverhalten verfolge. Dies führt zu der konkreten Fragestellung des »Warum?« und des »Wozu?« von Führung. Wozu soll Führung dienen? Besteht ein Zielkonflikt zwischen den Motiven der geführten Menschen und den durch die Führung verfolgten Zielen? Kann ich es verantworten, durch mein Führungsverhalten unter Umständen recht weitgehend das Leben anderer Menschen zu tangieren und vielleicht sogar in deren Lebensentwürfe einzugreifen?

Solange es um Führung im Sinne von Erziehung wie beispielsweise der eigenen Kinder geht, scheint Führung noch relativ eindeutig und überschaubar. Dies gilt auch dann, wenn die Aufgabe der Erziehung sich im Konkreten als durchaus anspruchsvoll für den Erziehungsverpflichteten erweist. Kindererziehung orientiert sich an den Möglichkeiten und Bedürfnissen der jeweiligen Lebensphasen. Leitstern ist eine selbstbestimmte Lebensführung im Erwachsenenalter, die sich aktiv in die Welt einbringt und ihr individuelles Lebensglück suchen und finden kann.

Wie stellt sich die Frage von Führung jedoch, wenn es um Führung von mündigen Menschen im Kontext eines Unternehmens geht? Wenn es um Führung geht in einem Unternehmen, welches betriebswirtschaftlichen Gesetzmäßigkeiten und den Herausforderungen des freien Marktes unterworfen ist? Stehen individuelle Lebensziele und Unternehmensziele grundsätzlich im Widerspruch, oder können sie aufeinander aufbauen?

Führung in Unternehmen

Grob vereinfacht betrachtet verfolgen Unternehmen einen Geschäftszweck, der die Basis der betriebswirtschaftlichen Überlebensfähigkeit ist. Diesen Geschäftszweck verfolgen Unternehmen unter Einsatz der notwendigen Ressourcen. Differenzierter betrachtet sind Unternehmen eine Gemeinschaft von Menschen, die ihren Leistungsbeitrag arbeitsteilig in Arbeitsprozessen strukturieren und auf diese Weise Güter und Dienstleistungen erstellen. Solange diese vernünftig kalkuliert sind und von Kunden nachgefragt werden, prosperiert das Unternehmen. Da Bedürfnisse und Vorlieben der Kunden sich permanent ändern, müssen die angebotenen Güter und Dienstleistungen sich ebenfalls permanent verändern. Damit ändern sich auch die Arbeitsprozesse zur Erstellung der Güter und Dienstleistungen immer wieder und ebenso die Aufgaben und Tätigkeiten der in Unternehmen zusammenarbeitenden Menschen.

Die Kombination einer hohen Arbeitsspezialisierung mit sich durch wandelnde Kundenbedürfnisse häufig ändernden Anforderungen an die Ablauforganisation ist eine Herausforderung für Führungskräfte bei der Koordination einer arbeitsteiligen Arbeitsorganisation. Die der Organisationskomplexität geschuldete Unübersichtlichkeit der Informationen führt zu einer Hierarchisierung der Aufbauorganisation zum Zwecke der Komplexitätsreduktion. Das sonst in unserer zivilen Gesellschaft geltende Prinzip der Ermächtigung des mündigen Menschen wird im Arbeitszusammenhang großer Organisationen damit oftmals ersetzt durch ein Prinzip der Hierarchisierung mit Über- und Unterordnungen von Kompetenzen und Weisungsbefugnissen. Es wird unterschieden zwischen Führungskräften und Nichtführungskräften. Die einen sind ermächtigt zu sagen, wo es langgeht. Die anderen sollen sich danach richten.

Nach welchen Maßstäben kann im Kontext von Organisationen daher die Frage der moralischen Legitimation von Führung beurteilt werden?

Entscheidend zur Beantwortung dieser Frage ist unser grundsätzliches Verständnis von Unternehmen und Arbeitsorganisationen, in welchen Menschen unter Beachtung funktionaler Zusammenarbeitsregeln miteinander in Beziehung treten. Welchen konkreten Zweck verfolgt beispielsweise ein Unternehmen, und wie wird in dem Unternehmen über Arbeit gedacht? Ist der überwiegende Zweck des Unternehmens – und damit der Arbeitsgemeinschaft – die Erfüllung der Wünsche von Eigentümern beziehungsweise Gesellschaftern? Ist es der bestimmende Zweck der Arbeit, eine Aufgabenstellung möglichst effizient zu erledigen? Und gibt es weitere Gesichtspunkte, die eine erhellende Betrachtung ermöglichen?

Wie steht es um die Zielsetzungen der Arbeitsorganisation und des gelebten Führungsbegriffs?

Für Gesellschafter besteht formal durch den Besitz von Unternehmensanteilen eine Verfügungsgewalt über das Unternehmen und damit einhergehend formal auch Entscheidungsbefugnis über die Setzung und Priorisierung von Zielen, die im Unternehmen verfolgt werden. Praktisch zukunftsfähig und erfolgreich ist ein Unternehmen aber nur dann, wenn die Kundschaft immer wieder dessen Leistungen in Anspruch nimmt und auch bereit ist, dafür einen angemessenen Preis zu entrichten. Das ist für die gesunde Entwicklung des Unternehmens Voraussetzung. Erfolgreiche Unternehmen und damit Arbeitsorganisationen zeichnet daher aus, dass sie sich konsequent an der Kundschaft orientieren und die Gesellschafter bei dieser Aufgabe hinter sich wissen. So verstehen Gesellschafter oder die von ihnen eingesetzten Geschäftsführungen erfolgreicher Unternehmen ihre Aufgabe vor allem darin, Menschen im Unternehmen dabei zu unterstützen, die Kundschaft nicht aus dem Fokus zu verlieren und die Aufbau- und Ablauforganisation immer wieder an die für eine effiziente Leistungserstellung notwendigen Arbeitsprozesse anzupassen. Wirkungsvolle Führung kann es den Mitgliedern der Arbeitsgemeinschaft ermöglichen, durch empfängerorientiertes Informationsmanagement den Blick auf die Kundschaft zu schärfen und Zusammenhänge frühzeitig zu erkennen. Damit kann wirkungsvolle Führung helfen, den Einzelnen zu ermächtigen, und ihn dabei unterstützen, die Aufgaben besser zu ergreifen. Entscheidend hierbei ist, wie ein Unternehmen von den Führungskräften gedacht und welcher Führungsbegriff daraus abgeleitet wird, denn diesen bringt die Führungskraft zur konkreten Anwendung in ihrem Führungsverhalten.

Wirkung von Organisationsmodellen

Klassisch werden Unternehmensorganisationen in pyramidalen Organigrammen dargestellt und auch so gedacht. Ziele und Strategien werden von Führungskräften im oberen Bereich der Pyramide entwickelt. Der Mittelbau operationalisiert diese Ziele und Strategien, damit den Mitarbeitern an der Basis der Pyramide die Umsetzung möglichst effizient gelingt. Der Mittelbau kontrolliert laufend die Umsetzung an der Basis und berichtet den Grad der Zielerreichung an die Führungskräfte im oberen Bereich der Pyramide. Wenn Organisationen in dieser Weise gedacht werden, richten sich die Blicke der Mitarbeiter an der Basis vor allem auf die hierarchisch Vorgesetzten über ihnen. Denn von dort kommen die Ziele und dort erfolgt die Beurteilung der eigenen Leistungsfähigkeit. Findet, wie in einem Einzelhandelsunternehmen, der unmittelbare Kundenkontakt an der Basis der Organisationspyramide statt, besteht die Gefahr, dass der Blick auf den Kunden nicht mehr in der Organisation direkt veranlagt ist; denn alle Blicke richten sich dann nach oben auf die Führungskraft, aber nicht mehr nach außen auf den Kunden.

Bei *dm-drogerie markt* denken wir die Unternehmensorganisation daher bewusst anders. Wir denken das Unternehmen wie eine aus Zwiebelschalen geformte Kugel: Außerhalb der Kugel sind die Kunden, die Lieferanten, die Vermieter, Bänker und all die vielen Dienstleister, die mit ihren Vorleistungen dem Unternehmen zuarbeiten oder dessen Leistung abnehmen. Innerhalb der Kugel finden sich die vielen Schalen der Organisationsebenen, die von innen nach außen unterstützen, damit die operativen Prozesse zuverlässig klappen und die Leistungen des Unternehmens für die Kunden und externen Dienstleister immer attraktiv bleiben. Denn an der Oberfläche der Kugel kristallisieren sich die Leistungen des Unternehmens als Ergebnis der unternehmensinternen Arbeitsprozesse heraus, und es finden Interaktion und Transaktion mit der Unternehmensumwelt statt.

In diesem Modell richten sich die Blicke der Menschen in den inneren Schalen beständig auf die Kolleginnen und Kollegen in den äußeren Schalen und letztendlich stets auf die Kunden. Für jeden Menschen ergeben sich damit immer drei Fragestellungen im Hinblick auf die Tätigkeit im Unternehmen:

1. Was erwartet mein Kunde (bzw. Leistungsempfänger) von mir, damit er seine Ziele verwirklichen kann?
2. Welchen Beitrag möchte ich in meinem Aufgabenbereich leisten, damit ich mich mit den Folgen meiner Taten verbinden kann?
3. Welche durch meine Führungskräfte geschaffene Voraussetzung brauche ich, damit ich meinen Beitrag für die Arbeitsgemeinschaft und die Kunden leisten kann?

Die für die Organisation gewählte Metapher prägt den Begriff, den sich Menschen im Unternehmen von diesem machen. Der so geformte Begriff wirkt dann auf das Selbstverständnis zurück, mit welchem sich Menschen ihrer Aufgabe stellen und das sie in die Zusammenarbeit einbringen.

Arbeitsbegriffe und ihre Folgen

Für das Verständnis von Arbeit ist ebenfalls entscheidend, welchen Arbeitsbegriff wir uns bilden. In der öffentlichen Diskussion ist auch in Deutschland zu beobachten, dass der schuldrechtliche Aspekt aus dem Arbeitsrecht im Vordergrund steht. Dieser geht davon aus, dass der Arbeitnehmer dem Arbeitgeber seine Arbeitsleistung gegen Bezahlung schuldet. Mit dieser Sichtweise wird menschliche Arbeit vor allem auf die quantifizierbare betriebswirtschaftliche Dimension des Aufwandes verkürzt. Das hat Konsequenzen. Denn weil Aufwand den unternehmerischen Spielraum schmälert, soll dieser Aufwand grundsätzlich möglichst klein gehalten werden. Der Gesichtspunkt, dass menschliche Arbeit die Leistung des Unternehmens erst ermöglicht, dessen Leistung regenerieren kann und damit die wesentliche Voraussetzung für langfristige Prosperität ist, tritt in dieser Auffassung des Arbeitsbegriffes oftmals in den Hintergrund. Unter dem Blickwinkel des Schuldrechts ordnet sich Arbeit der Notwendigkeit der Einkommenserzielung unter und bekommt die Färbung von Fremdbestimmung.

Die Verkürzung des Arbeitsbegriffs auf die Dimension des Schuldrechts ist jedoch eine aus der Rechtstradition gewählte Setzung, die sich nicht zwingend aus der Sache heraus ergibt. Eine erweiterte und gut beobachtbare Dimension des Arbeitsbegriffs ist die der »Tätigkeit für einen Kunden«. Unter dieser Perspektive ist das Unternehmen nicht mehr der Arbeitgeber, sondern Arbeitgeber ist der Kunde. Der Kunde ist Arbeitgeber, da er durch seine Nachfrage dem Unternehmen einen Arbeitsauftrag erteilt und für die erbrachte Leistung dann bezahlt. Das gesamte Unternehmen mit all seinen Mitarbeitern wird damit zum Arbeitnehmer.

Unter diesem Blickwinkel wird der arbeitsteilige Prozess in einem Unternehmen zu einem »Miteinander füreinander Tätigsein für die Kunden«. Unter dem Gesichtspunkt von Arbeit als ein »Tätigsein für Kunden« und der Einordnung einer Arbeitsgemeinschaft als ein »Miteinander füreinander Tätigsein für Kunden« ist Arbeit der Augenblick, in dem der Mensch aus seinen Möglichkeiten zur Tat, zur Verwirklichung kommen kann.

Dies gelingt, solange sich der Mensch mit den Ergebnissen seiner Arbeit verbinden und die Ziele des Unternehmens unterstützen kann. Arbeit kann damit dem Menschen Entwicklung und Sinnstiftung ermöglichen. Unternehmen können daher mehr sein als Zweckgemeinschaften zur Erfüllung eines Wertschöpfungsauftrages. Sie können zu Plattformen für die Entwicklung von Berufsbiografien werden, auf denen Menschen ihr Potenzial erkennen, sich entwickeln und über sich hinauswachsen können. Ob wir Arbeit in diesem Zusammenhang denken können, hängt ab von unseren Grundannahmen über die Potenzialität des Menschen. Blicken wir auf den Menschen als determiniertes Reiz-Reaktions-Wesen oder als ergebnisoffenes Entwicklungswesen? Für beides scheinen sich Beispiele in Arbeitsgemeinschaften zu finden. Oftmals zeigt sich das Potenzial eines Menschen aber erst, wenn der Mensch Gelegenheit bekommt, sich in seiner Aufgabe auszudrücken.

Diese Überlegungen sind für den Erfolg von Unternehmen von Bedeutung. Denn neben der Wahrnehmung der Kundenbedürfnisse ist auch die Fähigkeit von entscheidender Bedeutung, für vorhandene und künftige Kundenbedürfnisse leistungsfähige Produkt- und Dienstleistungsangebote zu entwickeln. Neue Produkte und Dienstleistungen entstehen als Folge der Ideen und Fertigkeiten von Menschen im Unternehmen. Hierbei gilt: Je unternehmerischer die einzelnen Mitglieder der Arbeitsgemeinschaft sich ins Unternehmen einbringen, desto unternehmerischer und zukunftsfähiger wird das ganze Unternehmen. Den Raum für diese unternehmerische Verhaltensweise schaffen die Führungskräfte in der Organisation, da es zu ihrer Aufgabe gehört, die dafür notwendigen Rahmenbedingungen zu gestalten.

Aufgaben von Führung

Führung im Kontext von Unternehmen hat somit zwei wesentliche Aufgaben: Zum einen hat sie die Koordination leistungsfähiger Arbeitsprozesse zu unterstützen, indem sie fähige Mitarbeiter gewinnt und Aufgabenfelder zuordnet. Dieser Gesichtspunkt ist offensichtlich und wird in erfolgreichen Unternehmen praktiziert. Die zweite

Aufgabe ist das Ermöglichen von Fähigkeitenentwicklung zur Realisierung des unternehmerischen Potenzials in der Arbeitsgemeinschaft. Dies lässt sich weder anweisen noch erzwingen. Ein Zugang für Führungskräfte besteht darin, als Evokator Möglichkeitsräume zu öffnen, in denen von Routinen abgewichen und neue Wege ausprobiert werden können. Hierdurch entstehen für die Menschen im Unternehmen neue Erfahrungen und in der Folge neue Erkenntnisse, die Ausgangspunkt von Verbesserungen und Innovationen sein können.

Das Schwungrad des Lernens kommt dadurch in Fahrt, die Voraussetzung für eine aktive Lebensgestaltung und Verantwortungsübernahme für die Folgen des eigenen Tuns und Unterlassens. Durch Lernen können Menschen wachsen und über Begrenzungen des eigenen Bereichs blicken. Sie gewinnen ein besseres Verständnis für die Zusammenhänge und können sich aus der Sache heraus selbst orientieren.

Dieser Schritt ist entscheidend. Denn durch Selbstorientierung an den situativen und langfristigen Notwendigkeiten und Chancen der Aufgabenstellungen erkennen Menschen im Unternehmen selbständig und ohne Eingriff durch hierarchische Führungskräfte, worauf es ankommt und welchen Beitrag sie konkret leisten können. Hierarchische Führung kann damit den Anspruch der Verhaltensbeeinflussung zur Erzielung vorgegebener Arbeitsergebnisse abwerfen und sich stattdessen an der Potenzialität der Menschen im Zutrauen in und Vertrauen auf deren Selbstorientierungsfähigkeit in der Organisation orientieren. Führung hat damit Ermächtigung zur bewussten Selbstführung zum Ziel und orientiert sich am Menschen.

Statt den Menschen als Mittel zur Erreichung der unternehmerischen Ziele und damit des Zwecks zu sehen, wird der Mensch zum Zweck, der mit dem Mittel der Arbeitsgemeinschaft über sich hinauswachsen kann. Seine Kreativität und Initiativkraft kann er damit in der Arbeitsgemeinschaft ausdrücken und für diese einbringen. Als Folge wird das Unternehmen unternehmerischer.

Eigenschaften wirkungsvoller Führung

Wirkungsvolle Führungskräfte in einem Unternehmen mit mündigen Bürgern als Kollegen zeichnen sich zum einen durch ihre Fähigkeit aus, immer wieder neue Perspektiven auf Aufgabenstellungen aufzuzeigen. Sie helfen dabei, die in jeder Herausforderung liegenden Chancen zu entdecken. Dadurch impulsieren sie beständig neue Lösungsansätze in ihren Teams. Sie bestärken ihre Teams, Augen und Ohren permanent offenzuhalten, neue Marktpotenziale zu erkennen und diese dann auch zu nutzen.

Zum anderen zeichnet wirkungsvolle Führungskräfte Empathiefähigkeit aus. Mit Einfühlungsvermögen können sie Menschen besser verstehen und Teams wirksamer orchestrieren. Es gelingt ihnen, zu passender Zeit die weiterführenden Fragen zu stellen, sich im richtigen Moment zurückzunehmen und auch zu schweigen.

Wirkungsvolle Führungskräfte bauen auf die Einsichtsfähigkeit der Menschen und haben Zutrauen in die Bereitschaft zur Verantwortungsübernahme.

Anspruch und Wirklichkeit

Manch einem mögen diese Perspektiven gewagt scheinen. Vielleicht auch bisher nicht beobachtbar. Und es gibt viele Beispiele von Unternehmen, die mit einer sehr rigiden und autoritären Führung beachtliche Unternehmensergebnisse erzielen und schon lange am Marktgeschehen teilnehmen. Dies gilt es anzuerkennen. Entscheidend ist für mich jedoch nicht allein die Frage, welches Führungsverständnis und damit welche Führungsbegriffe bisher mit Erfolg angewendet worden sind und sich daher im Hinblick auf vergangene Ergebnisse legitimiert haben. Entscheidend sind für mich vor allem die zwei folgenden Aspekte:

Erstens, welchen Führungsbegriff halte ich für das wirkungsvollste Instrument, um langfristig erfolgreich als Unternehmen am unendlichen Spiel des Marktwettbewerbs teilzunehmen?

Erfolgreich deswegen, weil es auch unter den Bedingungen einer ungewissen Zukunft immer wieder gelingt, durch Produkte und Dienstleistungen Kunden für die Erzeugnisse der Arbeitsgemeinschaft zu begeistern.

Und zweitens, welchen Führungsbegriff und welches daraus abgeleitete Führungsprinzip kann ich für mich als Mensch verantworten, der seinen Beitrag für eine Bürgergesellschaft leisten möchte, die sich aus freien Individuen konstituiert? Eine freie Bürgergesellschaft aus freien Individuen, die Verantwortung übernehmen und in ihrem Leben einen Lebenssinn suchen und entdecken wollen.

Im Unternehmensalltag fällt die gelebte Praxis nicht selten hinter den eigenen Anspruch zurück. Im oftmals unter Termindruck stehenden Tagesgeschäft herrscht nicht immer die theoretisch erarbeitete Umsicht. Dennoch ist die bewusste Beschäftigung mit Aspekten zum Menschenbild, den Zielen des Unternehmens und des daraus abgeleiteten Führungsbegriffes wichtig. Denn diese Beschäftigung führt zur Bildung von Grundsätzen zur Zusammenarbeit im Unternehmen und damit zur Ausprägung eines eindeutigen Führungsverständnisses.

Dies tun wir auch bei dm-drogerie markt. Die erarbeiteten Grundsätze zur Führung helfen, ein gemeinsames Bewusstsein zu bilden, und wirken dann wie ein Polarstern, der Selbstorientierung auf der Suche nach situativ angemessenen Vorgehensweisen ermöglicht.

Im Ergebnis hilft es bei der Entwicklung und Festigung einer starken Führungs- und Unternehmenskultur. Dies kann auch von Kunden wahrgenommen werden und trägt einen wesentlichen Teil zur Ausprägung der Marke dm-drogerie markt bei.

MAXIMILIAN ROOS, Jahrgang 1991, ist Kaufmann für Spedition und Logistikdienstleistung sowie studierter Wirtschaftswissenschaftler. Seit 2011 ist er als dritte Generation im 1972 gegründeten Familienunternehmen *SCHERM Gruppe* tätig und dort in verschiedenen Positionen aktiv. Die SCHERM Gruppe hat sich als Logistikdienstleister für die Automobil- und Lebensmittelindustrie etabliert und führt Just-in-time-Dienstleistungen entlang der Wertschöpfungskette durch. Maximilian Roos verantwortet den Geschäftsbereich Fahrzeuglogistik mit rund 110 Mitarbeitern. In diesem Bereich hat er ein Unternehmen ausgegründet, das sich mit der Entwicklung, dem Bau und Betrieb von Logistikstandorten beschäftigt.

VERANTWORTUNG UND VERNETZUNG

Von Maximilian Roos

Vernetzung ist eines der beliebtesten Wörter unserer modernen Zeit. Oft wird es in Verbindung mit der Digitalisierung gebraucht und vereinnahmend positiv für Fortschritt verwendet. Dabei ist Vernetzung an sich keine Neuheit, denn schon vor vielen tausend Jahren war sie Grundvoraussetzung für wirtschaftliches Handeln und Fortschritt, sogar für das menschliche Leben.

Das ist abwegig, meinen Sie? Hier ist ein Beispiel: Vor etwa 5200 Jahren begann der Mensch, mittels Feuer eine bestimmte Art Gestein zu schmelzen und in eine andere Form zu bringen: Kupfer. Damit beginnt die Kupfersteinzeit. Mit dem neu angeeigneten Wissen entstehen neue Hochkulturen, die geografisch im heutigen Mittleren Osten und Osteuropa zu verorten sind. Ähnlich zu den Wohlstandseffekten durch Ölvorkommen im Mittleren Osten haben diese Kulturen schnell an Bedeutung und Reichtum gewonnen, denn die Verhüttung von Kupfer war zu der Zeit der fortschrittlichste Wirtschaftszweig. Mit der Verbreitung des neuen Materials beginnen sich neue Handelsstrukturen zu etablieren, die sich in Richtung Balkan und Iran verbreiten und später über Gesamteuropa erstrecken.

Wie war es möglich, dass in frühgeschichtlicher Zeit ein solches Handelsnetzwerk über mehrere tausend Kilometer entstand? Die Antwort überrascht nicht wirklich: durch Vernetzung.

Doch widmen wir uns ihr zunächst im allgemeineren Sinne. Es gibt freilich ganz verschiedene Arten von Vernetzung. Das ist auch der Grund, weshalb es keine allgemeingültige Definition des Begriffs gibt, sondern vielmehr themenbezogene Definitionen, deren gemeinsamer Nenner immer das Verbinden oder Verknüpfen mehrerer Elemente ist. Vernetzung von einfachen Elementen zu komplexen Gebilden begleitet das Leben auf der Erde von Anfang an. Vom Einzeller, dem Eukaryoten, haben sich durch Verbindung mehrerer Zellen komplexe Organismen, die Prokaryoten, gebildet – wohl die erste Vernetzung von Leben auf der Erde. Deshalb verwundert es nicht, dass es etwa vier Milliarden Jahre gedauert hat, bis sich aus Einzellern solch komplexe Lebewesen wie der Mensch entwickelt haben. Die Quintessenz aus dieser Geschichtsstunde: Vernetzung ist ein viel tiefgreifenderes Thema für uns Menschen, als es uns im normalen Leben bewusst wird. Dies zeigt, warum sie auch im Wirtschaftsleben so bedeutend ist.

Gerade als Wirtschaftstreibender, Gesellschafter oder Geschäftsführer ist Vernetzung ein wichtiger Bestandteil des täglichen Lebens. Deshalb soll es in diesem Essay um Vernetzung als Grundlage für wirtschaftliches Handeln in der modernen Welt gehen und ferner die Frage beleuchtet werden, wie Unternehmer vernetzt sein müssen und welche Verantwortung diese Vernetzung auch mit sich bringt. Anschließend wird der Frage nachgegangen, wie gerade junge Menschen ebendieser Verantwortung gerecht werden.

Vernetzung in der Wirtschaft – Grundlage für das Geschäft

»Knowledge is power« oder im Deutschen bekannter »Wissen ist Macht« ist ein geflügeltes Wort, das Sir Francis Bacon bereits vor Hunderten Jahren prägte.[1] Wissen an sich besteht aus verbundenen Informationen, deren Voraussetzung der Wahrheitsgehalt der einzelnen Information ist. Ebendieses Wissen kann im Geschäftsleben von demjenigen erlangt werden, der viele Informationen erhält und diese sinnvoll miteinander verknüpfen kann. Das trifft nicht auf alle Branchen gleichermaßen zu, aber es gibt eine Reihe sehr anschaulicher Beispiele. So sind Makler Informationsarbitrageure, deren Wertschöpfung hauptsächlich aus der Verbindung verschiedener Informationen über Angebot und Nachfrage besteht. Diese Informationsverknüpfung scheint nach wie vor ein lohnenswertes Geschäft zu sein, denn allein Immobilienmakler verzeichneten im Jahr 2018 einen Umsatz von 13,86 Milliarden US-Dollar in Deutschland und 175,11 Milliarden US-Dollar in den USA.[2] Darüber hinaus gibt es eine Reihe anderer Vermittler, deren Hauptgeschäft in der Online- und der Offline-Vernetzung liegt. Beispiele für analoge Vermittlungsgeschäfte sind M & A-Broker, deren Geschäft sehr individuell auf die einzelnen Kunden abgestimmt und von wenigen hochvolumigen Transaktionen geprägt ist. Auf der anderen Seite gibt es Onlinevermittler wie Check24, Kayak oder Booking.com, die mit digitaler Technik Anbieter und Kunden zusammenbringen. Dabei sind die vermittelten Produkte vielfältig, und die Anzahl der Einzeltransaktionen ist hoch. Auch diese Vermittler nutzen Informationen, um sie zu vernetzen und in einer neuen Form dem Kunden darzustellen.

Damit zeigt sich, dass es auch heute noch elementar ist, Informationen zu beschaffen und diese für das eigene Geschäft sinnvoll zu nutzen. Für das Management von Unternehmen ist die Informationsbeschaffung ein wichtiger Bestandteil der täglichen Arbeit, denn gute unternehmerische Entscheidungen können nur getroffen werden, wenn über den jeweiligen Sachverhalt ausreichend Informationen vorliegen. In der Regel reichen einzelne Quellen nicht aus, denn gerade der Blick über den eigenen Tellerrand hinaus gewährt viele neue Aspekte, die in richtungsweisende Führungsentscheidungen eingearbeitet werden sollten. So kann das Wissen über neue strategische Entscheidungen der Kunden oder regulative Änderungen beispielsweise Standortentscheidungen massiv beeinflussen. Informationen darüber müssen allerdings erst beschafft werden. Oftmals machen gerade die Informationen den Unterschied, die nicht öffentlich verfügbar sind. Sie müssen stattdessen innerhalb des eigenen Netzwerkes von anderen Personen beschafft werden. Je größer also das eigene Netzwerk, desto mehr Informationen können für wichtige Geschäftsentscheidungen erlangt werden.

Eine fundierte Informationsbasis und permanente Beschaffung neuer Informationen ist deshalb für Unternehmer und Manager elementar. Vernetzung ist dazu das unumgängliche Mittel.

Es sei am Rande angemerkt, dass nicht nur die Informationsbeschaffung als Grundlage für Entscheidungen wichtig ist, sondern auch die Validierung dieser Informationen.

Vernetzung des Unternehmers – nicht nur geschäftlich bedeutsam

Ohne Zweifel sind die Kontakte zu Kunden, Lieferanten und Partnern im Geschäft selbst der wichtigste Teil des Netzwerkes, denn sie sind oftmals entscheidend für den Geschäftserfolg. Allerdings sind sie nicht das alleinige Netzwerk, denn es ist wichtig, einen weiten Blick auf die eigene Firma und Branche zu werfen und sich interdisziplinär zu verbinden. So sind Kontakte im politischen, kulturellen und sozialen Umfeld genauso wichtig und die Vernetzung mit anderen Mitgliedern unserer Gesellschaft, deren Umfeld ein ganz anderes ist als das eigene. Auch wenn ein Künstler oder ein Beamter im öffentlichen Dienst keinen direkten Mehrwert für die eigene Unternehmung bringt, so erweitert der Meinungsaustausch das eigene Sichtfeld und hilft uns, nicht in einer Blase gleicher Meinungen zu verweilen. Eine solche Konversation mag nicht immer in der eigenen Komfortzone liegen, sie bringt dafür aber ein wertvolles Gut mit sich: eine differenzierte Betrachtung gesellschaftlicher Themen und der eigenen Sichtweisen.

Es ist deshalb erstrebenswert, sich auch außerhalb der Firma und der Branche zu vernetzen. Beispiele dafür können Vernissagen, Veranstaltungen lokaler Behörden, Charity-Events, Unternehmerverbände, Interessenvertretungen oder auch politische Veranstaltungen sein.

Über den Aufbau und die Pflege von Netzwerken

Ein breites Netzwerk zu knüpfen und es zu halten erfordert vor allem eins: sehr viel Zeit. Das permanente soziale Interagieren ist der entscheidende Schlüssel. Wer nicht bereit ist, in sein Netzwerk zu investieren, wird auch keines erfolgreich aufbauen können. Einen nicht unerheblichen Teil meiner Abende und Wochenenden verbringe ich, wenn nicht gerade eine Pandemie herrscht, auf Veranstaltungen und Zusammenkünften. Das kostet nicht nur Zeit, sondern auch Fahrt-, Verpflegungs- und gegebenenfalls Übernachtungskosten. Rein wirtschaftlich betrachtet wird dies keine positive Rechnung sein, so manches Mal kommt auch Kritik wegen der vielen gefahrenen Kilometer und Abwesenheitszeiten auf. Sicher, es gibt keinen unmittelbaren Nutzen aus dem Networking. Indirekt jedoch trägt jedes Netzwerk zum persönlichen und unternehmerischen Erfolg bei.

Für mich persönlich ist es wichtig, die gesellschaftlichen Angebote zu nutzen und neue Gesichter, aber auch alte Bekannte bei Präsenzveranstaltungen zu treffen. Das ist genau der Ort, an dem in lockerem Gespräch Neuigkeiten und Informationen ausgetauscht werden, die im ersten Augenblick nicht allzu relevant erscheinen mögen, deren Vernetzung aber wiederum das eigene Wissen nährt. Oftmals ergeben sich in solchen Gesprächen Lösungsansätze für eigene unternehmerische Probleme, die in der Diskussion mit einer branchenfremden Person plötzlich trivial erscheinen.

Es gibt viele Beispiele für Veranstaltungen, bei denen das Netzwerk erweitert werden kann. Neben klassischen Networking-Events sind es Kongresse, Podiumsdiskussionen und gesellschaftliche Termine wie Neujahrsempfänge oder auch Sportevents, bei denen neue Kontakte entstehen und bekannte Kontakte gepflegt werden.

Ein Netzwerk bildet sich jedoch nicht aus einem kurzen Plausch am Rande einer Neujahrsfeier, bei dem man kurz Visitenkarten austauscht. Erst durch die Pflege von Kontakten werden aus bekannten Gesichtern Partner und manchmal sogar Freunde. Jeder kennt die Gespräche auf Messen, die mit dem immer gleichen Satz enden »Lass uns in Kontakt bleiben!«, während man anschließend getrennte Wege geht und sich nie wieder hört und sieht. Das ist nicht die Art von Vernetzung, durch die das eigene Netzwerk wächst, und bietet überdies auch keinen Mehrwert für einen selbst. Vielmehr geht es um die Beziehungen, die regelmäßig gepflegt werden. Selbstverständlich gibt es auch hier Abstufungen. So gibt es eine große Anzahl von Personen, die man nur auf Veranstaltungen trifft, mit denen man sich dort austauscht, sie aber ansonsten nicht weiter kontaktiert. Dann gibt es diejenigen, mit denen man sich gelegentlich zum Mittagessen trifft und schließlich ein enges Verhältnis pflegt; es erwachsen Freundschaften.

Eines ist dabei wichtig zu verstehen: Netzwerkpflege ist Arbeit, die täglich verrichtet werden muss. Es erfordert Kontinuität und Fleiß, ein Netzwerk zu erhalten und auszubauen.

Gerade bei Übernahme einer verantwortungsvollen Position, etwa in der Geschäftsführung eines größeren Unternehmens, eines politischen Mandats oder des Vorsitzes einer wichtigen Institution wird das eigene Wort gewichtiger. Entscheider haben meist eine größere Reichweite und finden oftmals mehr Gehör für ihre Anliegen bei anderen Führungskräften. Es fällt ihnen somit leichter, ein Netzwerk mit gesellschaftlich höhergestellten Personen aufzubauen. Jedoch sinkt der Einfluss außerhalb des eigenen Wirkungsbereichs stark ab. So ist es durchaus üblich, sich mit Unternehmern und lokalen Politikern an seinem Stammsitz kurzfristig telefonisch abzustimmen, während der Bürgermeister eines entfernten kleinen Standortes ohne Termin gar keine Telefonate entgegennimmt.

Die Nutzung von Netzwerken

Im Geschäftsleben gibt es oft Situationen, in denen man selbst nicht weiterweiß. Ein Problem tritt auf, oder das Unternehmen steuert auf eine brenzlige Lage zu, die nicht alltäglich ist. In diesen Fällen zahlt sich ein großes Netzwerk besonders aus, denn wer dann den passenden Kontakt zur Hand hat oder zumindest jemanden kennt, der eine passende Verbindung herstellen kann, ist weitaus schneller und effektiver in der Problembehandlung.

Vor einigen Jahren, im April, haben wir ein Bauvorhaben auf einem knapp neun Hektar großen Feld begonnen. Für den Baubeginn ist dieser Monat ungeeignet, da dann bodenbrütende Vögel ihre Nester bauen. Die Störung der Brut ist ein naturschutzfachlicher Verbotstatbestand. Brütet also ein Vogel an dem Ort, an dem anschließend gebaut werden soll, so bleibt dem Bauherrn nichts anderes übrig, als den Baustart auf den Zeitpunkt nach der Brut zu verschieben, und das können schnell einige Monate sein. Vor Baubeginn wurde unser Baufeld jedoch auf Brutvorkommen untersucht.

Nachdem alles in Ordnung war, sollte die Baustelle starten. Einige Tage vergingen zwischen der Begehung und dem geplanten Baustart, als die Naturschutzbehörde plötzlich Brutvorkommen beobachtete und einen Baustopp verhängte. Ein Worst Case, denn mit den Kunden waren bereits verbindliche Verträge geschlossen worden, und der Termindruck war entsprechend hoch. In dieser scheinbar aussichtslosen Lage gab es nur eine Möglichkeit: den richtigen Kontakt anrufen. Mithilfe unseres langjährigen Partnerbüros für naturschutzfachliche Belange, das den Sachverhalt ruhig und besonnen den gesetzlichen Anforderungen entsprechend mit den Fachbehörden abarbeitete, konnte das Projekt schließlich mit Einschränkungen realisiert werden.

Ein großer Teil des professionellen Lebens besteht aus dem Abgleichen und Austarieren verschiedener Interessen. Das betrifft die Wünsche von Kunden bezüglich der eigenen Produkte, die Belange von Mitarbeiterinnen und Mitarbeitern bei den Arbeitspaketen oder das Angebot von Lieferanten mit den eigenen Bedarfen. Oftmals sind dies jedoch komplexe Zusammenhänge wie etwa der Bau einer neuen Produktionsstätte. Hier laufen die Interessen des verkaufenden Grundstückseigentümers, behördliche und politische Interessen mit den eigenen Anforderungen zusammen. Ohne alle Beteiligten auf einen Nenner zu bringen, kann ein solches Projekt nicht realisiert werden. Je besser die Kontakte aufgebaut werden können, desto einfacher wird die Einigung bei elementaren Themen sein. So ist es wichtig, mit den Partnern ins Gespräch zu gehen.

Wie bereits erwähnt, können durch das Netzwerken auch Freundschaften entstehen – ein Umstand, der im Berufsleben nicht selten vorkommt. Das ist grundsätzlich nicht verwerflich, es kann aber zu Schwierigkeiten führen, wenn die private Freundschaft mit geschäftlichen Auftragsverhältnissen kollidiert. Ebenso können politische Mandatsträger einen Interessenkonflikt nicht gänzlich ausräumen, wenn persönliche Freundschaften und politische Zusammenarbeit wie etwa bei der Baulandausweisung nebeneinander bestehen. Je stärker die geschäftliche Interdependenz ist, desto schwieriger ist eine private Freundschaft. So erzählte mir ein Konzernvorstand vor einiger Zeit, er könne einen Freund nicht einmal beim Kauf eines seiner Produkte beraten, da dieser Freund lokalpolitischer Mandatsträger sei und dies gegen die Compliance-Richtlinien seines Unternehmens verstoße. Der Grat ist schmal, und im heutigen Berufsleben ist ein gutes, partnerschaftliches Arbeitsverhältnis nicht gleichzusetzen mit einer privaten Freundschaft.

Gesellschaftliche Verantwortung und Netzwerke

Oftmals ist Netzwerken nicht nur Mittel zum Zweck, sondern auch mit Spaß und Annehmlichkeiten verbunden, beispielsweise einer schönen Abendveranstaltung mit spannendem Programm oder einer interessanten Rede. Gleichwohl sollte das eigene Netzwerk nicht nur für den eigenen Vorteil genutzt werden. Denn Verantwortung beginnt dort, wo man für seine Mitmenschen einen positiven Einfluss einbringen kann.

So kann ein größeres Netzwerk oftmals Türen öffnen, die für andere unerreichbar sind. Ein guter Mitarbeiter unseres Unternehmens ist selbst unverschuldet in finanzielle Not geraten. Aufgrund seiner Herkunft und Vermögenslage war es schwierig für ihn, am Bankschalter einen Kredit zu bekommen, selbst wenn es sich dabei um eine vergleichsweise kleine Summe handelte. Im Wissen, für wen ich es tat, rief ich unseren Firmenkundenberater an und bat ihn um ein Gespräch mit unserem Mitarbeiter. Dieser erhielt letztendlich einen Kleinkredit mit wenig Aufwand. Für ihn war es eine Erleichterung, die auch noch Wochen später spürbar war. Für mich war es hingegen nur ein Anruf. Auch wenn wir seither von seiner hohen Loyalität profitieren, ist der Kern die gegenseitige Hilfe. Deshalb ist es richtig, wenn sich Unternehmer mit dem entsprechenden Netzwerk auch für gesellschaftliche Themen einsetzen, diese adressieren und ihr Netzwerk dafür nutzen. Solche

Hilfestellungen müssen keineswegs ausschließlich selbstlos sein. Selbstverständlich ist ein Mitarbeiter motivierter und loyaler, wenn ihm in privaten Angelegenheiten geholfen wird. Das ist für beide Seiten positiv.

Es muss deshalb nicht gleich eine große Spendengala sein, sondern schon das bloße Vermitteln von Kontakten ohne eigenen Vorteil ist Teil des diskutierten philanthropischen Gedankens. Dabei geht es nicht um Gratistipps zu neuen Börsentrends, sondern um echte Hilfe bei Problemen des Alltags, bei denen der richtige Ansprechpartner weitaus mehr helfen kann, wenn dieser wohlbekannt ist.

Fazit

Der Gedanke der Vernetzung ist ebenso alt wie die Menschheit an sich. In der heutigen Zeit kann Vernetzung in verschiedensten Formen stattfinden: als Geschäftsbasis, als digitales oder analoges Geschäftsmodell, als Werkzeug, um Probleme schneller zu beheben, oder auch nur aus reiner Freude am Netzwerken an sich. Unabhängig von der Form ist Vernetzung ein elementarer Teil des unternehmerischen Lebens. So sind Familienunternehmen, die ihr Geschäft über Jahrhunderte in die nächste Generation fortführen, in der Vergangenheit immer dann erfolgreich gewesen, wenn sie gesellschaftlich und politisch stärker vernetzt waren, dadurch Trends und Neuigkeiten frühzeitig erfuhren und entsprechend darauf reagieren konnten.

Ein großes Netzwerk und eine entsprechend exponierte gesellschaftliche Position bringt entsprechende Verantwortung mit sich. Sie zu nutzen, ist Aufgabe jeder Generation aufs Neue. Die Übernahme und konsequente Annahme dieser Verantwortung sind in der heutigen Zeit nicht mehr alltäglich, denn viele sträuben sich vor der Verpflichtung und Bindung, die diese mit sich bringt.

Deshalb ist es wichtig, sich stark zu vernetzen, sich mit seinen Überzeugungen in die gesellschaftliche Diskussion einzubringen und diese mitzugestalten. Darüber hinaus ist es wesentlich, sich für seine Mitmenschen und gesellschaftliche Zwecke einzusetzen, die nicht primär einen eigenen Nutzen verfolgen. Nur so werden wir der Verantwortung auch gerecht, die Vernetzung mit sich bringt.

Anmerkungen

1 Vgl. James Spedding, Robert Leslie Ellis und Douglas Denon Heath. The works of Francis Bacon. St. Clair Shores, Mich: Scholarly Press 1969.

2 www.statista.com/forecasts/354072/real-estate-agencies-revenue-in-germany; www.ibisworld.com/industry-statistics/market-size/real-estate-sales-brokerage-united-states/#:~:text=The%20market%20size%2C%20measured%20by,is%20%24163.7bn%20in%202020, letzter Aufruf am 1.3.2021.

FABIAN KIENBAUM ist seit 2018 Chief Empowerment Officer (CEO) der *Kienbaum Consultants International GmbH*. Vor seinem Wechsel zu Kienbaum arbeitete er in einer amerikanischen Unternehmensberatung in London. Fabian Kienbaum studierte internationales Management an der ESCP Europe. 2011 schloss er den Studiengang als Diplom-Kaufmann, Diplômé de Grande École und Master of Science ab. Zuvor erlangte der ehemalige Bundesligahandballer des VfL Gummersbach einen Bachelor-Abschluss in Betriebswirtschaftslehre in Köln. Fabian Kienbaum stieg 2014 in das familien- und partnergeführte Beratungshaus Kienbaum ein, dessen Portfolio sich auf alle Leistungen rund um »People & Organisation« konzentriert.

VERANTWORTUNG UND ARBEITSWELT

Die reinen Profitmaximierer gehen in den Ruhestand

Von Fabian Kienbaum

Verantwortung ist untrennbar mit Eigentum verbunden. Familienunternehmer tragen die Verantwortung, ihr Eigentum so nachhaltig zu entwickeln, dass sie es der nächsten Generation übergeben können. Deswegen ist es eine zentrale Aufgabe, eine Arbeitswelt zu formen, die das Unternehmen stärkt und Generationen überdauert. Dabei genügt es in der heutigen Zeit nicht mehr, nur den Profit zu maximieren. Gelebte Veränderung ist ebenso essenziell wie richtig verstandene Freiheit sowie der Anspruch, die Arbeitswelt in eine identitätsstiftende Heimat zu verwandeln. Grundlage für alles ist dabei eine digital-soziale Marktwirtschaft, in der wir als Unternehmerinnen und Unternehmer eine gesellschaftliche Verantwortung übernehmen.

Eigentum ist ein hohes Gut, und es ist eine herausfordernde Pflicht. Diese Feststellung in Artikel 14 des Grundgesetzes für die Bundesrepublik Deutschland müsste für echte Familienunternehmer dort an sich nicht niedergeschrieben sein. Wir leben diese Funktion praktisch seit Generationen und wissen: Familieneigentum bedeutet Verantwortung für all das, was mit unserem Eigentum verbunden ist. Es bedeutet insbesondere Verantwortung für das Wohlergehen derjenigen, die ihr Arbeitsleben mit der Familienfirma verknüpft haben. Der Eigentumsbegriff ist damit zu einem wesentlichen Teil mit der Verantwortung für die Gestaltung der Arbeitswelt verbunden.

Tradition und Zukunftsfähigkeit

Für das Unternehmen, das ich von meinem Vater und er wiederum von seinem Vater übernehmen durfte, gilt das gleich im zweifachen Sinne. *Kienbaum* ist ein Familienunternehmen, in dem die Familie für die Geschicke der Firma und damit auch ihrer Mitarbeiterinnen und Mitarbeiter verantwortlich ist. Kienbaum ist aber vor allem ein Beratungshaus, das sein Beratungsangebot rund um People & Organisation auf die Gestaltung der Arbeitswelt der Zukunft konzentriert.

Und dort hat sich vor dem Hintergrund der Digitalisierung in der vergangenen Dekade mehr getan als in den gesamten 65 Jahren, die unser Unternehmen bis dahin schon bestand. Deshalb meine ich, dass wir die Verantwortung für die Entwicklung neuer Lösungen und Arbeitsabläufe tragen. Es geht dabei um Innovationsmanagement in Echtzeit und Formen der Teilhabe möglichst unterschiedlicher Menschen am Arbeitsprozess, in der Maschinen mit künstlicher Intelligenz (KI) Aufgaben übernehmen werden. Und wir tragen am Ende die Verantwortung für neue Formen von Führung, mit denen sich die Komplexität beherrschen lässt, um Hergebrachtes nicht in Vergessenheit geraten und Neues gedeihen zu lassen.

Ich gebe zu, diese Verantwortung wiegt manchmal schwer. Sie wiegt schwer, wenn wir Veränderung fordern, aber das Verlassen der Komfortzonen nicht geübt haben. Sie wiegt noch schwerer, wenn wir das Scheitern als Teil unserer Arbeit definieren, aber am eigenen Gemütszustand erleben, dass vor allem Erfolge und ganz selten Misserfolge motivieren und honoriert werden. Und sie wiegt tonnenschwer, wenn wir entscheiden müssen, mit wem überhaupt Veränderung machbar ist.

Aber ich weiß auch: Auf der anderen Seite stehen die kleinen und großen Glücksgefühle, wenn Veränderung gelungen ist und der Nachweis erbracht wird, zumindest für eine Zeit lang den richtigen Weg gefunden zu haben, oder wenn gegenseitiges Vertrauen zu Höchstleistungen führt. Niederlagen zu ertragen, Erfolge zu generieren und zu feiern und dabei den Weg der Veränderung nicht aus dem Auge zu verlieren – all das liegt in unserer Verantwortung als Familienunternehmer. Ich möchte einige Beispiele dafür nennen, wohin sich unsere Verantwortung für die Arbeitswelt vor dem Hintergrund der Digitalisierung verschoben hat. Ich denke da etwa an unsere ständig wachsenden Fähigkeiten, Menschen und ihre Talente zu entdecken, zu fördern und vor allem an der richtigen Stelle stärkenorientiert einzusetzen. People Analytics beschreibt die Möglichkeit, datenbasierte Entscheidungen im HR-Bereich und in der Organisationsentwicklung zu treffen. Durch die einzigartige Verbindung von Algorithmen, Psychologie und experimenteller Methodik kann der Beitrag einer Personalabteilung messbar und damit nachvollziehbarer gemacht werden. Personalprozesse können somit besser an den individuellen Bedürfnissen der Menschen ausgerichtet und durch prädiktive Modelle bereichert werden, um den Entscheidungshorizont zu erweitern. Durch sogenannte Advanced Analytics-Modelle können psychologische Urteilsfehler in der Personalarbeit verhindert werden und Transparenz, Objektivität und Fairness in den Mittelpunkt von personenbezogenen Entscheidungen gestellt werden. Mit dem Sprung vom hergebrachten HR-Reporting zu People Analytics kann HR somit die quantitative Sprache des Business erlernen, und die Vertreterinnen und Vertreter dieser Zunft können in der strategischen Diskussion in der Führung eines Unternehmens echte Partnerinnen und Partner auf Augenhöhe sein.

Wir verfügen über die Kenntnisse, um diese Methoden weiterzuentwickeln. Wir können mithilfe von Daten unbekannte Talente identifizieren, wir können die Fluktuation in Unternehmen vorhersagen, und wir können Zufriedenheit und Engagement genauer messen als jemals zuvor. Unsere Verantwortung liegt jetzt darin, Personalentscheidungen nicht zum Ergebnis automatisierter Algorithmen werden zu lassen, sondern den Einsatz von Daten als Instrument zu begreifen, welches Menschen hilft, bessere Entscheidungen zu treffen. Es geht um die richtige Mischung aus datengestützter Evidenz und menschlichem

Urteilsvermögen. Unsere Aufgabe ist es dabei, zwischen Unternehmen und Personal Vertrauen auszubauen, was den Umgang mit personenbezogenen Daten anbelangt. Die Datenautonomie der Mitarbeiterinnen und Mitarbeiter ist dabei das zentrale Merkmal. Transparenz bei der Speicherung und Fairness im Umgang mit Daten müssen das Leitbild für Unternehmen definieren. Technologie ist also Mittel zum Zweck, niemals Substitut. Uns Menschen obliegt stets die Verantwortung. Auf dem Weg dahin können wir die Qualität unserer Entscheidungen auf Basis zusätzlicher Datenpunkte jedoch erheblich verbessern.

Zukunft braucht digitale Verantwortung

Übertragen auf ein Wirtschaftsmodell bedeutet das, die Soziale Marktwirtschaft zu einer digital-sozialen Marktwirtschaft zu formen und damit ein Alternativmodell zu den USA und China anzubieten. Hierzu haben wir im Rahmen der *Digitalen Bewegung* einige Rahmenbedingungen definiert. So bedarf es eines Rechts auf digitale Teilhabe. Zudem müssen wir die humanistisch-universalistischen Werte der europäischen Aufklärung zur Grundlage einer Technologie machen, die informationelle Selbstbestimmung mit der Möglichkeit der Anwendung anonymisierter Daten zur Weiterentwicklung von KI-Anwendungen verbindet. Um bei der Entwicklung von künstlicher Intelligenz voranzukommen, brauchen wir außerdem konkret vermittelbare Anwendungsbeispiele. Ich schließe mich dabei den digitalen Vordenkerinnen und Vordenkern in diesem Land an und schlage vor, Technologiezentren ähnlich wie Sonderwirtschaftszonen zu schaffen. Sie sollen zu Experimentierräumen werden, in denen wir Anwendungen der künstlichen Intelligenz unbürokratisch üben können.

Ein anderes Beispiel für jene Verantwortung, die wir bei der Gestaltung der Arbeitswelt vor dem Hintergrund der Digitalisierung tragen, ist das Management von Innovation. Erfolgreiche Führung war schon immer eine Herkulesaufgabe. Doch in unserer heutigen *VUCA*-Welt –

ein Akronym für *volatility, uncertainty, complexity* und *ambiguity* – ist sie zur Königsdisziplin geworden, denn ein hohes Innovationstempo kann nur durch selbstorganisiertes Arbeiten gehalten werden, gleichzeitig darf aber die ständige Optimierung des Kerngeschäfts nicht aus dem Fokus geraten.

Neben der effizienten Steuerung des Kerngeschäfts, die oft durch eher klassisches Management gelingt, stehen viele Organisationen zusätzlich vor der Herausforderung, innovativer, agiler und anpassungsfähiger zu werden und damit moderne Arbeitsweisen wie »New Work« zu etablieren. Diese sogenannte Ambidextrie stellt sehr unterschiedliche Anforderungen an die Führungskräfte und an die Gestaltung der Zusammenarbeit in Organisationen, damit diese auch in Zukunft erfolgreich sind. Innerhalb einer Organisation müssen auf einmal unterschiedliche Führungsweisen und -rollen nebeneinander existieren, um den Unternehmenserfolg optimal zu unterstützen. Dazu zählt eine Spannbreite von klassischem Management bis hin zu coachender Führung selbstorganisierter Teams. Ambidextrie kommt als Begriff ursprünglich aus dem medizinischen Bereich, wo es bedeutet, dass eine Person beide Hände völlig gleichwertig einsetzen kann. Dabei gehen die Mediziner wie selbstverständlich von zwei rechten und nicht zwei linken Händen aus, was in der Praxis nicht immer der Fall ist.

In unserer Verantwortung als Familienunternehmer liegt es, möglichst viel Beidhändigkeit im unternehmerischen Kontext abzubilden. Wir benötigen die Managerinnen und Manager, die mit Meilensteinen und Kennzahlen operieren, ebenso wie die Pioniere, die Innovationspotenziale am Markt und in der eigenen Organisation erkennen und nutzbar machen. Wir brauchen Steuerfrauen und Navigatoren. Dabei müssen wir die richtige Balance finden, ins Visier genommene Ziele zu erreichen und trotzdem in unbekanntes Terrain vorstoßen zu wollen. Wer die richtige Entscheidung treffen will, braucht ein tiefes Verständnis der Arbeitswelt mit all ihren unterschiedlichen Facetten und Möglichkeiten. Darin liegt unsere Verantwortung.

Was es heißt, Verantwortung für eine sich rasend schnell verändernde Arbeitswelt zu übernehmen, wird auch bei der Definition der eigenen Rolle als Familienunternehmer in einer Organisation sichtbar. Als Eigentümerin oder Eigentümer gebührt einem das letzte Wort. So war es einmal. Hierarchien dienten seit Jahrtausenden der effizienten Exekution von Entscheidungen, Netzwerke der effektiven Problemlösung. Heute ist die flexible Kombination und situative Ausgestaltung dieser organisatorischen Grundmodelle die Führungsaufgabe unserer Zeit. Unter anderem spiegelt sich das neben der klassischen Aufbau-, Ablauf- und Projektorganisation in agilen Organisations- und entsprechenden Führungsmodellen wider. Wir benötigen die Intelligenz der Vielen genauso wie die Persönlichkeit und Entscheidungsfreude des Einzelnen. Wenn wir die Fragen von morgen nicht kennen, dann müssen wir heute möglichst divers aufgestellt sein, um die besten Antworten zu finden. Gelebte Diversität in Lebensalter, Geschlecht, Ausbildung, Erfahrung und kultureller Herkunft sicherzustellen, liegt in unserer Verantwortung.

Wandel durch Bildung

Als Unternehmer Verantwortung für die lebenslange Ausbildung zu übernehmen, ist in einer Arbeitswelt im Umbruch eine weitere Daueraufgabe. Emphatische Mitarbeiterführung, Fordern und Fördern sowie Prozess-, Produkt- und Serviceinnovationen voranbringen – all das erfordert eine kontinuierliche Weiterentwicklung bei uns selbst, bei den Führungskräften und in der gesamten Belegschaft.

Dass Bildung ein Thema ist, für das Unternehmerinnen und Unternehmer nicht nur mit Blick auf ihre eigenen Interessen, sondern auch mit Blick auf ihr gesellschaftliches Engagement geradestehen, ist keine Erkenntnis meiner Generation. Das duale Ausbildungssystem in Deutschland und das in Tarifverträgen verankerte Recht auf Weiterbildung sind Ausdruck der Einsicht von Wirtschaftsentscheidern, dass sie einen gesellschaftlichen Beitrag zur Bildung leisten müssen. Fragt man sie, in welchen Bereichen sie Verantwortung für gesellschaftliche Themen übernehmen, so ist für die überragende Mehrheit der Unternehmer die Aus- und Weiterbildung das zentrale Thema. Das ergab bereits in den 2000er-Jahren eine Umfrage der Bertelsmann-Stiftung unter Managern. 89 Prozent fühlten sich dafür verantwortlich. An zweiter Stelle standen die Verantwortung für die Zufriedenheit der Kunden und das Schaffen der Chancengleichheit unter den Mitarbeiterinnen und Mitarbeitern, jeweils 86 Prozent nennen das als eine wichtige Aufgabe in ihrem Verantwortungsbereich. »Von großer Bedeutung«, so folgerten die Autoren der Studie damals, »sind demnach in erster Linie Themen, die sehr nah mit dem Wertschöpfungsprozess des eigenen Unternehmens in Verbindung stehen.«

Ich bin davon überzeugt, dass sich dies inzwischen geändert hat, was an einer kritischeren Sicht auf das liegt, was Unternehmen tun und welche Erwartungshaltungen an sie herangetragen werden. Sie werden nicht mehr nur an ihrem Gewinn und ihrer Wertschöpfung im Unternehmen gemessen, sondern zunehmend auch am Beitrag, den sie für die Gesellschaft leisten. »Stakeholder für eine solidarische und nachhaltige Welt« hieß das Motto des 50. Weltwirtschaftsforums in Davos, das in dem Augenblick, in dem ich diese Zeilen schreibe, die letzte große Diskussionsveranstaltung vor Ausbruch der Coronapandemie gewesen ist. Der Titel gibt einen Hinweis, worum es inzwischen geht: Aus der Verantwortung für die Arbeitswelt ist eine Verantwortung für den Zustand der gesamten Welt geworden. Der Green Deal, den die EU-Kommission ausgerufen hat, ist ein Indiz dafür, wie tiefgreifend der Wandel ist: Wer nicht nachhaltig wirtschaftet, kommt schwieriger an Geld, Kredite und Investoren. Das *manager magazin* geht davon aus, dass »in fünf Jahren mehr als die Hälfte des Kapitals nach nachhaltigen Grundsätzen investiert sein wird«. Die intensive Diskussion um ein Lieferkettengesetz in Deutschland weist in die gleiche Richtung. Politik, NGOs und die Zivilgesellschaft nehmen Unternehmerinnen und Unternehmer für Themen der Arbeitswelt in die Pflicht, die weit außerhalb ihrer eigenen Firmen liegen. Man kann das mit guten Gründen ablehnen, die Diskussion wird sich aber nicht legen.

Vor diesem Hintergrund ist es entscheidend, als Familienunternehmer einem Wertegerüst zu folgen, das mehr ist als ein Handbuch des guten Miteinanders im Betrieb. Im Zeitalter von Work-Life-Blending verschwimmen die Grenzen zwischen Privatem und Beruflichem immer mehr. Die Arbeitswelt reicht ins Private hinein, das Private verschwindet nicht im Arbeitsleben. Zwei Themenfelder, die sich manchmal widersprechen, die mitunter eine Schnittmenge haben und die sich idealerweise ergänzen spielen in dieser Zeit eine zentrale Rolle. Es geht um das Verhältnis von Heimat und Freiheit sowie um das Verhältnis von dem, was uns einengt, aber festhält, zu dem, was uns befähigen und stärken soll, aber uns doch manchmal verloren zurücklässt.

Unternehmenskultur kann Heimat schaffen

In Zeiten des Wandels, der Globalisierung, Digitalisierung, Individualisierung und ganz besonders natürlich in Zeiten räumlicher Isolation bedingt durch die Coronakrise gewinnt das Thema Heimat an Relevanz, gerade in Bezug auf unsere Arbeitswelt. Identifikation ist ein notwendiges Kriterium, damit Zugehörigkeits- und Sicherheitsgefühle wachsen können. Der Begriff Heimat verweist auf die Beziehung zwischen Mensch und Raum.

Es gibt »Sozialisationserlebnisse««, die Identität, Charakter, Mentalität, Einstellung und Weltauffassung prägen. Erinnern Sie sich an den Geruch bei Ihren Großeltern oder an das Geräusch der Holzdielen im Flur vor Ihrem Kinderzimmer? An das Licht, das morgens ins Zimmer eingefallen ist und die Staubpartikel zum Leuchten gebracht hat, oder an die speckige Oberfläche der Schultische, in die man als Schüler mehr oder weniger fantasievolle Kritzeleien eingekerbt hatte? Jeder von uns trägt unterschiedliche Erinnerungen in sich, manche positiv besetzt, manche vielleicht auch mit unangenehmen Gefühlen behaftet. Räumen und darin erlebten Situationen kommt dabei eine entscheidende Rolle zu. Als Unternehmer können wir diese Räume bewusst gestalten und damit Einfluss nehmen auf die spezifischen Erlebnisse ihrer Nutzer. In einer als immer unübersichtlicher empfundenen Welt haben wir die Verantwortung, Heimat zu schaffen.

Wir können damit Potenziale heben, um Mitarbeiterinnen und Mitarbeiter zu gewinnen und zu binden und ihre Leistungsfähigkeit zu erhöhen – dies eben auch oder ganz besonders in Zeiten der zunehmenden Mobilität und Dezentralisierung von Teams. Die aktuellen Entwicklungen in der Pandemie verdeutlichen, dass mobiles Arbeiten in vielen Branchen möglich und auch in gewissem Maße gewinnbringend ist. Es ist gleichzeitig aber auch mit Unsicherheitsfaktoren und fehlender sozialer Interaktion verbunden und sorgt damit für eine Werteverschiebung und eine Bewusstseinsveränderung. Während in den Medien spekuliert wird, ob das klassische Büro ausgedient hat, glaube ich, dass das Büro jetzt umso mehr ein Ankerpunkt im kollektiven Bewusstsein der Belegschaft sein sollte. Ein Ort, an den die Menschen immer wieder gern zurückkommen, ein Ort, an den man sich erinnert, wenn man ihn auch zwischenzeitlich nicht besuchen kann. Ein Ort, der die Unternehmenskultur physisch erlebbar macht und funktional wie auch emotional auf die Bedürfnisse der Mitarbeiterschaft zugeschnitten ist.

Wenn dies gelingt, dann ließe sich Heimat mitnehmen – ins Homeoffice, auf Geschäftsreise oder an andere alternative Arbeitsorte. Die Wirkmechanismen funktionieren dadurch, dass Mitarbeiterinnen und Mitarbeiter sich an ebendiesen Ort und an das Gefühl, das dieser Ort auslöst, erinnern, dass Menschen seine Atmosphäre in sich tragen. Wenn wir Büros als Heimatorte etablieren wollen, bedarf es allerdings eines Paradigmenwechsels. Der Philosoph Hajo Eickhoff hat die Verantwortung, in die sich Unternehmer in diesem Zusammenhang begeben, so zusammengefasst: »Die Brisanz und historische Aufgabe für Gestalter, Einrichter und Logistiker, für Designer und Architekten liegt darin, alle Elemente des Büros und der Büroarbeit vom Menschen her zu denken, zu entwickeln und zu gestalten.« Infrastruktur und Geräte würden sich damit also dem Menschen und seinen individuellen Bedürfnissen anpassen, Effizienz und Funktionalität auf Kosten der Menschen rückten in den Hintergrund – ein hehres Unterfangen, doch angesichts der zu erwartenden Entwicklung maximal attraktiv.

Der Begriff der Heimat berührt zwangsläufig die Unternehmenskultur, die sich auf Verhalten, Artefakte, Werte und Glaubenssätze einer Organisation bezieht. Sie ist immer spezifisch, kann aber dennoch grob kategorisiert werden. So gibt es etwa elitäre, extrem leistungsorientierte, konservative und auch humanzentrierte Kulturen. Die Unternehmenskultur ist das Aushängeschild einer Organisation und beeinflusst jede Dimension, die von Relevanz für die Stakeholder ist: Gesellschaft, Kunden, Mitarbeiter, Investoren, Führungskräfte. Unternehmenskulturen entscheiden über Reputation, Erfolge, Misserfolge, Überlebens- und Zukunftsfähigkeit von Organisationen. Kulturen, in denen Potenzialentfaltung ernst genommen wird, sind sowohl an individuellem Wachstum interessiert als auch daran, ein übergreifendes Teamgefühl zu schaffen.

Eine Unternehmenskultur, die Heimat schafft, ist alles andere als ein Selbstzweck. Ganz im Gegenteil: Sie ist integraler Bestandteil eines modernen Führungsverständnisses, weil sie uns eine ganzheitliche Betrachtung der Wirkungszusammenhänge ermöglicht. Zahlen bleiben in jeder Organisation von grundlegender Bedeutung, aber sie sind immer nur resultierende Größen. Deshalb haben die reinen Profitmaximierer keine Zukunft, denn erst Klarheit über Zahlen hinaus schafft Orientierung, Sicherheit und Gefolgschaft. Auf dieser Basis können Organisationen ihren Zweck, den sogenannten Purpose, für sich wiederentdecken.

Während wir Simon Sineks »why« in diesem Kontext häufig mit »warum« übersetzt haben, ist die eigentliche Frage jedoch das Wofür.

Meine Heimat kennend, meine Kultur schätzend, Sicherheit fühlend bleibt die Frage zu beantworten, was die Welt vermisste, wenn es uns als Organisation nicht gäbe. Diese Frage geht immer an den Ursprung zurück und hilft, die tatsächlichen Kraftquellen zu identifizieren, die sehr häufig mit der Motivation der Gründermütter und -väter einhergehen. Hierauf zeitgemäße Antworten zu finden, liegt in der Verantwortung von uns Familienunternehmern.

New Work: Führung im Sinne der Freiheit

Neben dem Begriff der Heimat im Arbeitsumfeld habe ich bereits das zweite übergeordnete Thema genannt, für dessen Ausgestaltung Unternehmerinnen und Unternehmer mitverantwortlich sind: Freiheit.

Aus meiner Sicht eines Familienunternehmers kommt dem Zusammenspiel von Führung und Freiheit besondere Bedeutung zu. Wir bei Kienbaum haben »New Work« eingeführt, und wir beraten unsere Kunden auch bei dieser Arbeitsweise, je nach Projekt und Aufgabe. So erleben und sehen wir, dass New Work mehr Freiheit und damit auch mehr Eigenverantwortung für die Belegschaft, weniger Hierarchien und mehr Vernetzung bedeutet. Es entsteht mehr Autonomie, aber es bedeutet auch, dass die Mitarbeitenden verpflichtet sind, Rücksicht walten zu lassen und anderen und dem Unternehmen keinen Schaden zuzufügen. Eine solche Führung erfordert ein hohes Maß an Kommunikation und intensivem Beziehungsmanagement; sie ist damit zwar anstrengender als ein System, das auf Befehl und Gehorsam beruht, aber vor allem ist es auch erfüllender.

Die bloße Erkenntnis, dass das eigene Handeln anderen schaden kann, bedeutet dabei noch nicht unbedingt viel. Erst wenn sich daraus eine Haltung des Respekts im Sinne der Achtung der Würde aller Menschen ergibt, hat dies Konsequenzen für einen selbst. Die Möglichkeit einer solchen Haltung ist ein wesentlicher Bestandteil der menschlichen Freiheit, denn sie kann von keiner Autorität erzwungen werden. Respekt in diesem Sinne kommt häufig im Wertesystem von Familienunternehmen zum Ausdruck. Hier wird die Rolle der Führung oft besonders deutlich, nämlich in der Art und Weise, wie Werte vermittelt und gelebt werden – und das über Generationen hinweg. Wer Führung und Freiheit zusammenbringen will, sollte daher vor allem eine Vorstellung von der christlich-westlichen und politisch sensiblen Einstellung zur Freiheit bewahren.

Der britische Vordenker der Aufklärung John Locke argumentiert, dass der Verstand die Macht hat, dem Drang, sich einen Wunsch zu erfüllen, Einhalt zu gebieten. »Darin liegt die Freiheit des Menschen«, schreibt er. Der deutsche Philosoph Friedrich Nietzsche geht sogar noch weiter, wenn er feststellt, dass der Mensch kein Individuum ist, also etwas Unteilbares, sondern etwas in sich Geteiltes. Einerseits wird er von seinen Wünschen getrieben, andererseits kann er sich auch selbst Befehle geben. Die Freiheit liegt damit in der Selbstüberwindung. Ich glaube, dass es an der Zeit ist, dieses verschüttgegangene Verständnis von Freiheit im Arbeitskontext wieder freizulegen, denn Freiheit kann somit in bewussten Einschränkungen aus Verantwortungsgefühl gegenüber den Mitmenschen bestehen. Führungsverantwortung zu übernehmen heißt, diesen Gedanken klar zu formulieren und, wie im Ordoliberalismus der Freiburger Schule begründet, klare Rahmenbedingungen zu fassen.

Familienunternehmen übernehmen Verantwortung

Ich hatte zu Beginn herausgearbeitet, dass der Begriff der Verantwortung untrennbar mit dem Thema Eigentum verbunden ist. Als Familienunternehmer trage ich die Verantwortung dafür, mein Eigentum so nachhaltig zu entwickeln, dass ich es der nächsten Generation übergeben kann. Deswegen ist es meine zentrale Aufgabe, eine zunehmend digitale Arbeitswelt mitzugestalten, die das Unternehmen stärkt und es die Zeiten überdauern lässt.

Unsere Verantwortung reicht damit über jene Stakeholder-Orientierung hinaus, die Unternehmerinnen und Unternehmer ohnehin als Antrieb verstehen. Sich in erster Linie den Mitarbeiterinnen und Mitarbeitern sowie den Kunden und möglichen Investoren gegenüber verantwortlich zu fühlen ist gut, aber nicht gut genug. Es geht vielmehr um die dahinterliegende Haltung, die für die Motivation der Belegschaft, die Reputation des Unternehmens und damit für die Zukunftsfähigkeit entscheidend ist. Hier spielt der Purpose die wesentliche Rolle. Das Wofür innerhalb eines Unternehmens beantworten zu können, gehört nun mehr zum Pflichtprogramm und umfasst mehr als Unternehmenszweck und die damit einhergehenden Strategien. Es geht um das Verständnis der Rolle von uns Familienunternehmern im gesellschaftlichen Kontext. Und da wir nicht nur über Messmethoden entscheiden, um Selbstverpflichtungen wie z. B. im Rahmen von ESG-Investing – ein Akronym für *Environmental, Social and Governance* – zu validieren, sondern auch über entsprechende Instrumente verfügen, um es in unserer Arbeitswelt zu implementieren, kann gesellschaftliches Engagement eine Investition darstellen, die strategischen Nutzen per se stiftet.

Die Rolle der Unternehmer als Profitmaximierer hat damit ausgedient. Vielmehr liegt es in unserer Verantwortung, ein Verständnis von Wirtschaft zu fördern, das soziale und ökologische Belange umfasst, Vertrauen in digitale Prozesse bildet und gesellschaftliche Verantwortung in Einklang mit ökonomischer Leistungsfähigkeit anerkennt.

Dr. Friederike Driftmann, Jahrgang 1991, ist Juristin und Gesellschafterin in der siebten Generation des 1820 gegründeten mittelständischen Nahrungsmittelunternehmens *Peter Kölln GmbH & Co. KGaA* in Elmshorn, das mit rund 380 Mitarbeitern einen Jahresumsatz von rund 130 Millionen Euro (2019) erwirtschaftet. Der traditionelle Mühlenbetrieb produziert unter dem Markennamen *Kölln* unter anderem Haferflocken, Müslis und Frühstückscerealien. Darüber hinaus hält das Unternehmen Markenrechte an *Mazola*, *Livio*, *Biskin*, *Palmin* und *Becht's* und ist damit auch im Bereich Speiseöle und -fette aktiv. Zum Sortiment gehört zudem Milchzucker der Marke *Edelweiss*. Die Gesellschafter haben sich 2015 vorübergehend aus der Geschäftsführung zurückgezogen und agieren zusammen als aktive Inhaberfamilie.

KERNIGE VERANTWORTUNG

Warum wir Ernährung zur Familiensache machen

Von Friederike Driftmann

»Mit *Kölln* bin ich aufgewachsen« – kaum ein anderer Satz vermag uns als Familie ein größeres Lächeln auf die Lippen zu zaubern, kaum eine Bemerkung lässt uns stolzer werden. Es ist ein großes Kompliment und damit Ansporn und Motivation, definiert aber auch unseren Anspruch an die Zukunft und befeuert die Leidenschaft für das Unternehmen. Denn Ziel ist es, dass sich heute noch nicht geborene Kinder auch in hundert Jahren an unseren Produkten erfreuen. Eine zu ambitionierte Vision? Wir finden nicht. Für uns ist dieser Satz ein Versprechen. Ein Versprechen, noch lange mit Kölln aufwachsen zu können. Ein Versprechen, auch in hundert Jahren noch für Qualität, Nachhaltigkeit und gesunde Ernährung zu stehen.

In Konsumgesellschaften wie der unseren zählt im Hinblick auf das sensible Thema Ernährung vor allem eines: Vertrauen. Das liegt daran, dass es kaum etwas Persönlicheres gibt als die Entscheidung, welche Nährstoffe man seinem Körper zumuten möchte und welche er tatsächlich braucht. Dies gilt besonders in Zeiten der schnellen industriellen Fertigung. Das Vertrauen zu gewinnen ist freilich ein langwieriges Unterfangen. Wie ein kleines, zartes Pflänzchen kann es gedeihen, doch es ist empfindlich, man muss es gut pflegen. Dabei steht jede neue Inhabergeneration vor der spannenden Herausforderung, Ernährung neu zu erfinden und damit das Vertrauen einer neuen Generation aktiv zu gewinnen.

Das ist nämlich die Eigenschaft, die dazu befähigt, auch heute dem Anspruch einer zweihundertjährigen Unternehmensgeschichte gerecht zu werden – und das in sich rasant verändernden Zeiten sowie einer global vernetzten Welt.

Unser Gründer, der Pionier Peter Kölln, hob im Jahr 1820 das bis heute seinen Namen tragende Unternehmen aus der Taufe. Sein Name steht fortwährend für höchste Produktqualität, auf die unsere Kunden vertrauen. Aus einem Familien- und Unternehmensnamen wurde eine Lebensmittelmarke, mit der unsere Konsumenten über Generationen aufgewachsen sind. Aber reicht das in der heutigen Zeit aus? Welche Argumente haben wir als mittelständischer Mühlenbetrieb neben internationalen Lebensmittelkonzernen? Und welchen Beitrag können wir als Inhaberfamilie leisten? Vor allem eines: Wir geben mit unserem Namen ein Versprechen für die Zukunft. Ein Versprechen, dass auch die kommenden Generationen sich auf unseren Namen verlassen können.

Vom Hafer als Kernkompetenz

Die Geschichte des Unternehmens *Peter Kölln* geht bis ins Jahr 1820 zurück. Damals hat Goethe noch gelebt, bis zur Reichsgründung war es noch gut ein halbes Jahrhundert hin.

Die Wurzel allen kaufmännischen Schaffens bildet seit jeher der Hafer. Hans Hinrich Kölln setzte den Grundstein, als er im Jahr 1795 eine pferdegetriebene Grützmühle am Elmshorner Hafen erwarb und die von dort aus in See stechenden Seefahrer mit Proviant in Form von Schiffszwieback aus Hafer versorgte. Doch bereits 1806 wurden seine Ambitionen durch die Folgen der Kontinentalsperre unter Napoleon I. ausgebremst. Im Jahre 1820 übernahm unser Gründervater Peter Kölln als sein ältester Sohn die Geschäfte. Er stabilisierte das Unternehmen seines Vaters auf entscheidende Weise. Nachdem zwei weitere Generationen mit ganzer Leidenschaft den Betrieb fortführten und weiter ausbauten, gelang es Peter Klaus Diedrich Kölln in den 1920er-Jahren, Haferflocken zum Markenartikel zu machen. Zu dieser Zeit wurden Haferflocken im Laden abgefüllt. Doch er entschied sich dazu, Haushaltspackungen à 250 g und 500 g auf den Markt zu bringen. Auch legte er jeder der hellblau-dunkelblau gestalteten Verpackungen Sammelkarten in Form von Märchenbildchen der Künstlerin Roswitha Bitterlich bei und kurbelte somit über Nacht den Umsatz an – die *Blütenzarten Köllnflocken* waren geboren.

Es begann eine Ära voller Innovationen: In den 1970er-Jahren wurde die Mischung aus Haferflocken und anderen Zutaten, das Müsli, zum Ausdruck einer ganzen Bewegung: Angeblich wurde es nirgendwo mehr gegessen als während des legendären Woodstock-Festivals im Jahre 1969. Mein Großvater, Ernsthermann Kölln, verlieh durch entscheidende Modernisierungen im technischen Bereich und den Ausbau des Produktportfolios den Köllnflocken einen Hauch von Flower-Power. Seinem Pioniergeist ist schließlich die Erfindung des Kölln-Schokomüslis zu verdanken. Unsere Müslis werden noch heute auf Grundlage der von uns selbst an unserem Elmshorner Standort hergestellten Köllnflocken produziert – ein Alleinstellungsmerkmal. Es folgten Knuspermüslis, Cerealien und Müsliriegel. Als erster Haferproduzent brachten wir zudem einen Haferdrink auf den Markt.

Jede einzelne Kölln-Generation hat zu ihrer Zeit auf die Bedürfnisse des Marktes geblickt und mit innovativen Entscheidungen dafür gesorgt, dass die Marke Kölln und mit ihr das Unternehmen Peter Kölln stets wettbewerbsfähig ist. Dabei wurden Innovationen immerzu durch uns als Familie begleitet. Brötchen waren selten bei uns auf dem Tisch, bei uns gab es öfter Probepackungen. So waren wir schon in ganz jungen Jahren in Innovationsprozesse eingebunden, indem wir als zusätzliches »Verkostungsteam« eingesetzt wurden. Meinem Großvater war es stets wichtig, dass seine Kinder und Enkelkinder eine besondere Bindung zu den Produkten aufbauten. Dabei hat er uns eine wichtige

Erkenntnis mit auf den Weg gegeben: Nur durch die Einzigartigkeit unserer Produkte, durch die klar positive Abgrenzbarkeit von anderen Herstellern, können wir die für uns so wichtig gewordene persönliche Beziehung zu den Verbraucherinnen und Verbrauchern aufbauen. Und das wünsche ich mir auch für die Zukunft für unser Unternehmen. Heute sind wir mehrere Gesellschafter aus mehreren Generationen. Die Liebe zum Produkt ist Teil unserer DNA, aus der jeder von uns Beteiligten aus der Familie seinen ganz persönlichen Anspruch an die Wertigkeit der Produkte ableitet. Und zwar, egal welcher Generation der Betreffende angehört.

Dieser Imperativ zieht sich wie ein roter Faden durch all unsere Vorhaben und definiert auch den Anspruch, den ich an meine Arbeit im Gesellschafterkreis habe. Denn mir ist es wichtig, in Zukunft den meiner Familie so wichtigen Qualitätsanspruch prägen zu können. Und dieses Ziel ist eine echte Energiequelle. Früher habe ich mich immer gewundert, dass meinem Großvater jede einzelne Kleinigkeit im Unternehmen aufgefallen ist. Es war, als hätte er jeden einzelnen Bereich durchdrungen und sofort verstanden. Und je mehr ich mich mit unserem Unternehmen befasse, nehme auch ich diese Details wahr. Das ist schon eine spannende Feststellung. Ich freue mich jeden Tag auf das Abenteuer der Erneuerung, das ich schon heute als aktive Gesellschafterin bei uns täglich mitgestalte und in nicht allzu ferner Zukunft auch als Nachfolgerin meiner Vorfahren in der Geschäftsführung weiter vorantreiben möchte.

Dabei spielen die Wandlungsfähigkeit und der Mut, gänzlich neue Wege zu gehen, eine wichtige Rolle: Nach über 180 Jahren Erfahrung im Lebensmittelgeschäft haben wir im Jahr 2004 einen neuen Meilenstein erreicht. So wurde mit dem Zukauf der Produktmarken *Biskin*, *Palmin*, *Livio*, *Becht's* und 2014 mit der Marke *Mazola* unsere Öle-und-Fette-Sparte aufgebaut. Unser Sortiment erfuhr eine nachhaltige Erweiterung. Über Nacht waren wir nicht mehr allein Haferproduzent, sondern wandelten uns zu einem breit aufgestellten Lebensmittelproduzenten.

Zweifellos war der Aufbau dieser neuen Kompetenz mit zahlreichen Veränderungen im Unternehmen verbunden. Das Bewusstsein für diese neuen Marken musste erst einmal geschaffen werden. War doch Peter Kölln bisher allein Haferspezialist. Die hohe Identifikation unseres Teams mit den neuen Produkten musste verankert werden, obwohl sich der Produktionsstandort nach wie vor auf die Haferverarbeitung konzentrierte. Einer kurzen Gewöhnungsphase schloss sich neuer Tatendrang an. Neue Märke, neue Aufgaben, neue Wettbewerber; für viele Mitarbeiterinnen und Mitarbeiter wurden spannende und bisher unbekannte Tätigkeitsbereiche geschaffen, bei deren Erschließung sie ihre Kompetenzen unter Beweis stellen konnten. Darüber hinaus konnte Peter Kölln sein Team durch ausgewiesene Experten der Öle-und-Fette-Welt erweitern und damit an eigenen Aufgaben wachsen.

Die Entscheidung war auch von familienunternehmerischen Werten getragen. Mein Vater, Hans Heinrich Driftmann, der 1987 in die Geschäftsleitung berufen wurde, erkannte das Potenzial, das sich aus der Verbindung dieser traditionsreichen, ursprünglich von Familienunternehmen getragenen Marken mit unserem Hause ergeben würde. Nachdem diese Marken zwischenzeitlich im Portfolio der Unilever Deutschland GmbH geführt wurden, sind sie nun dorthin zurückgekehrt, wo sie aus unserer Sicht hingehören: in ein Familienunternehmen, das in der Lage ist, Marken zu emotionalisieren und mit seiner Leidenschaft zu prägen. Dabei geht es darum, Funktionsmarken das Potenzial von Sinnmarken zu entlocken. Gewissermaßen machen wir auch hier Ernährung zur Familiensache.

Zugleich gelingt uns der Sprung zu einem modernen Unternehmen, das unterschiedliche Sortimentsgruppen zusammenführt. Ich freue mich aber auch über die Chancen, die in dieser Markenzusammenführung noch schlummern. Denn bei genauerem Hinsehen sind Hafer, Öle und Fette gar nicht so weit voneinander entfernt. Auch Öle und Fette haben etwas sehr Ursprüngliches. Schon zu Zeiten der Antike war etwa Olivenöl fester Bestandteil der Ernährung. Wir werden in Zukunft mehr denn je Verbindungen zwischen den Sortimenten und dadurch Beziehungen zu Verbraucherinnen und Verbrauchern schaffen können.

Darüber hinaus ist es uns besonders wichtig, junge Menschen zu fördern und in ihrem Ideengeist zu unterstützen. So haben wir 2019 erstmals in ein junges, innovatives und sympathisches Start-up im Bereich der regionalen Lebensmittelversorgung investiert.

Aber die Zukunft dürfen wir nicht bloß einkaufen. Es ist die Herausforderung der neuen Generation, auch das eigene Team mit der Lust auf Innovation anzustecken und damit zu einem neuen Denken einzuladen. Unsere Zukunft findet nicht nur auf dem iPad statt, sondern zuallererst in unseren Köpfen. Das gilt auch und gerade für das Arbeitsleben: Für mich geht dies zunächst mit einem Einreißen von Mauern einher. Bewegung, Interaktion und Kreativität sind Grundvoraussetzung. Und konstruktive Kritik kann so wertvoll sein und uns alle weiterbringen.

Ernährung – Metathema unserer Zeit?

Eine umfassende Betrachtung des Themas Ernährung darf nicht unberücksichtigt lassen, dass nach Angaben der Welthungerhilfe (Welthunger-Index 2020) ca. 690 Millionen Menschen in mehr als 50 Staaten der Erde an Hunger und Unterernährung leiden.[1] Die Folgen der andauernden Covid-19-Pandemie erschweren die Situation vor Ort zusätzlich. Weitere Faktoren, die die Lage in diesen Ländern massiv verschlechtern, sind der weltweite Klimawandel und die auch hieraus folgenden Dürreperioden, welche die Landwirtschaft verunmöglichen und der dort lebenden Bevölkerung die Lebensgrundlagen entziehen.

Nach unserer Überzeugung sollte jeder einen Beitrag dafür leisten, Hunger auf dieser Welt zu verhindern. Im Rahmen unserer Nachhaltigkeitsstrategie ist es uns daher ein Anliegen, wirksame Maßnahmen zur Reduzierung von Treibhausgasemissionen durchzuführen und damit unseren Anteil für eine intakte Umwelt zu leisten. Bereits seit dem Jahr 2011 setzen wir uns für verschiedene klimaschonende Alternativen ein. So gehört es zu unseren erklärten Zielen, am Produktionsstandort in Elmshorn noch in diesem Jahr (2021) klimaneutral zu werden. Dies geht mit einer drastischen Vermeidungs-, Reduzierungs- und Kompensationsstrategie einher, die den freiwilligen Ausgleich unvermeidbarer Emissionen durch die Förderung klimaschonender Projekte vorsieht. Zur Vermeidungsstrategie gehört außerdem, dass das Unternehmen seit 2014 zu 100 Prozent Strom aus regenerativen Energien bezieht.

Es liegt darüber hinaus in der Verantwortung unserer Generation, eine Ernährung von morgen zu erfinden, die ressourcenschonender und nachhaltiger ist als die jetzige, und damit Konsum neu zu definieren. Wer, wenn nicht wir, die wir in der Ernährungsindustrie zu Hause sind, kann das schon?

Wir setzen zudem ein Zeichen gegen Ausbeutung auf der Welt. Im Rahmen interner Richtlinien verpflichtet sich das Unternehmen, ausschließlich mit solchen Partnern zu kooperieren, die in der Lage sind, unter fairen Bedingungen zu arbeiten und ihren Arbeitnehmerinnen und Arbeitnehmern gerechte Löhne zu zahlen. Dies hat zur Konsequenz, dass eine Kooperation mit Unternehmen aus Ländern, die hier keinen transparenten Einblick ermöglichen, für Peter Kölln ausgeschlossen ist. Der auch in Deutschland geplanten Einführung eines Lieferkettengesetzes, das die Verantwortlichkeit für Zulieferbetriebe gesetzlich normiert, sind wir damit längst einen Schritt voraus.

In großen Teilen der westlichen Welt, wie zum Beispiel in Nordamerika oder Europa, lebt die Gesellschaft hingegen im Überfluss. Die Folgen von Fehl- und Überernährung lassen sich in einer stetig ansteigenden Übergewichts- und Adipositas-Prävalenz ablesen. In Deutschland gelten nach Angaben des Robert Koch-Instituts 67 Prozent der Männer und 53 Prozent der Frauen als übergewichtig.[2] Wenn wir also im globalen Kontext von Ernährung sprechen, treffen Versorgungsprobleme auf Überflussprobleme. In Gesellschaften ohne Probleme mit der Ernährungsversorgung ist Übergewicht insbesondere abhängig von sozioökonomischen Einflüssen. Je niedriger der soziale Status ist, desto höher sind die Fallzahlen bei Übergewicht und Adipositas. Gesunde Ernährung muss man sich also leisten können. Hafer – der »Reis« Europas – kann auch hier ein ganz wichtiges Element sein, um gesunde Ernährung in jene Teile der Erde zu bringen, in denen Nahrungsmittel zwar im Überfluss vorhanden sind, aber gesunde Ernährung noch nicht für jeden zugänglich scheint. Unsere Generation muss es sich zur Aufgabe machen, Hafer mithilfe intelligenter Anbau- und Vertriebslösungen zum Weltprodukt zu machen.

Besonders besorgniserregend ist die hohe Anzahl von übergewichtigen Kindern und Jugendlichen hierzulande. Eine aktuelle Studie des Robert Koch-Instituts zeigt auf, dass 15,4 Prozent der 3- bis 17-Jährigen übergewichtig sind.[3] Vor diesem Hintergrund ist es umso wichtiger, Ernährungsbildung und die Vermittlung von Wissen über die Zusammensetzung von Lebensmitteln so früh wie möglich zu beginnen. Aber auch der soziale Wert einer gemeinsamen Mahlzeit sollte gerade jenen Kindern nicht versperrt sein, die mit leerem Magen in die Schule oder in die Kita kommen – denn das sind immer noch viel zu viele. 2019 ging jedes zehnte Grundschulkind ohne Frühstück aus dem Haus.[4] Aus diesem Grunde begleiten wir Lehrkräfte und Erzieher mit Informationen und stellen ihnen einmal im Jahr im Rahmen unserer Aktion »Gemeinsames Frühstück« kostenlos Produkte zur Verfügung.

Darüber hinaus konnten wir in den letzten beiden Dekaden erkennen, dass die heutige Konsumgesellschaft ausdrücklicher denn je Rücksichtnahmen im Hinblick auf Nahrungsmittelunverträglichkeiten einfordert. Hierauf haben wir reagiert. Als erster Markenhersteller haben wir glutenfreie Haferflocken auf den Markt gebracht. Hafer enthält das haferspezifische Eiweiß Avenin und unterscheidet sich somit chemisch von anderen Getreidesorten. Hafer ist deshalb, anders als zum Beispiel Weizen, auch für Menschen mit Zöliakie (Glutenunverträglichkeit) bekömmlich. Bei unseren glutenfreien Haferflocken gilt es, auf gründlichste Weise etwaige Vermischungen und Verunreinigungen von Hafer mit anderen Getreidesorten entlang der Liefer- und Produktionsprozesse zu vermeiden. So übernehmen wir Verantwortung dafür, dass Menschen trotz ernährungsphysiologischer Einschränkung eine möglichst reichhaltige Produktauswahl verbleibt.

Eine gesunde Ernährung ist also in aller Munde. Doch wissen wir überhaupt, was sie im Kern ausmacht? Während sich Ernährungswissenschaftler über Details einer Definition stritten, entstand in den letzten zwei Jahrzehnten ein Markt voller verheißungsvoller Versprechen: Mehr oder weniger effektive Abnehmtricks fanden sich auf den Titelseiten zahlloser Magazine. Bei Peter Kölln beantworten wir die Frage nach einer guten Ernährung mit einem Blick auf den Wert natürlicher Rohstoffe. Schon Hippokrates von Kos, der wohl bedeutendste Mediziner der Antike, gab seinen Zeitgenossen den Ratschlag mit auf den Weg: »Eure Nahrungsmittel sollen eure Heilmittel sein, und eure Heilmittel sollen eure Nahrungsmittel sein.« Im Jahr 2017 wurde Hafer zur Arzneipflanze des Jahres gekürt. Die einzigartige Stellung der Haferpflanze unter den Getreidearten beruht auf ihrem Reichtum an Vitaminen und Ballaststoffen. Hafer ist etwa besonders reich an den Vitaminen B1 und B6, Eisen und Magnesium.

Wir haben außerdem erkannt, dass wir das Vertrauen unserer Kunden über die Produktqualität hinaus binden müssen. Mit unserer Verbraucherberatung reagieren wir auf die verschiedenen Kundenwünsche und Ernährungsfragen, wobei professionelle Ernährungsberater den Konsumenten zur Seite stehen. Die Zukunft der Verantwortung für die ganzheitliche Ernährung von Menschen kann auch in einer konzeptionellen Ernährungsberatung liegen, bei der gemeinsam mit Unternehmen Ernährungskonzepte für deren Belegschaft erarbeitet und umgesetzt werden.

Sind wir die »Generation regional«?

Wann ist eigentlich alles so kompliziert, schnell und groß geworden? Auch wenn die jederzeitige Erreichbarkeit und die Globalisierung entscheidende Vorteile für uns bringen, wir in wenigen Stunden von einem Teil der Erde in einen anderen reisen können und jeder eine E-Mail-Adresse hat, müssen wir uns im Dschungel der Möglichkeiten erst einmal zurechtfinden.

Dies fiel mir zum ersten Mal wirklich bewusst auf der Fancy Food Show in New York City auf, einer Lebensmittelmesse, die ich gemeinsam mit unserer Geschäftsführung im Jahr 2016 besuchte. In Anbetracht all der neuen Trends – und teilweise auch Hypes –, die wir damals zu sehen bekamen, habe ich mich gefragt, wie sich wohl Verbraucherinnen und Verbraucher fühlen würden. Waren sie neugierig? Bestimmt. Überfordert? Bestimmt auch.

Ein großes Thema war damals neben glutenfreier Ernährung auch »convenient«, in dessen Zentrum die Frage steht: Wie können wir Verbraucherinnen und Verbrauchern den Weg zur Arbeit einfach und unkompliziert »schmackhaft machen«?

Seit Anfang 2020 leben wir nun inmitten einer Pandemie, die uns zwingt, den größten Teil unserer Zeit zu Hause zu verbringen und selbst den Arbeitsplatz dorthin zu verlagern. Doch was macht das Homeoffice mit unserer Ernährung? Zunächst finden Mahlzeiten in der eigenen Wohnung statt. Köllns erstes Ziel muss es also sein, seine Produkte auf dem Tisch derer zu platzieren, die sich vorher zwischen Bus, Bahn und Arbeitsplatz ernährt haben. Nach einer aktuellen durch die Bundesregierung in Auftrag gegebenen Forsa-Umfrage, die die Auswirkungen der Coronakrise auf das Ernährungsverhalten der Bürgerinnen und Bürger in Deutschland untersucht, gaben 82 Prozent der Befragten an, vorzugsweise regionale Produkte beim Einkauf zu berücksichtigen, während lediglich 17 Prozent der Regionalität eines Produktes keine besondere Bedeutung beimaßen.[5]

Gerade im Hinblick auf die Coronakrise besteht die Frage, wie viel Vertrauen ein Produkt ausstrahlen kann. Vertrauen wird dabei sehr oft gleichgesetzt mit Bekanntheit. Menschen greifen in unsteten, krisenhaften Zeiten eher zum Bekannten, zu Marken, denen sie eine bestimmte Verlässlichkeit beimessen. Die moderne Verbraucherforschung geht von einem sogenannten Ankereffekt aus, weil sich Verbraucherinnen und Verbraucher im Dickicht des vielfältigen Konsumgüterangebots erst einmal zurechtfinden müssen. Im Fall unserer Blütenzarten Köllnflocken trägt die einzigartige und unverkennbare Verpackung im hellblau-dunkelblauen Schachbrettmuster einen Teil zu dieser Ankerfunktion bei. Der Konsument erspäht in der bunten Vielfalt des Supermarktregales etwas Vertrautes, das ihm über Generationen hinweg bekannt ist. Auch die Haptik spielt eine besondere Rolle: Das zweilagige Papier – außen Pergamin, innen ein sogenanntes Barrierepapier – erinnert an Butterbrotpapier.

Doch eine Verpackung allein kann nicht Anker-Argument sein. Gerade der Inhalt muss stimmen. Die Entscheidung, einen Mühlenbetrieb für Hafer, Buchweizen und Gerste aufzubauen, hat die Familie Kölln vor 200 Jahren getroffen, weil diese Getreidesorten besonders gut in Schleswig-Holstein anzubauen waren. Auch heute wird der zu verarbeitende Hafer ausschließlich aus Norddeutschland und Skandinavien bezogen, während wir für sämtliche Bioprodukte Hafer aus Schleswig-Holstein verwenden.

Damit das Unternehmen Peter Kölln auch in Zukunft ein Anker für Verbraucherinnen und Verbraucher sein kann, muss es auch bei der »Next Generation« ankommen – einer Generation, die durch Fernsehwerbung nicht mehr erreicht werden kann. Es ist die Generation der »digital natives«, jener jungen Menschen, die sich nicht nur mit dem Internet auskennen, sondern darin zu Hause sind. Dies stellt uns vor große Aufgaben im Marketing und im Vertrieb. Die Kanäle, die wir hier bespielen müssen, heißen YouTube, Instagram, Snapchat und TikTok, und wir werden Medien einsetzen müssen, die wir heute noch nicht einmal kennen.

Es wird in diesen Zeiten im Kern darum gehen, regionale Qualität einfach und unkompliziert erreichbar zu machen und die Schnelllebigkeit des Internets mit den analogen Werten einer zweihundertjährigen Unternehmenstradition zu verknüpfen. Es wäre aber schwer, wenn ein Unbekannter ein Versprechen ausspricht. Wir dürfen uns hier nicht allein auf eine zweihundertjährige Überlieferung von Verbrauchergeneration zu Verbrauchergeneration verlassen. Es ist umso wichtiger, sich als Marke auch einer jungen Generation vorzustellen. Wir müssen jeden Tag zu einem neuen Kennenlernen bereit sein.

Vertrauensfaktor Familie

Wie setzt sich nun ein mittelständisches Familienunternehmen von einem internationalen Lebensmittelkonzern ab? Der Grundunterschied liegt im wertebasierten Handeln, das durch die Familie vorgegeben wird, sowie im wirtschaftlichen Risiko, das letztlich von den Familiengesellschaftern und eben nicht durch eine anonyme Masse von Investoren getragen wird.

Damit werden die Produkte des Unternehmens Peter Kölln zu Produkten, die von einer *Familie für Familien* und darüber hinaus über Generationen hinweg für Generationen hergestellt werden. Dieser Grundsatz findet sich auch in unserem Unternehmensmotto »Gutes für Generationen« wieder und führt unser Unternehmensleitbild an, mit dem wir uns zu einem generationenübergreifenden Denken und Handeln auf *ökologische, beständige* und *soziale* Weise verpflichten. Der Bestand in Familienhand ist für das Unternehmen Peter Kölln also Grundvoraussetzung seiner Nachhaltigkeitsstrategie.

2015 haben wir uns als Familienunternehmen neu organisiert. Nach 195 Jahren wurde aus einem *inhabergeführten* ein *inhaberkontrolliertes* Familienunternehmen, nachdem wir uns dazu entschlossen, die operative Verantwortung vorübergehend in die Hände einer familienfremden

Geschäftsführung zu geben. Für mich hat darüber hinaus eine Vorbereitungsphase begonnen, in der ich schon heute aktiv gestalten kann. Das größte Ziel bleibt dabei das Versprechen, dass auch zukünftige Generationen vertrauensvoll mit den Produkten aus dem Hause Peter Kölln aufwachsen können.

Anmerkungen

1   Welthungerhilfe: www.welthungerhilfe.de/hunger/welthungerindex/?gclid=EAIaIQobChMIg8y-Q15OU7gIVTON3Ch30tQQpEAAYASAAEgJctfD_BwE, letzter Aufruf am 11.1.2021.

2   Vgl. Studie des Robert Koch-Instituts aus dem Jahr 2014: www.rki.de/DE/Content/Gesundheitsmonitoring/Themen/Uebergewicht_Adipositas/Uebergewicht_Adipositas_node.html, letzter Aufruf am 11.1.2021.

3   Vgl. Studie des Robert Koch-Instituts, Schienkiewitz et al., Journal of Health Monitoring 2018 3 (1), S. 16.

4   Vgl. Studie des Instituts für Demoskopie Allensbach im Auftrag der Lidl Stiftung & Co. KG: www.lidl.de/de/asset/other/chancengerechtigkeit-IfD-Studienbericht.pdf, letzter Aufruf am 11.1.2021.

5   Vgl. Umfrage der Bundesregierung: www.bmel.de/SharedDocs/Downloads/DE/_Ernaehrung/forsa-ernaehrungsreport-2020-tabellen-corona.pdf?__blob=publicationFile&v=2, letzter Aufruf am 11.1.2021.

CHRISTINA BLOCK, Jahrgang 1973, ist gelernte Hotelfachfrau und absolvierte nach vielen Jahren praktischem Arbeiten im Ausland ein Master of Business Administration an der Edinburgh Business School. Im Jahr 2001 gründete sie ein Sandwich-Konzept mit drei Standorten in Hamburg. Seit 2011 ist sie gemeinsam mit ihren zwei Brüdern Gesellschafterin des Familienunternehmens. Zu dritt sitzen sie im Aufsichtsrat der *Eugen Block Holding*, die sich auf die Bereiche Systemgastronomie, Hotellerie und Lebensmittelproduktion spezialisiert hat. Mit der Marke *Block House* betreibt das Unternehmen 53 Restaurants in Europa und ist ebenfalls im Lebensmitteleinzelhandel präsent. Zudem ist die Gruppe, die 2019 einen Umsatz von 410 Millionen Euro erzielte und 2300 Mitarbeiter beschäftigt, ein großer Zulieferer der Hotellerie, Gastronomie und der Gemeinschaftsverpflegung.

VERANTWORTUNG UND EHRLICHKEIT

Von Christina Block

Nach der erfolgreichen Eröffnung eines gemeinsam entwickelten Restaurants, dem *Theos* im *Grand Elysée,* im Jahr 2015 konnte mein Vater nicht umhin, seine Version einiger kleiner Details gegen meinen Willen umzusetzen. Natürlich habe ich für meine Version gekämpft und ich musste an den Änderungen schwer knabbern. Die veränderten Details nahmen überhand und ich ein wenig Abstand vom Projekt, vom Hotel und von meinem Vater. Natürlich habe ich mit ihm darüber offen und ehrlich gesprochen, und so war es in Ordnung, für beide von uns. Nach einigen Wochen Abstand aber dachte ich mir: »Was soll's, es ist auch mein Unternehmen, es ist auch mein Vater, und es ist auch meine Verantwortung. Es ist es nicht wert, und es bringt das Unternehmen nicht weiter.« Also rief ich ihn an und sagte ihm, wir sollten doch mal wieder zusammen im Hotel Mittag essen. Mein Vater freute sich sichtlich, er hatte unser wöchentliches Mittagessen und den damit verbundenen Austausch vermisst. Ich hatte mir die Worte lange überlegt und sagte ihm an diesem Mittag, dass ich nicht länger mit ihm kämpfen mag. Daraufhin sagte mein Vater nur: »Christina, das macht auch keinen Sinn.«

Als ich vor zehn Jahren gemeinsam mit meinen Brüdern Gesellschafterin unseres Familienunternehmens wurde, wusste keiner von uns vieren genau, wie wir die Rollen aufteilen würden und wie jeder Einzelne von uns sich einzubringen gedachte. Die Struktur, die wir – mein Vater, meine zwei Brüder und ich – uns dann gegeben haben, legten wir erst später nach vielen Gesprächen und Erkenntnissen fest. Heute sind wir vier nicht operativ tätig. Meine Brüder und ich lenken die

Gruppe strategisch aus dem Beirat heraus. Wir sind ein bestimmender Beirat, der mittels eines Katalogs zustimmungspflichtiger Geschäfte das Management führt und kontrolliert. Mein Vater sitzt mittlerweile in keinem Gremium mehr. Aber für einen Gründer ist diese Rollenverteilung schwer nachzuvollziehen. Zumal ein Gründer nie aufhört zu verändern, zu verbessern und zu gestalten. Und das soll er auch gar nicht. Es ist sein Recht, das zu tun, was er für richtig hält. Es ist schließlich sein Unternehmen, er hat es aufgebaut. Wir haben die Freude, die Aufgabe und die Verantwortung, wenn wir denn wollen, dieses Erbe weiterzutragen. Mein Vater hat großes Glück, denn wir alle wollen es.

Gemeinsam mit meinem Vater habe ich im Grand Elysée-Hotel vor fünf Jahren das *Theos Prime Beef Restaurant* »gegründet«. Mein Vater hat sich um das Produkt gekümmert, bestes trocken gereiftes Prime Beef aus den USA, aus Irland und aus unserer eigenen Zucht in Mecklenburg-Vorpommern, und ich habe mich der Marktausrichtung, dem Interieur und der Stimmung mit der Story dahinter gewidmet. Eine gute Zusammenarbeit, aus der ein sehr erfolgreiches Konzept in der Vielfalt unserer großen Hotelwelt entstanden ist. Sicher, wir hatten die eine oder andere Diskussion, wie das in jeder Vorstandsetage, in jedem Team und in jeder Familie nun mal so ist. Wir waren in einigen Punkten nicht einig, in vielen anderen aber doch. Wir haben uns gerieben, und herausgekommen ist ein sehr gut angenommenes Restaurant. Das Beste aus zwei Welten, könnte man denken. Und gut wäre, wenn jede der beiden Parteien das auch so sieht. Wie oben geschrieben, war dem nicht ganz so.

Es ist Verantwortung für das Unternehmen, oft seine eigenen Bedürfnisse und Empfindungen zurückzustecken und an das große Ganze zu denken. Oft genug bekommen wir unsere eigenen Vorstellungen, unsere eigenen Wünsche, unseren »Dickkopf« nicht durch. Oft genug stellen wir unser eigenes Ego für das große Ganze zurück. Das muss nicht jeder so machen. Es ist mein Weg der Verantwortung, in solchen Momenten nicht aufzugeben, sondern tief durchzuatmen und weiterzugehen. Und so habe ich das gemacht.

Verantwortung und Ehrlichkeit

Eigentum verpflichtet. Eigentum verpflichtet aber nicht nur, es braucht auch Verantwortung für Eigentum. Und es braucht eine Familie, die diese Verantwortung übernimmt. Ein Familienunternehmen kann nur erhalten bleiben, wenn es eine stabile und funktionsfähige Familie als Grundlage hat. Ist die Verbindung von Familie und Unternehmen eng, dann ist die Familie die Kraftquelle des Unternehmens. Dabei bedeutet enge Verbindung nicht immer Harmonie. Sie bedeutet Handlungsfähigkeit. Erfolgreiche Familienunternehmen zeichnet ein besonderes Gefühl der Verantwortung aus. Gegenüber dem Unternehmen, der Belegschaft und der Region.

Die erste Generation gründet den Kern des Unternehmens, den Unternehmenszweck. Der Gründer erschafft eine Neuheit, er erfindet etwas, er baut etwas auf. Die zweite Generation legt den Grundstein für das zukünftige Miteinander. Wie wollen wir miteinander kommunizieren, welche Rollen wollen wir einnehmen, wie wollen wir abstimmen und entscheiden, was wollen wir wissen? All dies sind Fragen, die die zweite Generation sich stellen muss, und die Antworten bestimmen die rechtlichen Voraussetzungen für die Gründung einer Dynastie. Jede Generation muss ihre Aufgabe erfüllen. Der Zusammenhalt der Familie ist dabei die größte Verantwortung, denn ohne ihn ist der Bestand des Familienunternehmens gefährdet. So haben wir es von unseren Nachfolgeberatern immer wieder gehört. Der familiäre und persönliche Bezug zum Unternehmen gibt uns Wurzeln und Verbundenheit. Vielleicht wären meine Brüder und ich ohne unser Unternehmen nicht so verbunden miteinander und hätten nicht so viel Austausch, wie wir es heute haben. Wir haben das gemeinsame Ziel, dieses Unternehmen als Familienunternehmen fortzuführen. Der Wunsch, es an die kommenden Generationen weiterzugeben, verbindet uns. Insofern ist es das größte Verdienst der zweiten Generation, meiner Generation, diesen Zusammenhalt der Familie zu erreichen. Dies tun wir, indem wir uns verständigen. Wir bemühen uns, dabei offen und ehrlich zu sein, teils mithilfe von außen, teils ohne. Teils mit der Generation vor uns, teils allein. Diese gemeinsamen Verständigungen haben wir sowohl rechtlich in den Gesellschaftsvertrag eingebracht als auch unsere gemeinsamen Werte in einer Familienverfassung zusammengeschrieben. In unserer Familie, ergo in unserem Wertekorsett, spielt Ehrlichkeit eine besonders große Rolle. Und deswegen hat unsere Verantwortung im Unternehmen und in der Familie viel mit Ehrlichkeit zu tun. Darüber hinaus sind es Traditionen und Geschichten, die uns verbinden. Es sind die Geschichten um das Unternehmen, die auch die Familie verbinden. Und diese Geschichten ehrlich weiterzugeben ist ebenso Teil unserer Verantwortung.

Es war das Jahr 1968, als mein Vater seinen Traum vom amerikanischen Steakhouse in Hamburg eröffnete, das *Block House*. Einige Zeit später beobachtete er an einem stark besuchten Tag, wie einer seiner Griller das bei unseren Gästen schon damals sehr beliebte American Dressing mit Wasser vermischte. Der Koch hatte nicht mehr genug für den Andrang vorrätig und behalf sich, indem er das Dressing einfach mit Wasser verlängerte, um der Gästenachfrage nachzukommen. In diesem Moment wurde meinem Vater klar, dass er eine Lebensmittelmanufaktur gründen muss, die dafür sorgt, dass unsere Gäste jeden Tag immer das gleiche Produkt erhalten. Grammgenau, optisch, in der Konsistenz und natürlich vor allem geschmacklich genauso, wie unser Gast es auch bei seinem letzten Besuch bei uns genossen hatte. Dieser Wunsch nach Konstanz im Produkt jeden Tag aufs Neue entspringt dem Wunsch und dem Bemühen, unserem Gast gegenüber ehrlich zu sein. Unsere Servicemitarbeiter sollen nicht mit einem schlechten Gewissen unserem Gast gegenübertreten, dass das bestellte Essen an diesem Tag vielleicht anders schmecken könnte als beim letzten Mal. Sie sollen mit einem guten Gefühl und einem gewissen Stolz auf die stets gleich hohe Qualität des Produktes an den Tisch des Gastes treten dürfen und ihm einen ehrlichen »Guten Appetit« wünschen.

Produktehrlichkeit

Diese Ehrlichkeit durchzieht unser unternehmerisches Wirken und Schaffen in allen Bereichen. Sie ist Teil unseres Wertekanons in der Familie und dadurch auch fest verankert im Wertekorsett der Unternehmensgruppe. Heute umfasst die *Block Gruppe* drei große Bereiche und mehrere Servicegesellschaften. Der eine große Bereich besteht aus den Restaurants unserer Gruppe. Gestartet mit dem oben erwähnten ersten Block House sind es heute 43 Block House-Restaurants in Deutschland sowie elf im europäischen Ausland, in Portugal, Österreich und Spanien. Seit 1973 sind noch unsere zwölf Better-Burger-Restaurants *Jim Block* sowie eine große Gasthausbrauerei am Hamburger Hafen, das *Block Bräu*, hinzugekommen.

Zurück zu den Anfängen und einer weiteren Geschichte, die die Motivation der Ehrlichkeit unseres Vaters, des Gründers unserer Unternehmensgruppe, deutlich macht. In jenen Tagen war es schwierig, gleichbleibend gute Qualität beim Einkauf unseres Fleisches zu bekommen. Uns war und ist immer die Zartheit der Steaks wichtig. Eines Tages bekam mein Vater helleres Fleisch als sonst angeboten, und er stutzte. Es war Kalb- statt Rindfleisch, der Lieferant bekam einfach nicht die gute geforderte zarte Qualität an Rindfleisch und versuchte, meinem Vater Kalbfleisch zu verkaufen. Als Konsequenz war meinem Vater klar, dass er eine eigene Fleischerei gründen muss, damit er so an das zarteste Fleisch von den saftigsten Weiden dieser Welt herankommt und dieses dann auch nach unseren eigenen Ansprüchen zerlegt und zugeschnitten wird. Es war der Wunsch nach Ehrlichkeit dem Gast gegenüber, ihm das zarteste Steak zu servieren, der meinen Vater bewog, 1972 eine hauseigene Fleischerei zu gründen.

Es beginnt mit der Zucht und dem Heranwachsen der besten Rinderrassen, geht über das Futter sowie die Bedingungen auf der Weide und im Stall und führt schließlich über die Zerlegung und den richtigen »Cut« des Steaks bis zum Verkauf im Lebensmitteleinzelhandel oder dem Servieren auf dem heißen Teller in einem unserer Restaurants: Von der Weide bis auf den Teller können wir unseren Gästen heute die gesamte Wertschöpfungskette aus einer Hand garantieren. Damit haben wir die Qualität unseres Produktes in den eigenen Händen. Diese lückenlose Kette ist aus dem Anspruch auf Ehrlichkeit erwachsen. Neben den kurzen Transportwegen halten wir so die Wertschöpfung in der Region und sichern dort Arbeitsplätze.

Ehrlich sind wir auch bei der Grammatur der Steaks. Wenn das *Mrs. Rumpsteak* mit 180 Gramm ausgezeichnet ist, dann wird es auch mit 180 Gramm serviert. Früher wurden die Abschnitte eines Steaks mit der Hand abgeschnitten und Überschüssiges für Geschnetzeltes verwendet. Als mein Vater in den 1980er-Jahren noch jeden Morgen auf dem Weg ins Büro in der Fleischerei seinen Kontrollgang gemacht hatte, bemerkte er die Abschnitte und sagte zu den Fleischern: »Leute, lasst das doch dran – das ist für unseren Gast.« Unser damaliger Geschäftsführer der Fleischerei rechnete danach mal aus, was diese Großzügigkeit kosten würde, und kam auf gut 250 000 DM. »Ja, und? Damit stellen wir unsere Gäste zufrieden«, war die Antwort unseres Vaters. Mittlerweile geschieht dieses »Schneiden« eines parierten Stück Fleischs in unserer hauseigenen Fleischerei automatisch. Die Maschine hierfür ist mit einem gewissen Spielraum, so wie es der Norm entspricht, eingestellt. Bei uns gibt es keinen Spielraum, der dem Gast weniger Steak beschert, sondern nur den Spielraum, der unserem Gast im Zweifel ein paar Gramm mehr Steak schenkt.

Heute beliefert die hauseigene *Block House Fleischerei* mehr fremde Kunden aus Gastronomie, Hotellerie und Handel als unsere eigenen Restaurants. Sie gehört zum zweiten großen Bereich unserer Gruppe, zusammen mit unserer Lebensmittelmanufaktur *Block Menü*, die Dressings, Saucen, Suppen und Fleischgerichte fertigt. Auch sie liefert heute mehr Produkte an Kunden außerhalb unserer Gruppe als an uns selbst. Auch im Lebensmitteleinzelhandel finden sich unsere

Produkte, und sie haben mittlerweile nicht nur etwas mit Fleisch zu tun. Über die mehr als 50 Jahre, der wir uns immer der ehrlichen Produktqualität verschrieben haben, wird unsere Marke im Handel nicht mehr nur mit Steaks assoziiert, sondern vielmehr als eine Marke, die für ehrliche, gute Qualität steht.

Preisehrlichkeit

Gute Qualität zu einem ordentlichen Preis. Das war der anfängliche Erfolg des Block House, und dieses Credo erstreckt sich auf weitere Bereiche in der Unternehmensgruppe. 1985 hat unser Vater sich einen Lebenstraum erfüllt und sein eigenes Hotel gegründet. Das Grand Elysée in Hamburg ist der dritte große Bereich unserer Unternehmensgruppe. Damals war es 350 Zimmer groß, heute sind es 510 Zimmer. Schon damals hat unser Vater für sein Zimmer einen festen Zimmerpreis angesetzt. Und dies tun wir unter Berücksichtigung einzelner Saisons noch heute. Warum soll ein Gast, der letzte Woche angereist ist, als es in Hamburg keine Messe gab und wir weniger ausgelastet waren, heute, eine Woche später, den doppelten Preis für das gleiche Produkt bezahlen? Mit dem heute so üblichen Yield Management, das dazu führt, dass der Preis ausschließlich durch Angebot und Nachfrage bestimmt wird, können wir nicht viel anfangen. Im Gegenteil, oft wird dadurch die Notlage eines Gastes ausgenutzt und die Chance vom Hotelier ergriffen, bei guter Auslastung die Preise pro Zimmer exorbitant anzuziehen. Hier gehen wir nicht mit. Würden wir den Preis für unser Zimmer unbeständig und je nach Marktlage häufig ändern, würde unser Stammgast sich dann noch gern gesehen und von uns ehrlich behandelt fühlen? Soll er sich nicht vielmehr auf uns als sein Hotel verlassen können? Auch in Gestalt eines verlässlichen Zimmerpreises? All dies sind Fragen, die wir uns seit Beginn der Gründung des Elysée Hotels beinahe täglich stellen. Immer wieder müssen wir uns standhaft in der Branche beweisen, um den Versuchungen, »eine schnelle Mark« zu machen, nicht zu erliegen.

Serviceehrlichkeit

Neben den hohen Qualitätsanforderungen an das Restaurantkonzept und die Speisen spielt damals, jetzt und künftig der Service eine wesentliche Rolle. Für unseren Gast soll der Restaurantbesuch eine Auszeit sein. Wenn wir ihm ein rundum stimmiges Erlebnis bieten, kommt er gern wieder. Schon immer war der persönliche und kompetente Service, der nah am Gast ist, entscheidend, und er wird immer relevanter. Nah am Gast zu sein heißt auch, nah am Mitarbeiter zu sein. Denn wie können wir uns von unseren Mitarbeitern wünschen, dass sie stellvertretend für uns als Familie jeden unserer Gäste so behandeln, als wäre es ihr eigener Gast, wenn wir uns als Familie, als Unternehmen nicht genauso auch unseren Mitarbeitern gegenüber verhalten? Heute beschäftigt die Block Gruppe mehr als 2300 Mitarbeiter, darunter Servicekräfte und Griller in den Restaurants, Köche, Fleischer und Lebensmitteltechniker in den Produktionsbetrieben, Lageristen und Lkw-Fahrer, Zimmermädchen und Empfangsmitarbeiter im Hotel, dazu noch viele gute Führungskräfte, die den »Laden am Laufen« halten.

Die Ehrlichkeit, die uns im Produkt so wichtig ist und sich in einer »Eins-A-Qualität« widerspiegelt, die Ehrlichkeit, die wir in einem angemessenen Preis darstellen wollen, sie findet sich auch im Umgang mit unseren Mitarbeitern wieder. Sie sind Teil der großen Block-Familie, und genauso sollen sie sich auch fühlen. Viele unserer Mitarbeiter sind seit sehr vielen Jahren bei uns. In dieser Zeit hat sich eine lebendige Kultur der Zusammenarbeit herausgebildet, die von jedem Mitarbeiter mitgetragen wird. Ich erinnere noch die Tage, als ich ein kleines Mädchen war und sonntags zu Hause häufig das Telefon klingelte und ein Griller, eine Servicekraft oder ein Spüler meinem Vater oder meiner

Mutter ihre Sorgen kundtaten. Immer hatten meine Eltern ein offenes Ohr, und dies haben wir als Unternehmen und auch als Familie noch heute. Auf jeden Fall möchte ich dieses offene Ohr von damals, trotz so viel mehr an Mitarbeitern, weiterhin verkörpern.

Seit damals gibt es einen Block House-Förderfonds, der sich um Mitarbeiter, die in Not geraten sind, kümmert. Das kann mal ein Brand in der Wohnung sein, ein Krankheitsfall oder auch eine Beerdigung, die nicht bezahlt werden kann. Wir als Familie, wir als Unternehmen kümmern uns.

Jedes Jahr feiern wir mit den langjährigen Mitarbeitern, die 25, 30, 35 Jahre und auch noch länger bei uns im Unternehmen arbeiten, eine Jubilarfeier, an der die Familie und die Geschäftsführung teilnimmt. Es ist immer eine große Freude, von den Geschichten der Mitarbeiter zu hören. Diese Traditionen weiter zu pflegen, ist ein großer Teil der Verantwortung meiner Generation, und ich sehe dieses »Weitertragen« als einen großen Teil meiner Aufgabe.

Uns ist es überdies ein besonderes Anliegen, junge Menschen zu fördern. Daher liegt uns die Berufsausbildung besonders am Herzen. Wir versuchen, den jungen Menschen Lust auf einen Beruf in unserer Branche zu machen, indem wir jedes Jahr viele neue Auszubildende aufnehmen und ihnen ein spezielles Förderprogramm zuteilwerden lassen.

Im Hotel haben wir beispielsweise ein Elysée-Diplom entwickelt, das jeden Azubi, der es erreicht, noch mal besonders auszeichnet. Um dies zu erlangen, wird der Azubi von seinem Abteilungsleiter jeden Tag in einem kurzen Gespräch beurteilt. In einem offenen Dialog tauschen sich Azubi und Abteilungsleiter ehrlich aus, damit der Azubi im Laufe seiner Zeit in dieser Abteilung das bestmögliche Ergebnis für seine persönliche Weiterbildung erreichen kann. Vielleicht liegt es an der guten Aus- und Weiterbildung, die wir allen Mitarbeitern ermöglichen, dass so viele so lange bei uns sind. Aber sicherlich liegt es auch an den vielen gemeinschaftlichen Aktionen, die wir schon über lange Jahre hinweg veranstalten. Da gibt es Service-Seminare, die auch mal auf Mallorca stattfinden, Tagungen an anderen Orten außerhalb des täglichen Arbeitsplatzes, Weihnachtsfeiern und Sommerfeste. Vieles davon geschieht auf Initiative der Mitarbeiter selbst unter Einbindung und Unterstützung der Führungskräfte.

Mit großer Freude erfüllt es uns als Familie, wenn wir hören, dass sich noch immer viele Block House-Mitarbeiter vor Beginn ihrer Schicht am Vormittag in ihrem Block House zum gemeinsamen Frühstück treffen. So war es, als mein Vater anfing, so ist es in einer Familie, und so ist auch jedes Block House zu einer Familie in sich geworden. Es ist eine schöne Vorstellung, dass unser Block House Menschen zusammenbringt, nicht nur Gäste mit ihren Familien, sondern auch Mitarbeiter zu einer Familie zusammenwachsen lässt. Und weil wir diese Anfangszeit so wertschätzen, feiern wir am Gründungstag des ersten Block House jedes Jahr ein familiäres Mitarbeiterfest mit allen Mitarbeitern, das berühmte Hoffest. Angefangen im Hof der ersten Firmenzentrale. Eingeladen sind neben den Mitarbeitern der Block-Familie auch unsere Lieferanten, die langjährig mit uns zusammenarbeiten und ebenso zur großen Block-Familie gehören.

Auf der vorletzten Weihnachtsfeier standen wir mit der Familie beieinander und waren alle ganz ergriffen von der Atmosphäre und unseren vielen freundschaftlich verbundenen Mitarbeitern. Wir waren alle ein wenig traurig, denn es gibt so viele Mitarbeiter, die wir gar nicht mehr persönlich kennen. Und das ist eigentlich sehr schade und wird eine Aufgabe für uns als nächste Generation werden; zu wachsen und doch die Nähe zu den Mitarbeitern zu erhalten. Ich möchte mir dieses Ziel auf die persönliche Agenda schreiben, bin ich doch überzeugt davon, dass Zusammenhalt uns weiterbringt.

Ein weiterer Aspekt der Serviceehrlichkeit liegt in unserem Bestellprozess, also der Bestellaufnahme der Servicekraft. In vielen anderen Restaurants bekommen die Mitarbeiter vermittelt, wie wichtig Zusatzverkäufe sind. Sicher, einem Gast ein weiteres Getränk anzubieten oder auch ein Dessert, das legen wir unseren Servicekräften ebenfalls nahe.

Aber einem Gast, nur um mehr Umsatz zu machen, zu viel zu verkaufen, das wollen wir nicht. Im Block House gibt es seit geraumer Zeit nicht mehr nur den klassischen Block House-Salat als Vorspeise im Steakmenü, sondern es gibt auch einige interessante andere Vorspeisen, die der Gast frei auswählen kann. Das Steakmenü beinhaltet im Menüpreis den Salat, bestellt der Gast das Steakmenü und möchte eine der anderen Vorspeisen, forcieren wir nicht den Salat zum Menü, sondern fragen den Gast aktiv, ob er die selbst ausgewählte Vorspeise anstelle des Salats möchte oder zusätzlich. Wenn der Gast den Salat nur austauscht gegen die neue Vorspeise, wird der Salatpreis dem Gast angerechnet, und wir machen so gesehen weniger Umsatz. Wir wollen aber diesen Extraumsatz nicht. Lieber wollen wir einen Gast, der glücklich aus dem Restaurant geht, anstatt sich im Nachhinein zu ärgern, weil er einerseits vielleicht zu viel gegessen hat und andererseits mehr ausgegeben hat, als er ursprünglich ausgeben wollte.

Unser Service soll ehrlich sein. Unsere Mitarbeiter sollen sich nicht niederknien, bücken oder kleinmachen vor dem Gast. Sie begegnen unserem Gast auf Augenhöhe. Sie erzählen keine Geschichten, zelebrieren keine »bessere« Welt, indem sie beim Weineinschenken den Arm auf den Rücken legen, um vermeintlich eleganteren Service zu praktizieren. Sie sind Dienstleister, ohne sich zu erniedrigen. Diese Serviceeinstellung ist Teil unserer Ehrlichkeit jedem Menschen gegenüber. Wir beschäftigen über 60 Nationalitäten in unserem Unternehmen, unsere Branche lebt von der Vielseitigkeit und der Vielfalt in allen Bereichen. Christliche Nächstenliebe ist Teil unserer Werteskala.

Nachhaltige Ehrlichkeit

Genau diese christliche Nächstenliebe ist der Grund, warum wir uns schon immer mit dem heute so im Fokus stehenden Thema der Nachhaltigkeit beschäftigen. Nicht erst seitdem immer mehr Firmen sich dieses Thema auf die Agenda geschrieben haben und es Nachhaltigkeitsreports in den Abschlussunterlagen vieler großer Unternehmen in Deutschland gibt. Es resultiert vielmehr aus dem Wert der Ehrlichkeit bei unserem Produkt, bei unserem Preis und bei unserem Service, dass wir uns auch damit beschäftigen, wo unser Produkt herkommt. Wir achten seit jeher auf das Tierwohl. Unsere Rinder leben ganzjährig auf der Weide, so lange es geht bei der Mutterkuh und ernähren sich in Argentinien und Uruguay ausschließlich von frischem Gras. Wir unterstützen keine intensive Nutztierhaltung und setzen uns mit unserer extensiven Weidehaltung gegen große Monokulturen zum Futteranbau ein. Das Grasen der Rinder ist eine natürliche Landschaftspflege, der Boden wird fruchtbar, und so widmen wir uns dem Schutz und dem Ausbau der Biodiversität des Ökosystems.

Um uns für die Zukunft auszurichten, haben wir 2014 begonnen, ein Rinderaufzuchtprogramm quasi um die Ecke zu starten: in Mecklenburg-Vorpommern. Dort leben die Rinder in unserer eigenen Zucht an der frischen Luft, so lange es im Jahr geht. Die Ställe sind groß und mit viel Stroh ausgelegt. All das sind Bedingungen, die mittlerweile über 30 Vertragslandwirte für uns nach unseren Vorgaben umsetzen und die wir stetig kontrollieren. Diese Regionalität spiegelt sich auch in der Beschaffung anderer Rohstoffe, die wir verarbeiten, wider. Gut 70 Prozent unserer Rohstoffe stammen aus einem Umkreis von weniger als 200 Kilometern Entfernung. Auch andere Produkte wie zum Beispiel der im Block House angebotene Fisch sind zertifiziert, und unsere Hähnchen stammen aus einem vom Deutschen Tierschutzbund zertifizierten Betrieb. Die Kriterien liegen dabei deutlich über den gesetzlichen Anforderungen.

Seit diesem Jahr beschäftigen wir uns mit einem neuen Thema. Wir wollen unseren Gästen unser gutes deutsches Leitungswasser in Ergänzung zum abgefüllten Mineralwasser anbieten. Unser Gast kann selber entscheiden, ob er das gute Leitungswasser aus der Region trinken möchte oder abgefülltes Mineralwasser. Zusätzlich haben wir unser abgefülltes Mineralwasser umgestellt und bieten unseren Gästen nun ein Mineralwasser an, das aus Brunnen in höchstens 200 Kilometern Entfernung stammt. So wird verhindert, dass Mineralwasser teuer und ressourcenverschwendend über die Alpen transportiert wird. Anstelle dessen wird unser heimisches gutes Wasser, sowohl das abgefüllte Mineralwasser als auch das lokale Leitungswasser, aufgewertet, und wir leisten damit einen wirkungsvollen Beitrag zur Nachhaltigkeit.

Ein Familienunternehmen weiterzuführen, geht ohne Ehrlichkeit nicht. Es ist unsere Verantwortung, diese Ehrlichkeit als unsere DNA weiterzugeben. Unser Vater ist erfolgreich geworden, weil er hohe Maßstäbe gesetzt – beim ehrlichen Produkt mit ehrlichem Service zu einem ehrlichen Preis – und dabei darauf geachtet hat, dass das Produkt aus ehrlicher Herkunft stammt. Diese Verantwortung gilt es weiterzuführen mit den gleichen Maßstäben.

Die Nachfolge eines Familienunternehmens anzutreten ist ein großer Beitrag zur Nachhaltigkeit. Die Aufgabe, Beschäftigung und Ausbildung zu sichern sowie die Wettbewerbsfähigkeit des Unternehmens zu erhalten, ist eine enorme Verantwortung. Wir Nachfolger übernehmen einerseits ein Lebenswerk und führen zugleich Familientraditionen, die Wertevorstellungen und das langjährige Wissen des Unternehmens fort. Daher haben wir uns auch verpflichtet, einen sehr großen Teil der Gewinne in der Firma zu belassen, damit wir nachhaltig in die Zukunft investieren können.

Neulich erzählte mir ein Bekannter eine Geschichte, die ich noch nicht kannte und die mir diese Ehrlichkeit so deutlich macht. Dieser Bekannte hat eine Firma, die Gläser an die Gastronomie liefert und uns bis dato noch nicht belieferte. Unsere Einkaufsabteilung meldete sich an und ließ sich Mustergläser anbieten. Man entschied sich wie üblich für ein Glas mit Eichstrich, also dem vorgeschriebenen Füllmaß. Die Gläser wurden geliefert und alles war wunderbar, bis nach etwa einem Dreivierteljahr unsere Einkaufsabteilung aufgelöst anrief und meinte, dass etwas mit dem Eichstrich nicht stimmen könne. Bei der Inventur sei ein viel zu hoher Bestand an vollen Weinflaschen gezählt worden, der nach verkauften Gläsern Wein laut Kassensystem gar nicht vorhanden sein dürfte. Was war passiert? Bei der Festlegung der Füllmenge für den Eichstrich gibt es einen gewissen Spielraum. Der neue Glasproduzent hatte den Eichstrich an der unteren Grenze angesetzt. Die alten Gläser waren mit dem Eichstrich an der oberen Grenze bedruckt gewesen. Unsere Restaurants haben also neun Monate lang immer ein paar Tropfen weniger Wein ausgeschenkt als vorher, wodurch es zu mehr Wein im Lager kam, als dort laut alter Berechnung sein sollte. Als mein Vater dies mitbekam, ersetzte er ohne zu Zögern das neue Glas wieder durch das alte Glas. Er wollte nicht an Wein sparen, vor allem wollte er unseren Gast nicht um seine paar Tropfen Wein bringen, die er bislang immer so bei uns bekommen hatte. Er wollte unserem Gast die ehrliche Menge an Wein ausschenken, so wie es all die Jahre vorher auch geschehen ist.

Ich bin sehr dankbar für solche Geschichten, denn sie helfen mir bei den Entscheidungen, die es in meiner Generation für unser Familienunternehmen zu treffen gilt. Sie weisen mir den Weg und erinnern mich daran, wodurch unser Unternehmen groß und erfolgreich geworden ist. Es ist unsere Verantwortung, diese Geschichten zu unseren Geschichten zu machen. Und irgendwann wird die dritte Generation Geschichten von der ersten und der zweiten Generation erzählen. Auch diese werden ihnen den Weg weisen, ihnen bei Entscheidungen helfen und ihnen Verantwortung sein für ihre vierte Generation.

Dr. Henner Buhck, Jahrgang 1966, ist geschäftsführender Gesellschafter der *Buhck Gruppe*, die er zusammen mit seinem Bruder Thomas
Buhck in der vierten Generation leitet. Das 1899 in Hamburg-Berge-
dorf gegründete Familienunternehmen ist heute einer der größten
Umweltdienstleister in Norddeutschland mit rund 1200 Beschäftigten
und einem Umsatz von rund 160 Millionen Euro (2020). Die Unternehmensgruppe ist in den Geschäftsfeldern Abfallverwertung, Rohr- und
Kanalservice sowie Beratungsdienstleistungen aktiv. Ihre 32 Unternehmen verteilen sich auf 16 Standorte in Hamburg, Schleswig-Holstein
und Niedersachsen.

VERANTWORTUNG UND KLIMASCHUTZ

Warum wir sofort handeln müssen

Von Henner Buhck

Das existenzielle Problem

Eines vorab: Ich bin weder Naturwissenschaftler noch Technikingenieur und schon gar kein Umweltaktivist – ich bin einfach nur ein Unternehmer, der sich Gedanken um unsere Zukunft macht. Im unternehmerischen Alltag begegnen uns täglich Probleme und Herausforderungen. In diesem Umfeld ist es unsere Aufgabe, das Unternehmen, für das wir Verantwortung tragen, in seiner Existenz zu schützen und fortzuentwickeln. Allerdings müssen wir uns stets bewusst sein, was eigentlich die Grundlagen unseres Wirtschaftens sind: Wir haben ein funktionierendes politisches und gesellschaftliches System, das auf Konsens und Ausgleich ausgerichtet ist, ein Rechtssystem, das uns in unserem Handeln schützt, und vor allem natürliche Lebensgrundlagen, die unsere Existenz ermöglichen. Diese Grundlagen werden häufig als Selbstverständlichkeit angesehen. Tatsächlich müssen diese aber immer wieder verteidigt, es muss dafür gekämpft werden.

Die Basis unserer Existenz ist unsere »Mutter Erde«. Spätestens seit dem Bericht des Club of Rome im Jahre 1972 ist der Menschheit klar geworden, dass auch die Natur gegen den Menschen und sein Handeln verteidigt werden muss. Der Klimawandel ist heute die größte Bedrohung unserer natürlichen Lebensgrundlagen.

Fakt ist, dass sich die globale Oberflächentemperatur der Erde seit Ende des 19. Jahrhunderts um etwa 1,1 Grad erhöht hat. In den 1990er-Jahren war noch unter Klimaforschern umstritten, ob diese Veränderung natürlichen Ursprungs sein und im Rahmen der natürlichen Schwankungen liegen könnte. Heute gibt es kaum noch Klimaforscher, die nicht davon ausgehen, dass sie anthropogen, also vom Menschen ausgelöst sind. Als Ursache sieht die Klimaforschung seit vielen Jahren den hohen Anstieg von sogenannten Treibhausgasen wie insbesondere CO_2, aber auch Methan in der Atmosphäre, die zu einem erhöhten Treibhauseffekt und damit verbunden einer stärkeren Erwärmung der Erdoberfläche führen.

Der hohe Anstieg an Treibhausgasen ist maßgeblich auf die Verbrennung fossiler Energien wie Braunkohle, Steinkohle und Erdöl zurückzuführen. Hierdurch gelangt aktuell die doppelte Menge CO_2 in die Atmosphäre, als es durch natürliche Vorgänge der Fall wäre. Auch die immer stärkere Entwaldung und Verbrennung des Naturholzes führt dazu, dass gebundenes CO_2 zusätzlich in die Atmosphäre gelangt. Die Erwärmung betrifft sowohl die Erde als auch die Meere. Das existenzielle Problem dabei: Sie führt zu sich selbst verstärkenden Effekten, die zu einer weiteren starken Erwärmung führen. Eine Erhöhung der Temperatur der Meere hat beispielsweise eine Reduzierung der natürlichen CO_2-Aufnahmefähigkeit der Ozeane zur Folge. Zusätzlich sterben mit einer Erhöhung der Meerestemperatur Korallenriffe ab, welche CO_2 gebunden haben, wodurch ebenfalls zusätzliches Treibhausgas in die Atmosphäre gelangt.

Fest steht: Schon heute haben sich die Atmosphäre und die Ozeane erwärmt, die Schnee- und Eismengen sind zurückgegangen, und der Meeresspiegel ist angestiegen. Dieser Prozess wird sich bei einer weiteren Erhöhung der Menge an Treibhausgasen in der Atmosphäre weiter fortsetzen – mit den beschriebenen Selbstverstärkungseffekten. Wir stehen unmittelbar vor einer irreversiblen Zerstörung unserer natürlichen Lebensgrundlagen. Ab einem bestimmten Punkt gibt es eine Entwicklung der Klimaerwärmung, die durch die Selbstverstärkungseffekte nicht mehr gestoppt werden kann. Und dieser Zeitpunkt liegt nicht irgendwann in ferner Zukunft, sondern nach seriösen Berechnungen innerhalb der nächsten zehn bis zwanzig Jahre. Dann können wir nichts mehr verändern, sondern nur noch zusehen, wie sich die Erde verändert.

Diese Erkenntnisse und Zusammenhänge sind längst keine esoterisch angehauchten Theorien von irgendwelchen Ökospinnern mehr. Vielmehr sind sie das Ergebnis der aktuellen Klimaforschung, bestätigt unter anderem vom Intergovernmental Panel on Climate Change (IPCC), einem unabhängigen wissenschaftlichen Gremium, das durch die Vereinten Nationen ins Leben gerufen wurde und Hunderte von führenden Wissenschaftlerinnen und Wissenschaftler aus der ganzen Welt vereint.

Was bedeuten diese Erkenntnisse nun für uns als Unternehmer? Das Thema Klimawandel hat in der Bevölkerung mittlerweile einen extrem hohen Stellenwert. In verschiedenen Umfragen sehen die Deutschen den Klimawandel als das drängendste Problem unserer Zeit. Entsprechend haben auch unsere Beschäftigten und unsere Kunden die Erwartung, dass sich unsere Unternehmen damit auseinandersetzen, was wir zum Thema Klimaschutz beitragen können. Selbst wenn man der Meinung wäre, dass die wissenschaftlichen Nachweise für den anthropogenen Klimawandel nicht ausreichen oder die Folgen nicht so wesentlich für uns sein werden, wird aus unserer Mitarbeiterschaft und der Kundschaft immer stärkerer Druck entstehen, sich mit dem Thema zu beschäftigen. Wollen Sie einem jungen Bewerber im Bewerbungsgespräch mitteilen, dass Ihrer Meinung nach das Thema übertrieben wird und Sie sich deshalb damit nicht weiter auseinandersetzen? Wollen Sie Ihrem Kunden, der eventuell einen eigenen Nachhaltigkeitsbericht anfertigt, auf entsprechende Fragen antworten, den Klimawandel sehen Sie nicht?

Auch aus dem politischen Bereich kommen klare Signale. Der Klimaschutzplan 2030 der Bundesregierung beinhaltet zahlreiche Vorgaben und Projekte, die maßgeblichen Einfluss auf unsere unternehmerische Tätigkeit haben werden. Mit dem European Green Deal der EU-Kommission hat das Thema endgültig einen Spitzenplatz in der

politischen Wahrnehmung eingenommen. Es gibt kaum ein Bundes-
land, das nicht eigene Klimaschutzprogramme entwickelt, und kaum
eine Stadt oder Gemeinde, die nicht bereits eine Klimaschutzmanage-
rin oder einen Klimaschutzmanager beschäftigt. Es ist also kein Oppor-
tunismus, sich mit dem Klimaschutz zu beschäftigen, sondern schlicht
und ergreifend unternehmerische Notwendigkeit, um auf die gesellschaftlichen und politischen Anforderungen zu reagieren.

Aus eigener Erfahrung kann ich berichten, dass dieses Thema tatsächlich eine beeindruckend große Bedeutung für unsere Mitarbeiterinnen und Mitarbeiter hat. In unserer Unternehmensgruppe führen
wir jedes Jahr einen Führungskräfte-Workshop durch, in dem wir uns
gemeinsam zwei Tage lang mit internen oder externen Themen der
Gruppe beschäftigen. Für das Jahr 2020 hatten wir für den Workshop
im Frühjahr das Thema »Klimaschutz in der *Buhck Gruppe*« gewählt.
Mein Bruder und ich waren uns alles andere als sicher, ob dieses Thema
auf das Interesse der rund 30 Führungskräfte stoßen würde, handelt es
sich doch um einen sehr heterogenen Teilnehmerkreis, der von recht
konservativ veranlagten bis hin zu absolut progressiven Personen reicht.
Wir erwarteten durchaus von einzelnen Personen eine aktive Verwei-
gerungshaltung bis zu Störfeuer. Was dann aber kam, war sensationell:
Eine solch begeisterte, motivierte Mitarbeit mit viel Kreativität und
Ideenvielfalt hatten wir in unserem Workshop in vielen Jahren davor
nicht erlebt. Und diese Begeisterung setzte sich auch bei der weiteren
Umsetzung in unserer Unternehmensgruppe fort.

Die Bedeutung unternehmerischer Verantwortung im Klimaschutz

Es ist unabhängig von der eigenen Einschätzung des Bedrohungspoten-
zials des Klimawandels unumgänglich, dass wir uns als Unternehmer
mit dem Thema Klimaschutz auseinandersetzen. Aber müssen wir auch

eine aktive Rolle beim Klimaschutz einnehmen? Und was bedeutet Verantwortung in diesem Zusammenhang?

Definitionen für das Wort Verantwortung gibt es viele. Mir gefällt am besten die Definition, nach der Verantwortung das Einstehen für die Folgen des eigenen Handelns ist. Und da müssen wir als Unternehmer uns die Frage stellen, welche Folgen unser unternehmerisches Handeln für den Klimaschutz hat. Klar ist, dass unsere wirtschaftliche Tätigkeit Einfluss auf den Klimawandel hat. Jedwede Aktivität, sei es die Produktion von Gütern oder die Erbringung von Dienstleistungen, erzeugt mittelbar oder unmittelbar CO_2, etwa durch die Nutzung von Strom oder die Verbrennung von Kraftstoffen. Die Frage ist nur, in welchem Umfang unsere Tätigkeit Einfluss auf den Klimawandel hat. Diese Frage kann durch eine CO_2-Bilanz der unternehmerischen Aktivitäten beantwortet werden, deren Aufstellung für die ganz überwiegende Zahl der Unternehmen freiwillig ist.

Die CO_2-Bilanz als Maßstab für die Klimaschutz-Verantwortung

Das Erstellen einer CO_2-Bilanz ist zwar durchaus aufwendig, aber deutlich einfacher, als man es sich vielleicht vorstellt. Nach dem internationalen Greenhouse-Gas-Protokoll (GHG-Protokoll) sind drei unterschiedliche Bilanzierungskreise zu unterscheiden:

Scope 1 umfasst die CO_2-Emissionen, die unmittelbar durch die eigene Tätigkeit entstehen. Dies sind klassischerweise der Verbrauch von Öl, Kohle oder Gas im eigenen Betrieb, wodurch entsprechend CO_2 freigesetzt wird.

Scope 2 umfasst die CO_2-Emissionen, die aufgrund der eigenen Tätigkeit mittelbar entstehen. Hier ist das typische Beispiel der verbrauchte Strom. Bei der Herstellung des Stroms wird beispielsweise durch den Einsatz von Kohle oder Gas CO_2 durch den »Stromhersteller« bzw.

das Energieversorgungsunternehmen (EVU) erzeugt. Diese mittelbare Erzeugung muss sich jeweils der Verbraucher zurechnen lassen.

Scope 3 beinhaltet die CO_2-Emissionen, die von Dritten erzeugt, aber durch die eigene wirtschaftliche Tätigkeit veranlasst werden. Hierzu zählen beispielsweise die CO_2-Emissionen von eingesetzten selbständigen Subunternehmern, die durch den Arbeitsweg der Beschäftigten erzeugten oder auch die bei der Herstellung von erworbenen Anlagegütern entstandenen CO_2-Emissionen. Im Bereich *Scope 3* gibt es zahlreiche, teilweise schwierige Abgrenzungsfragen. Ist beispielsweise die CO_2-Belastung durch einen Flug dem Fluggast oder der Fluggesellschaft zuzurechnen?

Welche Bilanzierungskreise in die eigene CO_2-Bilanz aufgenommen werden, ist eine Entscheidung des Bilanzierenden. Die Bereiche *Scope 1* und *2* sind in jedem Fall aufzunehmen, da diese untrennbar mit der wirtschaftlichen Tätigkeit des Unternehmens zusammenhängen. Ob die Emissionen aus *Scope 3* aufgenommen werden, ist die Entscheidung des Bilanzierenden. Da die Emissionen durch selbstverantwortliche Personen oder Unternehmen erzeugt werden, kann sich aus der Zurechnung im Rahmen des Scope 3 insgesamt eine Doppelbilanzierung ergeben.

Wie viel CO_2 durch die einzelnen Tätigkeiten wie etwa die Verbrennung von einem Liter Diesel oder den Verbrauch von einer Kilowattstunde Strom aus dem deutschen Strommix entsteht, lässt sich aus entsprechenden öffentlich zugänglichen Tabellen herauslesen.

Auch wir haben in den 32 Unternehmen unserer Firmengruppe die CO_2-Emissionen bilanzieren lassen, und zwar durch die jeweiligen Führungskräfte vor Ort selbst. Dieser Prozess hat zu einer ganz besonderen Wahrnehmung der Klimaschutzfragen der eigenen Tätigkeit in den Unternehmen geführt. In der Zusammenschau haben wir für uns die Entscheidung getroffen, zumindest für die Jahre 2019 und 2020 unsere CO_2-Bilanz nur auf *Scope 1* und *2* aufzubauen. Gleichwohl haben wir allerdings auch die wesentlichen Einflussfaktoren und Daten für

Scope 3 nach den Bilanzierungsrichtlinien erfasst, um ein Gefühl für den Umfang dieser Emissionen zu bekommen.

Als Unternehmensgruppe mit einem Schwerpunkt im Bereich der Logistik haben wir im Jahre 2019 CO_2-Emissionen im Bereich *Scope 1* von rund 10 000 Tonnen errechnet, die fast komplett durch den Verbrauch von Diesel durch unsere Lkw und Arbeitsmaschinen entstanden sind. *Scope 2* schlägt mit CO_2-Emissionen in Höhe von ca. 2200 Tonnen zu Buche. *Scope 3* wurde von uns mit einer Summe von ca. 2300 Tonnen CO_2-Emissionen erfasst, davon übrigens nur ca. 730 Tonnen aus dem Arbeitsweg unserer Beschäftigten.

Ob eine selbst erstellte CO_2-Bilanz von einem externen anerkannten Gutachter verifiziert werden sollte, ist eine Geschmacksfrage. Für die Beantwortung der Frage, in welchem Umfang das eigene Unternehmen Verantwortung für den Klimaschutz übernehmen müsste, worauf es aus meiner Sicht in erster Linie ankommt, reicht auch eine nicht extern verifizierte Bilanz. Sobald die Zahlen auch extern, insbesondere in der Außendarstellung, genutzt werden sollen, führt an einer Verifizierung aber kein Weg vorbei. In der Öffentlichkeit ist mittlerweile fundiertes Wissen vorhanden, und es besteht eine große Sensibilität dafür, ob es sich bei freiwilligen Maßnahmen von Unternehmen nicht etwa um sogenanntes Greenwashing handelt.

Konsequenz aus dem eigenen Beitrag zum Klimawandel

Was bedeutet diese Erkenntnis für uns als Unternehmer? Fest steht, dass wir durch unsere CO_2-Bilanz genau wissen, welchen Anteil unsere eigene Tätigkeit am Klimawandel hat. Die Folgen von CO_2-Emissionen hatte ich dargestellt. Wenn wir Verantwortung als das Einstehen für die Folgen des eigenen Handelns verstehen, müssen wir auch Verantwortung für dieses Handeln übernehmen, und zwar vollkommen unabhängig davon, ob uns die Politik oder der Gesetzgeber dazu zwingen. Wir können nicht auf die Politik warten! Die politisch festgelegten Zeitpläne sind viel zu lang, um die dringend notwendigen Reduzierungen der CO_2-Emissionen voranzubringen. Im Grunde ist es einfach: Unsere Welt ist anthropogen klimaneutral, wenn jeder von uns, sei es als Einzelperson, Familie oder auch als Unternehmen, klimaneutral ist – und dies am besten sofort! Wir können nicht abwarten, ob die Maßnahmen der Politik ausreichend sein werden. Denn ist dies nicht der Fall, wofür aus jetziger Sicht viel spricht, dann ist es zu spät. Es ist schon später als fünf vor zwölf!

In dieser Situation haben wir als mittelständische selbständige Unternehmerinnen und Unternehmer die Freiheit, Entscheidungen unabhängig von einem Shareholder-Value zu treffen. In der Regel sind wir nur unseren Mitgesellschaftern, und wenn es die nicht gibt, nur uns selbst gegenüber dafür verantwortlich, die richtigen und verantwortlichen Entscheidungen zu treffen. Dies gibt uns auch die Freiheit, im eigenen Unternehmen den eigenen Beitrag zum Klimaschutz so schnell wie möglich zu erhöhen. Und wer, wenn nicht wir, die wir mit dieser Freiheit ausgestattet sind, sollte eine Vorreiterrolle beim Klimaschutz übernehmen?

Aktivitäten in diese Richtung kosten zunächst Geld und lassen sich nicht mit einer klassischen Return-on-Investment-Betrachtung »rechnen«. Die Entscheidung für entsprechende Aktivitäten geht kurzfristig zu Lasten der Rendite. Und natürlich ergeben sich Grenzen: Es müssen nicht alle möglichen Maßnahmen durchgeführt werden, nur weil sie irgendwie dem Klimaschutz dienen. Es sollten selbstverständlich nur die Maßnahmen gewählt werden, die im Hinblick auf Kosten und Klimaschutzeffekt ein sinnvolles Verhältnis aufweisen. Und in einer wirtschaftlich schwierigen Situation für ein Unternehmen ergeben sich selbstverständlich weitere Grenzen.

Nicht zu vernachlässigen sind allerdings der interne und der externe Effekt. Auf besagtem Führungskräfte-Workshop unserer Unternehmensgruppe führte die Ankündigung von meinem Bruder und mir, unsere Unternehmensgruppe nicht in ein paar Jahren, sondern noch in diesem Jahr klimaneutral zu stellen, spontan zu einem frenetischen Applaus unserer Führungsleute. Und diese Begeisterung zog sich auch bei der weiteren Verkündung im Unternehmen durch alle Ebenen. Auch für viele unserer Kunden waren diese Nachricht und das klare Bekenntnis zum Klimaschutz eine wichtige Nachricht zur Festigung der Zusammenarbeit. Rechnet es sich also nicht vielleicht doch auch kurzfristig?

Der Weg zur Klimaneutraliät

Mit der Kenntnis unseres Einflusses auf den Klimawandel aus unserer CO_2-Bilanz können wir nun gezielt daran arbeiten, diesen Beitrag kontinuierlich zu reduzieren. Das Ziel muss in erster Linie sein, die eigenen Tätigkeiten so zu verändern, dass sich die damit verbundenen CO_2-Emissionen absolut reduzieren. Dazu müssen konsequent alle mit Emissionen verbundenen Tätigkeiten auf Reduzierungsmöglichkeiten analysiert werden.

Ein einfach umzusetzendes Beispiel ist die Umstellung des im Unternehmen verbrauchten Stroms auf regenerativ erzeugten Strom. Die meisten Stromlieferanten bieten mittlerweile Ökostromtarife oder Entsprechendes an. Die Preisunterschiede zum Strom aus dem normalen Strommix sind erstaunlich niedrig.

Weiterhin kann bei jeder Beschaffung von Anlagegütern analysiert werden, ob CO_2-Reduktionspotenziale vorhanden sind. Muss der nächste Firmen-Pkw tatsächlich wieder ein Benziner oder Dieselfahrzeug sein, oder kann es nicht ein Elektrofahrzeug oder zumindest ein Hybrid werden? Gibt es alternative Antriebstechniken zum Diesel im Bereich von Lkw oder Arbeitsmaschinen, die mit weniger CO_2-Emissionen auskommen? Allein die Anfrage bei Ihren Lieferanten, welche Alternativen es geben könnte, wird einen Effekt auf der Angebotsseite auslösen, wenn dies immer mehr Unternehmen tun.

Wie beschrieben sind in unserer Unternehmensgruppe die CO_2-Emissionen aus dem Verbrauch von Diesel für unsere Lkw und Arbeitsmaschinen der größte Treiber. Im Bereich der Arbeitsmaschinen gibt es mittlerweile häufig vollelektrische Alternativen auf dem Markt, die in vielen Einsatzbereichen gleichwertig genutzt werden können. Im Bereich der Antriebstechnik für Lkw, in unserem Fall mit Nebenantrieben für die Aufbauten etwa auf Müllwagen, gibt es allerdings noch keine wirklich sinnvollen Alternativen zum Dieselmotor am Markt – aus meiner Sicht ein absolutes Armutszeugnis für die europäischen, insbesondere aber die deutschen Lkw-Hersteller. Zur Reduzierung unserer CO_2-Emissionen sind wir daher auf die weitere Entwicklung alternativer Techniken angewiesen. Die professionelle Nutzung von Wasserstoff ist mit vielen noch ungelösten Fragen in der Entwicklung verbunden. Ein Weg, den wir dabei intensiv beobachten, ist der Einsatz von regenerativen Kraftstoffen als Ersatz für fossile Brennstoffe, beispielsweise Methanol hergestellt mit Wasserstoff, der mit regenerativem Strom erzeugt wird, oder CO_2-neutrales Biomethan. In diesem Bereich passiert aktuell einiges.

Eine echte Reduzierung der eigenen CO_2-Emissionen auf null dauert viele Jahre. Um schon kurzfristig klimaneutral zu werden, ist für den Übergang ein Ausgleich über eine Kompensation notwendig. Dabei werden CO_2-Einsparungen an anderer Stelle gegen die eigenen CO_2-Emissionen verrechnet. Beispielsweise führt das Anpflanzen von Bäumen und Pflanzen, die sich nachhaltig entwickeln können, dazu, dass die entstehende Biomasse CO_2 absorbiert und langfristig bindet. Für den Klimaschutzeffekt ist es unerheblich, ob dies in Deutschland oder beispielsweise in Mexiko erfolgt, die Atmosphäre gleicht sich global aus. In einem solchen Projekt finanziert das Unternehmen das Anpflanzen von Bäumen und erhält dafür ein international anerkanntes Zertifikat über den CO_2-Speicherungseffekt (VER – Verified Emission Reduction), der mit den eigenen CO_2-Emissionen verrechnet werden kann.

Die CO_2-Kompensation steht durchaus in der Kritik, eine Art von »Ablasshandel« zu sein, der nur ein gutes Gewissen macht, aber zu einer Verzögerung von echten Reduzierungsmaßnahmen ermuntern könnte. Aus meiner Sicht ist allerdings jede CO_2-Kompensation besser als gar keine, denn jedenfalls wird ein positiver Klimaschutzeffekt erzielt. Wichtig ist aber sicherlich, dass eine Kompensation nur eine Übergangslösung sein kann auf dem Weg zur Reduzierung der eigenen CO_2-Emissionen auf null. Dieses Ziel darf durch Kompensationsmaßnahmen nicht aus den Augen verloren werden. Eine Kompensation hat darüber hinaus den Vorteil, dass sich CO_2-Reduzierungsmaßnahmen im Unternehmen noch besser »rechnen«, da es sich um eine zusätzliche »innerbetriebliche CO_2-Steuer« handelt, die sich nur durch eine echte Reduzierung vermindern lässt. Dies verdeutlicht innerhalb des Unternehmens die Prioritäten.

In unserem Unternehmen hat sich eine eigene Arbeitsgruppe damit beschäftigt, mit welchen Projekten wir die notwendige CO_2-Kompensation zur Klimaneutralität bereits ab dem Jahr 2019 erreichen können. Wir haben uns dabei entschieden, zwei Wege zu gehen. Unsere CO_2-Emissionen kompensieren wir vollständig über ein Klimaschutzprojekt in Mittelamerika, bei dem mit Kleinstwasserkraftwerken in abgelegenen Gegenden in Nicaragua, Honduras und Costa Rica CO_2-neutraler Strom erzeugt wird. Dieser ersetzt den bisher dort über Dieselaggregate erzeugten Strom. Dieses Projekt wurde extern durch den TÜV Rheinland überprüft und hat den sogenannten Gold-Standard nach einer international anerkannten Standardisierungsnorm. Darüber hinaus ist uns allerdings wichtig, auch regionale Klimaschutzprojekte, die für unsere Mitarbeiterinnen und Mitarbeiter und unser Umfeld besser greifbar sind, zu fördern. Daher unterstützen wir zusätzlich über die reine »Pflicht«-Kompensation hinaus eine Moorvernässung in einer Region in Schleswig-Holstein, die zur Absorption von CO_2 führt bzw. dessen Freisetzung verhindert. Es gibt am Markt übrigens zahlreiche Dienstleister, die entsprechend geprüfte Kompensationsprojekte vermitteln.

Aus unserem Führungskreis wurde zum Thema Kompensation im Übrigen eine sehr gute Idee entwickelt: Wir werden unseren Mitarbeiterinnen und Mitarbeitern sowie unseren Kunden bei den von uns ausgesuchten und geprüften Projekten die Möglichkeit geben, auch ihren eigenen CO_2-Fußabdruck über diese Projekte zu kompensieren. Damit möchten wir die Sensibilität für das Thema Klimaschutz und die Verbundenheit mit unserem Unternehmen und unseren Zielen erhöhen.

Ist das Engagement für den Klimaschutz überhaupt sinnvoll?

Ich habe versucht zu verdeutlichen, dass uns Unternehmer meines Erachtens aus der unternehmerischen Verantwortung für unser Handeln eine Verpflichtung trifft, das Thema Klimaschutz intensiv aufzunehmen und Maßnahmen anzugehen. Aber lohnt sich der Aufwand überhaupt? Ein Erfolg kann doch nur eintreten, wenn es weltweit zu einer Reduzierung der CO_2-Emissionen kommt. Dabei erreichen uns Berichte, dass die Emissionen in China weiter steigen und ein Sinken nicht zu erwarten ist. Der nunmehr abgewählte amerikanische Präsident Trump sah nicht die Notwendigkeit, konsequente Reduzierungsmaßnahmen in seinem Land zu realisieren. Sind die eigenen Maßnahmen dann nicht völlig nutzlos, wenn sich ihre Auswirkungen eventuell kaum erkennen lassen?

Ich bin der festen Überzeugung, dass die eigene Verantwortung nicht dort enden darf, wo andere ihre Verantwortung nicht übernehmen. Es kann bei diesen existenziellen Fragen nicht darum gehen, ob es sich lohnt, etwas zu tun. Es kann nur darum gehen, dass wir das tun, was jeder Einzelne von uns zur Rettung unserer natürlichen Lebensgrundlagen tun kann. Selbst wenn es nicht gelingen sollte, die negative klimatische Entwicklung aufzuhalten, sollten wir unseren Kindern auf deren Fragen nach unserem Beitrag sagen können, dass wir im Rahmen unserer Möglichkeiten alles getan haben, um den Klimawandel zu stoppen. Ich bin aber davon überzeugt, dass das Engagement vieler zu einer Entwicklung führt, die den Klimawandel stoppen kann. Dies erfordert allerdings eine geänderte Wahrnehmung der Situation, eine veränderte Prioritätensetzung und insgesamt ein anderes Denken. Dabei sollten wir uns vor Augen führen, dass ein glaubhaftes, angemessenes und konsequentes Bekenntnis zum Klimaschutz und ein entsprechendes Handeln nicht nur der Problemlösung dienen, sondern auch zahlreiche unternehmerische Chancen eröffnen, indem beispielsweise neue Impulse zu Kundenbeziehungen, innovativen Veränderungen im Unternehmen sowie zur Mitarbeitergewinnung und -motivation angestoßen werden können.

Leider haben wir nicht viel Zeit für eine Veränderung unseres Verhaltens. Daher gehört zu der unternehmerischen Verantwortung auch, in einen Diskurs zum Thema Klimaschutz in der Unternehmerschaft einzusteigen und insbesondere die Unternehmer zu erreichen, die sich mit dem Thema bisher noch nicht beschäftigt haben. Dieser Artikel soll einen Beitrag dazu leisten. Notwendig erscheint mir eine Bewegung, die alle Unternehmer erfasst und verdeutlicht, wo wir stehen und was wir tun müssen. Gemeinsam haben wir es in der Hand, die richtigen Wege zu gehen.

ALEXANDER GRAF VON KIELMANSEGG, Jahrgang 1987, absolvierte nach einer landwirtschaftlichen Lehre und einem Bachelor of Science in Agrarwissenschaften seinen Master of Business Administration in Farm Management in England. 2016 übernahm er in neunter Generation einen landwirtschaftlichen Betrieb in der Westholsteiner Elbmarsch, der bereits 1752 durch die Familie erworben wurde, von seinem Vater. Schwerpunkt des Betriebes ist der Anbau von Raps, Weizen, Gerste, Ackerbohne, Hafer, Braugerste, Rüben und Mais. Nach der Wende baute sein Vater einen weiteren Betrieb in Mecklenburg-Vorpommern auf, ebenfalls mit Schwerpunkt Marktfruchtbau. Heute leitet Kielmansegg die beiden Betriebe als Geschäftsführer und beschäftigt saisonal wechselnd bis zu 15 Mitarbeiter.

VERANTWORTUNG UND LANDWIRTSCHAFT

Tradition, Emotion und Verpflichtung

Von Alexander Graf von Kielmansegg

Wenn Faust im gleichnamigen Werk über das Erbe, das ihm sein Vater hinterlassen hat, spricht, bringt er damit Folgendes zum Ausdruck: Das Ererbte geht vorläufig nur ideell und auf dem Papier an den Erbfolger über. Erst indem dieser seinen Verpflichtungen nachkommt und sich selbst einbringt, kann er sich das Erbe voll zu eigen machen.

Obwohl das Goethe-Zitat am Anfang dieses Bandes fast 250 Jahre alt ist, ist es für mich noch sehr aktuell. Es beschreibt ungefähr das Gefühl, das ich als Erbe meines Vaters und seiner Vorfahren meiner Familie und unserem Besitz gegenüber empfinde.

So muss ich heute den Betrieb nicht neu aufbauen, dennoch stehe ich in der Verantwortung, diesen auf die sich von Generation zu Generation ändernden Anforderungen auszurichten und, wo es erforderlich ist, neuen Herausforderungen auch mit neuen Lösungskonzepten zu begegnen. Somit setze ich mich dafür ein, den Betrieb nachhaltig und progressiv weiterzuentwickeln.

Landwirtschaft: Gebundene Werte

Bei landwirtschaftlichen Betrieben sind die Werte zum Großteil in Grund und Boden oder Maschinen gebunden. Man müsste diese veräußern, um mehreren Erben ihren Pflichtteil ausbezahlen zu können.

Dies würde in letzter Konsequenz zu einem Verlust des Erbes in dieser Generation führen. Das ist der wesentliche Grund dafür, dass es in unserer Familie immer nur einen Erben gibt. Ein weiterer Punkt ist, dass die Größe der meisten landwirtschaftlichen Betriebe es nicht zulässt, durch ein externes Management mehrere Familien über mehrere Generationen am Vermögen zu beteiligen.

Dies ist bei großen Industriebetrieben oft anders gelagert. Sie haben durch ihre Struktur und unterschiedliche Gesellschaftsformen mehr Möglichkeiten, weichende Erben auf unterschiedlichen Ebenen am Unternehmen zu beteiligen, beispielsweise durch Firmenanteile. Zudem ist die Beteiligung am Unternehmen nicht zwangsläufig unmittelbar an die Örtlichkeit gebunden. Die Firma ist nicht gleichzeitig auch das Zuhause, wie es bei landwirtschaftlichen Betrieben der Fall ist. Das emotionale Potenzial kann dadurch teilweise geringer ausfallen.

Die weichenden Erben in der Landwirtschaft werden hingegen häufig mit Immobilienvermögen abgefunden. Wenn es die Liquidität erlaubt, auch oft mit Geld. Betriebe, die weder Immobilienvermögen noch eine ausreichende Liquidität vorweisen können, haben die Möglichkeit, einen Teil von Grund und Boden an die weichenden Erben zu vermachen, die diesen Teil dann an den Haupterben langfristig verpachten. Je nach Betriebsgröße kann dies aber, wenn es in den folgenden Generationen immer wiederholt würde, auch zu einer zu starken Verkleinerung des Eigentums führen, was den Betrieb dann nach und nach auch wieder instabil macht.

Persönliche Herausforderungen im Familienbetrieb

Seit 1752 ist der Besitz immer über die männliche Linie an die nächste Generation weitergegeben worden. Das sehe ich in der heutigen Zeit kritisch, und es wird auch oft anders gemacht. Unter meinen Freunden und Bekannten kenne ich inzwischen einige Frauen, die eine landwirtschaftliche Ausbildung absolviert haben und nun den elterlichen Betrieb führen. Dennoch ist das System der Übergabe an einen Erbfolger, sei es Mann oder Frau, gegeben.

Die Verantwortung und die vielen Verpflichtungen, die damit einhergehen, sind einem durch das Vorbild der aktuell in der Pflicht stehenden Eltern immer bewusst. Hierbei geht es nicht nur um die direkte Verantwortung dem Betrieb und der engsten Familie gegenüber, sondern auch gegenüber all jenen, die zugunsten des Erbfolgers auf ihr Erbe verzichtet haben, den weichenden Erben.

Als mein Vater vor 23 Jahren starb, war ich erst zehn Jahre alt. Das stellte zunächst vor allem meine Mutter vor besondere Herausforderungen. Meine Schwestern waren auch erst 13 und 16 Jahre alt, sodass meine Mutter ohne viel Rückhalt zwei neue verantwortungsvolle Rollen übernehmen musste: die der alleinerziehenden Mutter und die der befreiten Vorerbin.

2016 stieg ich dann voll in den Betrieb ein. Dieser Vorgang war eine große Herausforderung – fachlich und menschlich. Die alleinige Betriebsleitung eines landwirtschaftlichen Betriebes ist von einer großen Vielfalt geprägt. Diese reicht vom Einkauf der Produktionsmittel und dem Verkauf der Erzeugnisse über die Arbeit auf den Feldern mit dem dazugehörigen Verständnis über die Maschinen und Technik sowie das Handling der Pflanzen über die gesamte Vegetationsperiode bis hin zu betriebswirtschaftlichem und steuerlichem Know-how im Büro – ein großes Aufgabenspektrum. Daneben bedarf es auch einer ausgeprägten Erfahrung, wenn es um die Herausforderung geht, abzuschätzen, bei welchen Wetterereignissen welche Maßnahmen auf dem Feld erforderlich sind. »Loslassen zu können« von dem erbrachten Lebenswerk ist für die ältere Generation in der Landwirtschaft ein immer wieder prägnantes Thema und entscheidet oft darüber, wie problemlos der Übergabeprozess verläuft.

Fairness für die weichenden Erben

Seit vier Jahren ist der Übergabeprozess unseres Betriebs an die neue Generation nun abgeschlossen. Doch damit ich mit Selbstvertrauen in den Betrieb einsteigen konnte, war es mir wichtig, dass meine Schwestern mir vertrauten.

Basis dieses Vertrauens über unser Verhältnis als Kinder und Geschwister hinaus ist es meiner Meinung nach besonders, den Erbvorgang so transparent wie möglich für die weichenden Erben, in meinem Fall meine beiden Schwestern, zu gestalten. Dies erfordert nicht nur die Darstellung und Erklärung aller juristischen Fakten, sondern auch die Aufklärung über den Betrieb. Vor allem bei der Übergabe eines Familienunternehmens beinhaltet der Prozess auch zu einem gewissen Grad die Aufarbeitung emotionaler Befindlichkeiten.

Während des Übergabeprozesses habe ich also meine Mutter nicht nur in der Rolle des Geschäftsnachfolgers unterstützen wollen. Ich wollte auch in gewisser Weise meinen Vater ersetzen, dessen Rolle es gewesen wäre, mit meinen Schwestern über die erforderlichen Schritte innerhalb des Erbprozesses zu diskutieren und sie über deren Folgen aufzuklären.

Vom sachlichen Standpunkt aus hatte ich durch die Einblicke, die mir meine Mutter immer wieder in das Unternehmen gegeben hatte, und meine Ausbildung ein gutes Verständnis für die Vorgänge innerhalb unseres Betriebs.

Um die Erbschaft auch juristisch zu sichern, müssen die weichenden Erben schriftlich auf ihren Pflichtteil verzichten. Je nach Aufklärung und nach dem Willen des Übergebers passiert dies früher oder später. Früher, und das ist noch nicht lange her, mussten sie zum Teil schon mit 18 Jahren beim Notar mit ihrer Unterschrift ihren Pflichtteilsverzicht bestätigen. Diese Unterschrift in vollem Bewusstsein der Tragweite seiner Entscheidung zu leisten, hängt neben dem Alter auch stark davon ab, wie gut der Übergeber die Beteiligten aufgeklärt hat.

Meine Schwestern fühlten sich in so jungem Alter noch nicht gewachsen, die Tragweite einer solchen Unterschrift zu ermessen. Entsprechend haben wir es als Familie erst zu einem Zeitpunkt juristisch bestätigt, als sich alle Beteiligten ausreichend informiert und somit auch wohl damit gefühlt haben.

Während vieler Gespräche innerhalb der Familie tauchte immer wieder das heikle, emotional aufwühlende und sachlich meistens verzwickte Thema Herstellung von fairen Verhältnissen auf. Dabei verursacht die Höfeordnung die meisten Schwierigkeiten.

Die Höfeordnung wurde 1947 als Gesetz von der britischen Militärregierung erlassen und regelt die Erbfolge in landwirtschaftlichen Familienbetrieben nordwestdeutscher Bundesländer der ehemaligen britischen Besatzungszone.

Sinn und Zweck der Höfeordnung ist es, Betriebe vor Zersplitterung zu schützen, falls sie unter allen Geschwistern aufgeteilt werden. Ein weiteres Ziel ist es, land- und forstwirtschaftliche Grundstücke zu erhalten und sie als funktionierende gesunde Einheiten an die nächsten Generationen weiterzugeben.

1976 besserte man die Höfeordnung nach. Die wohl wichtigste Passage findet sich in § 4, der die Nachfolge auf Bauernhöfen regelt.

Darin heißt es, »das gesamte Erbe soll nur an einen Erben übertragen werden. Die weichenden Erben sind in nichtlandwirtschaftlichen Vermögenswerten zu entschädigen oder vom Nachfolger auszuzahlen.«

Historisch gesehen geht das Gesetz auf die Erbschaftsregeln Sachsens zurück, nach denen der Familienbetrieb als Ganzes an den ältesten männlichen Nachkommen weitergegeben werden musste, die sogenannte Primogenitur. Schon vor 1947 waren landwirtschaftliche Betriebe in anderen Bundesländern und zum Beispiel auch in Schweden unter das Fideikommiss gestellt: Nur ein Familienmitglied konnte erben und den Besitz verwalten. Wer so begünstigt war, hatte dann das Recht des Nießbrauchs, durfte den Besitz aber nicht verkaufen.

Für die Weiterentwicklung heutiger Betriebe in der Landwirtschaft ist das undenkbar. Immer noch wird jedoch das Gesetz der Primogenitur angewandt, ob auf riesigen fürstlichen Besitzungen oder bäuerlichen Höfen. Im Zuge des Zeitenwandels und der Gleichstellung der Frau wurde aber ebenfalls der Weg zur weiblichen Nachfolge geebnet.

Die Höfeordnung ist im Nordwesten Deutschlands heute im landwirtschaftlichen Erbrechtsverständnis fest verankert. Der Eigentümer kann jederzeit selbst entscheiden, aus der Höfeordnung auszutreten.

Was bedeutet Fairness in diesem Zusammenhang? Die Wahrnehmungen können hier stark auseinandergehen. Anfangs fiel es mir schwer, zu verstehen, dass es beim Erben eines solchen traditionsbetonten Betriebes wie dem unseren nicht unbedingt nur um finanzielle Gesichtspunkte geht, sondern dass jeder ganz persönliche Aspekte hat, die ihn steuern. Auch das Gefühl für Fairness ist bei jedem anders gelagert, weil jeder seine eigenen Empfindlichkeiten, Wünsche und Ziele hat. Jeder Beteiligte fühlt sich auf eine andere Art fair behandelt.

Es ist also offensichtlich, dass das Ausarbeiten von möglichst fairen Erbverhältnissen in der Phase des Übergangs auf die jüngere Generation essenziell ist, denn es bestimmt das künftige Verhältnis der Familienmitglieder untereinander. Dieses Verhältnis war und ist mir vorrangig wichtig. Eines wird trotzdem dabei klar: Totale Fairness kann aufgrund des Zwangs, den Hof zu erhalten, nie ganz erreicht werden. Auch schließt die unterschiedliche Auffassung von Fairness verschiedener Personen das Erreichen dieses Zustands aus.

Darüber haben wir viel diskutiert, und es zeigte sich, dass die emotionale Bindung an das geliebte »Zuhause« von hoher Bedeutung ist. Die mit diesem Ort zusammenhängenden Kindheitserinnerungen und das Gefühl der Identität und vertrauten Verbundenheit innerhalb der Familie hat erhebliches emotionales Potenzial. Für die weichenden Erben ist der Verlust des Elternhauses und seiner Umgebung traurig.

Wir erkannten schnell, dass die Tatsache, dass nur ein Kind das Privileg hat, den Hof zu erben, auf ihm zu leben und zu arbeiten, es unmöglich macht, totale Fairness walten zu lassen. Nicht alle Wünsche würden erfüllt werden können. Jeder musste Kompromisse eingehen. Letztlich haben wir uns an die Maßgabe der Höfeordnung gehalten, um den Betrieb als Ganzes zu erhalten.

Heute denke ich, dass wir einen guten Job gemacht haben. Obwohl jeder zurückstecken musste, sind alle weitgehend zufrieden mit dem Ergebnis. Für meine Schwestern bedeutet meine Position als Haupterbe, dass das, worauf sie verzichtet haben, heute in verlässlichen Händen ist. Und ich sehe meine Aufgabe auch darin, für sie die Türen unseres Elternhauses jederzeit weit offen zu halten, immer ein offenes Ohr für sie zu haben und ein Ansprechpartner für sie zu sein.

Umgang mit den Mitarbeitern

Ein enormer Wandel hat sich meiner Meinung nach in allen Unternehmen in puncto Mitarbeiter vollzogen. Es wird immer mühsamer, qualifizierte Arbeitnehmer zu finden. Gleichzeitig sind die Ansprüche von potenziellen Beschäftigten immer höher geworden. Außerdem ersetzt die Technik auch und vor allem in der Landwirtschaft heute einen Großteil der Aufgaben, die früher Landarbeiter übernommen haben. Selbst diese, einst vorwiegend unausgebildet, müssen heute viel qualifizierter sein, vor allem im technischen und digitalen Bereich.

Wie alle Branchen muss heute auch die Landwirtschaft Verständnis für ökologische Notwendigkeiten und für den Wunsch nach hoher Lebensqualität für alle aufbringen. Die Ansprüche an Arbeits-, Verdienst- und Freizeitbedingungen sind gestiegen und finden sich zum Teil auch in der Gesetzgebung wieder. Diese Einsichten haben sich in uns, den Nachfolgern der neuen Generation, manifestiert.

Die Mitarbeiter sind das wertvollste Asset in jedem Betrieb; der Dreh- und Angelpunkt, damit alles so effizient wie möglich funktioniert. In der Landwirtschaft ist besonders der Erfolg der Feldarbeit abhängig vom Wissen, der Einsatzbereitschaft und der Teamfähigkeit eines jeden Mitarbeiters. Als Arbeitgeber sehe ich es deshalb nicht nur als meine Aufgabe an, meiner Belegschaft einen guten, gesundheitlich verträglichen und Befriedigung verschaffenden Arbeitsplatz zur Verfügung zu stellen. Ich sehe mich auch in der Verpflichtung gegenüber ihren Familien.

Ich setze geschätzte 20 Prozent meiner Kraft und Zeit dafür ein, dass unsere Arbeitsplätze auf der Basis von Nachhaltigkeit und geeigneten Voraussetzungen für die Gesundheit erhalten bleiben. Wir investieren einiges in den Arbeitsschutz und haben die Erfahrung gemacht, dass Weiterbildungsmöglichkeiten unsere Mitarbeiter motivieren. Wir lassen sie sorgfältig im Umgang mit den modernen Maschinen schulen und führen auch viele Feedback-Gespräche. Die jüngere Generation unserer Beschäftigten verlangt uns dies auch aktiv ab. Beide Seiten profitieren davon.

Wirtschaften im Zusammenhang von Nachhaltigkeit und Klimaneutralität

Eine meiner Hauptaufgaben sehe ich darin, meinem Betrieb ein gewisses Maß an Unabhängigkeit zu verleihen. So wollen wir ressourcenschonender und energiesparender arbeiten. Eine Herausforderung ist dabei, die Vorgaben der aktuellen Gesetzgebung in Bezug auf nachhaltige und klimaneutrale Gesichtspunkte zu erfüllen.

Vereinzelte ökologische Ansätze in der Landwirtschaft sind bei uns in Schleswig-Holstein im vergangenen Jahrhundert an zu wenig ausgereifter Technik gescheitert und blieben deshalb nicht nachhaltig. Heute werden derartige Projekte zum Teil relativ gut vom Staat unterstützt. Wir planen beispielsweise im Moment eine Photovoltaik-Anlage auf unserem Maschinenhallendach. Ihren »grünen Strom« werden wir für unsere Getreidetrocknungsanlage nutzen.

In Mecklenburg, unserem zweiten Betrieb, den mein Vater 1992 zukaufen konnte, haben wir vor, mit der Abwärme einer benachbarten Biogasanlage unser feuchtes Getreide und den Raps während der Ernte zu trocknen.

Auf unserem Gutshof in Schleswig-Holstein sanieren wir die denkmalgeschützten Gebäude nach und nach energetisch, indem wir Feuchtigkeitssperren und bessere Dämmung verbauen. Wir haben außerdem die bisherige Ölheizungsanlage durch ein Blockheizkraftwerk mit Kraft-Wärme-Kupplung ersetzt. Dadurch sind wir zwar immer noch abhängig, aber nun nicht mehr vom Öl, sondern vom immerhin umweltschonenderen Gas. Dafür müssen wir aber keinen Strom mehr zukaufen und produzieren ihn nun selbst.

Auch im Bereich Feldarbeit werden die Vorgaben bei Ökologie und Nachhaltigkeit größer. Immer mehr Pflanzenschutzmittel werden verboten, und die neue Düngeverordnung greift erheblich in unsere bisherige Wirtschaftsweise ein; besonders in den Bereichen, die nur mit reduziertem Stickstoff gedüngt werden dürfen. Eine der größten Herausforderungen ist ab 2023 der Wegfall von Glyphosat als Pflanzenschutzmittel. Das wird dazu führen, dass wir uns mehr mit der mechanischen Unkrautregulierung beschäftigen werden.

Wir haben das Glück, dass die Technik in der Landwirtschaft im Vergleich zu anderen Branchen wie etwa dem Bergbau deutlich weiterentwickelt ist. So setzen wir auf unserem Hof heute schon selbstfahrende Arbeitsmaschinen ein. Auch der Beschluss über die Wasserstoffstrategie in Schleswig-Holstein wird uns weiterbringen. Von der Landesregierung im vergangenen Jahr (2020) gefasst, könnte er mit seinem progressiven Ansatz der Förderung von wasserstoffgetriebenen und autonom fahrenden Traktoren den Rahmen für eine nachhaltigere und klimaneutralere Landwirtschaft setzen.

Chancen der Zukunft

Meiner Ansicht nach liegt die größte Chance für landwirtschaftliche Familienbetriebe im wachsenden Bewusstsein der Menschen für den ländlichen Raum. Das hat zum einen viele emotionale Aspekte, befördert aber auch ganz konkret die Beliebtheit heimischer und regionaler Lebensmittel. Durch die Coronakrise ist dies auch noch einmal stärker in den Fokus gerückt. Darin sehe ich für unsere Betriebe im Speckgürtel von Hamburg die größten Potenziale. Sie zu erkennen, zu entwickeln und umzusetzen, ist die Aufgabe der nächsten 30 Jahre.

© Nadine Grenningloh Fotografie

PHILIPPA WEIG, Jahrgang 1993, ist Juristin und Gesellschafterin der vierten Generation der inhabergeführten, international agierenden *WEIG-Gruppe*. Gegründet 1931 als Hersteller von Recyclingkarton, bedient WEIG heute die Verpackungs- sowie Baustoffindustrie weltweit. Mit Unternehmen in den Sparten Altpapiersammlung und Recycling, Kartonproduktion und Kartonverarbeitung deckt WEIG die gesamte Wertschöpfungskette ab und realisiert durch den Einsatz von Altpapier als Hauptrohstoff zukunftsweisend eine papierbezogene Kreislaufwirtschaft. An Standorten in Deutschland und Südamerika erwirtschaften 1500 Mitarbeiter einen Umsatz von ca. 600 Millionen Euro. Der Gesellschafterkreis besteht aus 16 Familienmitgliedern.

GEMEINSAME VERANTWORTUNG

Viele Köpfe, eine Aufgabe – wie die Family Business Governance die Familie zur Führung befähigt

Von Philippa Anna Katharina Weig

Familienunternehmen wohnt eine besondere »Kraft« inne. Das Motiv der erfolgreichen Kaufmanns- und Unternehmerfamilie hat nicht nur Eingang in Literatur und Kunst gefunden, sondern ist tief im kollektiven Bewusstsein der Gesellschaft verankert. Zahlreiche Studien betonen den »Erfolgsfaktor Familienunternehmen« und den Beitrag von Familienunternehmen zu Wirtschaft und Gesellschaft.[1] Durch ihren Willen zur Verantwortungsübernahme, die Ausrichtung auf Beständigkeit über Generationen hinweg sowie durch das Bekenntnis zu ethischer Unternehmensführung und wertegeleitetem Handeln schafft die Familie sozial wie ökonomisch einen Mehrwert für das Unternehmen. Das in Unternehmerfamilien typische Denken in Generationen statt in Quartalen führt zu einer auf Langfristigkeit und Nachhaltigkeit ausgerichteten Unternehmensführung. Auch weil die Familie mit ihrem Namen für die Handlungen des Unternehmens sozial haftbar ist, besteht ein unmittelbarer Anreiz für Familie und Unternehmen, sozial und ökologisch verantwortungsvoll zu wirtschaften und mit den zur Verfügung stehenden Ressourcen maßzuhalten. Der Einsatz des eigenen Vermögens schreckt vor allzu riskanten Spekulationen ab. Die familiäre Verbundenheit mit dem Unternehmen schlägt sich zudem in einem besonderen Verpflichtungsgefühl und einer besonderen Fürsorge der Unternehmerfamilie gegenüber ihren Mitarbeitern und deren Familien nieder. Während es für Publikumsgesellschaften zum Trend geworden zu sein scheint, sich ein »Mission Statement«, eine »Corporate Identity« oder Unternehmenswerte zu geben, mit welchen sich Mitarbeiter und Führungskräfte identifizieren sollen und mit denen das Unternehmen am Markt auftritt, ist ein solches Wertesystem über den Faktor Familie einem Familienunternehmen meist schon immanent.

Auf der anderen Seite kennt wohl jeder die Schlagzeilen über Konflikte in Unternehmerfamilien, bei denen persönliche Differenzen nicht selten zu einer ernsthaften Bedrohung für den Fortbestand des Unternehmens werden. Wie ein zunehmendes Desinteresse der Familienmitglieder und der Verlust der Fähigkeit zum Unternehmertum über wenige Generationen zum Zerfall eines Unternehmens führen, hat schon Thomas Mann in den *Buddenbrooks* anschaulich beschrieben.

Welcher Faktoren bedarf es also, damit die Familie im Unternehmen nicht zum Destabilisationsfaktor wird, sondern ihr Potenzial, einen positiven Einfluss auf die Unternehmensgeschicke zu nehmen, entfalten kann? Aus Sicht des Unternehmens und aller Stakeholder ist von höchster Priorität und entscheidender Bedeutung, dass die Unternehmerfamilie entscheidungsfähig ist, also die richtungsweisenden Unternehmensentscheidungen schnell und abgewogen treffen kann. Denn der Familie kommt als Eigentümergemeinschaft in der Gesellschafterversammlung die oberste Entscheidungsgewalt für weitreichende Unternehmensentscheidungen zu. Durch die Berufung und Kontrolle der Geschäftsführung steht die Familie zudem faktisch auch für die operativen Geschicke des Unternehmens in der Verantwortung. Nur wenn die Entscheidungsfähigkeit der Familie sichergestellt und dem Einwirken familiärer Konflikte entgegengewirkt ist, können sich die beschriebenen positiven Faktoren, die eine Familie für ein Unternehmen haben kann, entfalten.

Alle Familienmitglieder trifft daher die gemeinsame Verantwortung, dafür Sorge zu tragen, dass sie als Eigentümergemeinschaft über die ihnen zur Entscheidung gestellten Sachverhalte jederzeit zu einem Konsens gelangen können. Gerade wenn mit den Generationen die Familie wächst und so die Zahl der Anteilseigner immer größer wird,[2] stellt die gemeinsame Entscheidungsfindung die Familie aber immer mehr vor Herausforderungen. In der Gründergeneration und gegebenenfalls noch in den nachfolgenden Generationen ist der Gesellschafterkreis meist (noch) klein, die Entscheidungswege sind kurz und die Familienmitglieder durch eine nahe Einbindung in das Unternehmen in der Regel gut informiert.

Bereits nach wenigen Generationen sieht das Bild häufig ganz anders aus. Die Entscheidungsfindung bedarf der Abstimmung einer Vielzahl von Personen, die zudem durch die Verfolgung eigener Lebenswege fachlich wie emotional immer weiter vom Unternehmen wegrücken. Damit eine gemeinsame Entscheidungsfindung gleichwohl gelingt und die Führung des Unternehmens durch die Familie sichergestellt ist, muss sich die Familie zu einem professionellen und geeinten Kollegium entwickeln, dessen Mitglieder alle zu sachlichem Diskurs fähig sind und ein gleichgerichtetes Ziel verfolgen. Die Maßnahmen, die die Unternehmerfamilie ergreifen kann, um ihre Zusammenarbeit bei der Führung des Unternehmens zu professionalisieren und die Einheit in der Familie langfristig zu erhalten, werden unter dem Stichwort der Family Business Governance zusammengefasst,[3] welche in den vergangenen Jahren in Wissenschaft und Praxis viel Beachtung gefunden hat.

Als wir in unserer Unternehmerfamilie vor circa acht Jahren mit der Erarbeitung unserer eigenen Family Business Governance begonnen haben, geschah dies auch bei uns vor dem Hintergrund einer durch Generationsübergang hervorgerufenen grundlegenden Veränderung der Verantwortlichkeiten und Entscheidungsbefugnisse auf Eigentümerebene. Nach dem Tod meines Großvaters, der unser Familienunternehmen – obschon bereits in zweiter Generation – noch allein und bis zu seinem Lebensende als *pater familias* führte, wurde die Leitungsverantwortung nun auf fünf Gesellschafter verteilt. Und auch die vierte Generation aus elf weiteren Gesellschaftern war bereits im Begriff, sich auf ihre künftige Rolle und die Verantwortung für das Unternehmen vorzubereiten. Die Verteilung von Entscheidungsbefugnissen und Leitungsverantwortung auf mehrere Schultern, mitsamt den damit einhergehenden Herausforderungen, war zu diesem Zeitpunkt nicht mehr bloß theoretischer Natur, sondern bereits Realität. Um das Unternehmen als Familie auch in den nächsten Generationen erfolgreich führen zu können und den Anforderungen des Unternehmens gerecht zu werden, hat die Familie erkannt, dass die auf Unternehmens- und Familienebene bestehenden Strukturen an die durch den wachsenden Gesellschafterkreis bedingte Veränderung der Entscheidungs- und Leitungsstrukturen angepasst werden müssen. Dies ist ein fortwährender Prozess mit zahlreichen Facetten, der seitdem in der einen oder anderen Form unsere familiären Interaktionen stets begleitet.

Aufgrund der hohen Komplexität der sich bei der Unternehmensführung durch die Familie stellenden Fragen möchte ich im folgenden Beitrag lediglich auf einige aus meiner Sicht besonders wichtige Grundvoraussetzungen eingehen, die vonnöten sind, damit die Familienmitglieder im Unternehmen zusammenarbeiten und so gemeinsam Verantwortung übernehmen können. Dies sind professionelle Strukturen auf Unternehmensebene *einerseits* und die »Geeintheit« der Familie und ein gemeinsames Verständnis der Rolle als Unternehmerfamilie *andererseits*.

Die Unternehmerfamilie als professionelles Kollegium

Eine der großen Herausforderungen, mit denen sich Unternehmerfamilien bei der Führung ihres Unternehmens konfrontiert sehen, ist, dass sie als Familie grundsätzlich nicht formal organisiert sind. In Familien erfolgen Kontakt und Kommunikation typischerweise auf sehr informelle, ja emotionale Weise nach persönlich empfundener Nähe und spontanem Impuls. Die Führung eines Unternehmens dagegen setzt klare Kommunikation und Verantwortlichkeiten und eine einheitliche Linie voraus. Greift die Familie nun auch in Erfüllung ihrer unternehmerischen Aufgaben auf diese familiär typischen informellen Kommunikationswege und persönlichen Einflussmöglichkeiten zurück, birgt dies nicht nur Konfliktpotenzial, etwa wenn sich Familienmitglieder übergangen fühlen. Durch unklare Verantwortlichkeiten und zu befürchtende Informationsdefizite besteht zudem die Gefahr, dass die Führung des Unternehmens durch die Familie nicht mehr gewährleistet werden kann. Dieses Problem wird besonders virulent, wenn mit den Generationen die Zahl der partizipationsberechtigten Familienmitglieder zunimmt und damit auch die Komplexität steigt.[4] Ein professioneller Organisationsrahmen auf Unternehmensseite, eine sogenannte Business Governance, ist somit unerlässlich, um die Zusammenarbeit der Familienmitglieder in geordnete Bahnen zu lenken und eine professionelle Führung des Unternehmens durch die Familie sicherzustellen. Klare Strukturen und eine klare Kompetenzverteilung tragen zudem maßgeblich dazu bei, dem Entstehen von Konflikten zwischen Familienmitgliedern entgegenzuwirken, die andernfalls womöglich die Existenz des Unternehmens zu gefährden drohen.

Bei der Gestaltung des Organisationsrahmens bietet das Gesellschaftsrecht der Unternehmerfamilie Spielräume. Diese sollte sie nutzen, um die Führungsstrukturen ihres Unternehmens nach ihren individuellen Bedürfnissen so zu gestalten, dass sie ihrer Leitungsfunktion dienen und eine professionelle und fruchtbare Zusammenarbeit aller Stakeholder ermöglichen. Dabei sollte insbesondere in den Blick genommen werden, wie eine faire Partizipation möglichst aller Familienmitglieder gewährleistet wird, der Entstehung und Einwirkung von Konflikten entgegengewirkt wird und durch gegenseitige Kontrolle und Beratung Fehlentscheidungen möglichst vorgebeugt werden kann. So kann etwa durch die Einrichtung eines Aufsichtsrates neben der Gesellschafterversammlung die Kontrolle der Geschäftsführung im

Interesse der Eigentümerfamilie verstärkt und professionalisiert werden. Durch die Befassung verschiedener Beratungs- und Entscheidungsgremien mit komplexen Geschäftsführungssachverhalten kann Unsicherheit reduziert und Fehlentscheidungen vorgebeugt werden.[5] Die Einrichtung von fachspezifischen Ausschüssen im Gesellschafterkreis kann zudem eine Chance sein, die im Familienkreis mitunter vorhandenen Fachkompetenzen in der Vorbereitung komplexer Entscheidungssachverhalte zu nutzen und so die Effizienz und Professionalität der Entscheidungsfindung in der Gesellschafterversammlung zu erhöhen.[6] Die Bestimmung klarer Informationskanäle ist überdies Voraussetzung für eine gleichberechtigte Partizipation aller Familienmitglieder und für einen informierten und sachlichen Meinungsaustausch.

Die Möglichkeiten, die sich Unternehmerfamilien eröffnen, sind zahlreich. Welche Organisationsstruktur im Einzelfall sinnvoll ist, wird letztlich maßgeblich davon abhängen, wie die Eigentumsverhältnisse in der Familie beschaffen sind, welche fachlichen Kompetenzen im Familienkreis vorhanden sind und ob die Geschäftsführung durch ein Familienmitglied oder einen Familienfremden erfolgt. In jedem Fall sollte die Business-Governance-Struktur nicht als starres Gerüst verstanden werden, sondern regelmäßig auf ihre Eignung, die Familie zu einer effizienten und interessengerechten Führung des Unternehmens zu befähigen, überprüft und gegebenenfalls angepasst werden. So sieht beispielsweise auch unser im Rahmen des Family-Business-Governance-Prozesses erarbeiteter Familienkodex eine Überarbeitung in regelmäßigen Zeitabständen vor.

Zudem sollte Professionalität stets das Leitbild bei der Errichtung jeder Business-Governance-Struktur sein. Sie darf der Professionalität in Publikumsgesellschaften in nichts nachstehen.[7] Dies beinhaltet insbesondere, dass auch an die Besetzung der Unternehmensgremien rein professionelle Maßstäbe zu setzen sind. Je nach Kompetenz im Familienkreis und je nach Zusammensetzung der vorhandenen Organisationsgremien kann es daher auch erforderlich und sinnvoll sein, einem

Familienfremden gegenüber einem Familienmitglied bei der Besetzung von Aufsichts- und Beratungsgremien sowie in der Geschäftsführung den Vorzug zu geben. Nach dem Motto »Fremde kontrollieren Familie besser und Familie kontrolliert Fremde besser« kann dies zu einer effizienteren und sachlicheren Unternehmensleitung führen.[8] Die Bereitschaft der Familie, »Macht« aus der Hand zu geben, bedeutet unter diesem Blickwinkel nicht einen »Machtverlust«, sondern einen Gewinn an Expertenwissen und Objektivität in der Entscheidungsfindung.

Unabhängig davon, ob externes Expertenwissen in den Leitungsgremien vorhanden ist, ist es jedoch von entscheidender Bedeutung, dass auch die Familienmitglieder in ihrer Rolle als Gesellschafter die notwendige fachliche Kompetenz und Professionalität mitbringen. Denn jede Organisation ist nur so gut wie die Menschen, die in ihr wirken. Professionelle Organisationsstrukturen versagen, wenn die Familienmitglieder nicht fähig sind, unter Ausschluss persönlicher Verstrickungen sachlich und konstruktiv zusammenzuarbeiten.

Die Familienmitglieder sind als Gesellschafter dafür verantwortlich, die strategische Ausrichtung des Unternehmens vorzugeben, die Geschäftsführung zu kontrollieren und über die Personalia der Geschäftsführung und – soweit bestehend – von Aufsichts- und Beratungsgremien zu entscheiden. Durch die Untrennbarkeit von Familie, Eigentum und Unternehmen kann sich kein Mitglied der Unternehmerfamilie dieser Verantwortung entziehen. Unabhängig von seinem persönlichen und beruflichen Lebensweg hat sich daher jedes Familienmitglied konstant weiterzubilden, um die ihm zur Entscheidung gestellten Sachverhalte bewerten zu können und die richtigen Fragen zu stellen.

Notwendig ist neben soliden betriebswirtschaftlichen, juristischen und gegebenenfalls technischen Grundkenntnissen natürlich auch ein Verständnis für das Produkt und den Markt. Bereits im Gesellschafterkreis vorhandene Fachkompetenz entpflichtet den einzelnen Gesellschafter dabei nicht davon, sich über die Unternehmenssachverhalte ein eigenes Bild zu verschaffen. Zwar ist gegenseitiges Vertrauen im

Gesellschafterkreis unerlässlich für eine fruchtbare und konstruktive Zusammenarbeit. Vertrauen darin, dass die Mitgesellschafter (ebenfalls) das Beste für das Unternehmen und die Familie im Sinn haben und ihr Handeln danach ausrichten, ist essenziell. Der Verantwortung als Gesellschafter wird ein Familienmitglied jedoch dann nicht gerecht, wenn Vertrauen in blindes Vertrauen umschlägt und keine eigene Meinungsbildung mehr stattfindet. Denn gemeinsame Verantwortung bedeutet auch, dass jeder Einzelne Verantwortung übernimmt.

Für eine professionelle Zusammenarbeit ist zudem von zentraler Bedeutung, dass den Familienmitgliedern ihre spezifische Rolle und Funktion im Unternehmen bewusst ist und sie die damit einhergehenden Aufgaben und Kompetenzen genau kennen. Das mag banal klingen, ist aber gerade in wachsenden Unternehmerfamilien mit immer komplexer werdenden organisationsrechtlichen Strukturen ein entscheidender Punkt für eine professionelle Führung des Unternehmens. Denn nur dann, wenn die Familienmitglieder genau wissen, welche Entscheidungsbefugnisse bei ihnen liegen und welche Entscheidungen mitunter anderen Gremien und Personen obliegen, kann erfolgreich und konstruktiv zusammengearbeitet werden. Während in der Gründergeneration und möglicherweise folgenden Generationen Geschäftsführungs- und Gesellschafterpositionen häufig in einer oder zwei Personen vereint sind, alle Entscheidungsbefugnisse also in einer Hand liegen, verlagert sich die Aufgabe der Familie von Generation zu Generation häufig zunehmend in die Gremien der Gesellschafterversammlung und des Aufsichtsrates.[9] Den Familienmitgliedern kommt nicht mehr die gleiche »allumfängliche Macht« im Unternehmen zu, wie sie diese vielleicht noch von ihren Eltern oder Großeltern kannten. Versucht die Familie gleichwohl, »in alter Manier« jegliche alltägliche Unternehmensentscheidung zu kontrollieren, wird dies nicht nur zu einer Lähmung der Geschäftsführung, sondern auch zu Konflikten führen.

Die Professionalität in der Entscheidungsfindung verlangt von den Familienmitgliedern daneben auch, dass sie sich von familiären Zwängen und Erwartungshaltungen emanzipieren. Im Kontext des Unternehmens kommen die Familienmitglieder professionell als Eigentümer zusammen. Man ist nicht mehr in erster Linie Vater, Tochter, Tante, Bruder oder Cousin, sondern Mitgesellschafter und trägt in dieser Funktion Verantwortung für die bestmöglichen Unternehmensentscheidungen. Persönliche Allianzen und Interessen, familiäre Verstrickungen und Angst vor familiärer Abstrafung haben bei sachlichen Unternehmensentscheidungen nichts zu suchen.

Alle Familienmitglieder müssen daher lernen, zwischen ihren Rollen als Gesellschafter auf der einen und als Familienmitglieder auf der anderen Seite klar zu trennen. Wenngleich schwierig, so kann diese Rollenklarheit durch geschulte Kommunikation und Reflexion durchaus gelingen. Bei allen Kontakten sollten die Familienmitglieder sich fragen: »Welchen Hut habe ich gerade auf?« Die Reflexion über die sachliche Rolle als Gesellschafter befähigt die Familienmitglieder zudem, Meinungspluralismus und eine kritische Auseinandersetzung mit den unterschiedlichen Meinungen nicht als persönlichen Angriff, sondern als Chance zu begreifen. Gepaart mit einer sachlichen und unvoreingenommenen Kommunikation ist die Rollenklarheit damit Voraussetzung dafür, dass Unternehmensentscheidungen frei von Emotionalität diskutiert und einem Konsens zugeführt werden können.

Die geeinte Unternehmerfamilie

Damit die Familie ihren Leitungsaufgaben gerecht werden kann, ist es zudem erforderlich, dass sie zusammenhält und vereint hinter dem Unternehmen steht. Denn nur wenn die Familie an einem Strang zieht und die Führung des Unternehmens als gemeinsame Aufgabe begreift, der sich alle Familienmitglieder gleichermaßen verpflichtet fühlen, kann eine langfristig stabile Führung des Unternehmens gelingen und dem Entstehen destruktiver Konflikte entgegengewirkt werden. Einigkeit macht stark! Gute persönliche Beziehungen zwischen den Familienmitgliedern sowie die Identifikation mit der gemeinsamen Aufgabe sind dabei genauso wesentlich wie die Einigkeit über die Ziele und Grundfragen der unternehmerischen Betätigung der Familie.

In der Gründergeneration und in den darauffolgenden Generationen haben die Familienmitglieder typischerweise noch einen sehr unmittelbaren Zugang zum Unternehmen, sind häufig selbst auch operativ im Unternehmen tätig oder sind zumindest mit einem operativ tätigen Elternteil aufgewachsen. Die persönlichen Beziehungen der Familienmitglieder untereinander sowie die empfundene Identifikation mit dem Unternehmen sind in der Regel stark. Auch der unternehmerische Auftrag der Familie und die eigentlichen Ziele ihrer unternehmerischen Betätigung sind in diesen Generationen für alle Familienmitglieder noch weitestgehend selbstverständlich.

Wird die Familie jedoch mit den Generationen immer größer, werden die Bindungen untereinander und zum Unternehmen immer lockerer. Die Identifikation mit der Führung des Unternehmens als gemeinsamer Auftrag nimmt immer mehr ab. Die Verfolgung eigener Lebenswege führt die Familienmitglieder häufig nicht nur räumlich vom Unternehmen weg, sondern bringt auch eine Verschiebung der persönlichen Prioritäten und Interessen mit sich. Die Pflege entfernter Verwandtschaftsbeziehungen sowie der Einsatz für das Unternehmen binden Zeit und Kraft, die die Familienmitglieder in ihrem Alltag mitunter nur schwerlich erübrigen können oder wollen. Mit zunehmender Zersplitterung der Anteile sinkt für die Familienmitglieder zudem auch der finanzielle Nutzen einer Betätigung für das Unternehmen. Folgen einer einsetzenden Entfremdung können Desinteresse der Gesellschafter oder tiefgreifende Konflikte innerhalb des Gesellschafterkreises sein, der es nicht mehr schafft, sich auf einen gemeinsamen Weg zu einigen.[10] Beides lässt das Unternehmen gleichermaßen führungslos zurück. Die Unternehmerfamilie steht daher in der Verantwortung, geeignete Maßnahmen zu ergreifen, um dem entgegenzuwirken.

Um eine anhaltende Bereitschaft der Familienmitglieder zur Verantwortungsübernahme zu erreichen und sie zur gemeinsamen Führung des Unternehmens zu befähigen, ist es wichtig, dass sich die Familie im Rahmen einer sogenannten Family Governance mit den Grundfragen und Zielen ihrer unternehmerischen Betätigung auseinandersetzt und dabei insbesondere einen gemeinsamen Sinn ihres unternehmerischen Handelns erarbeitet.

Der viel zitierte Satz des Soziologen Walter Böckmann »Wer Leistung fordert, muss Sinn bieten«[11] ist auch für die Unternehmerfamilie relevant. Häufig wird in Unternehmerfamilien zwar bereits ein gelerntes und übernommenes Pflicht- und Verantwortungsgefühl gegenüber dem Unternehmen in hohem Maße vorhanden sein, welches Ausgangspunkt jeglichen Einsatzes für das Unternehmen darstellt. Jedoch nicht nur dann, wenn sich Familienmitglieder mit den Generationen immer weiter vom Unternehmen entfernen, ist das Bewusstsein für einen gemeinsamen Sinn und einen familiären Auftrag entscheidender Faktor dafür, dass alle Familienmitglieder jederzeit – auch in Krisensituationen – ohne Wenn und Aber hinter dem Unternehmen stehen. Das Wissen um eine sinngetragene gemeinsame Aufgabe stellt einen Identifikationsanker dar und ist Schlüssel zu familiärem Zusammenhalt und einer dauerhaften Motivation der Familienmitglieder.

Ein gemeinsames Verständnis von Sinn und Zielen der unternehmerischen Tätigkeit ist aus meiner Sicht ferner Grundvoraussetzung dafür, dass die Familie überhaupt fähig ist, über konkrete Unternehmensentscheidungen Konsens zu bilden. Denn es dürfte einleuchten, dass Einigkeit bezüglich einzelner Unternehmensentscheidungen kaum zu erreichen ist, wenn über die Grundfragen der familiären Vision und des Selbstverständnisses der Familie keine Klarheit und kein Einvernehmen besteht. Die besondere Tücke liegt dabei darin, dass den Familienmitgliedern häufig gar nicht bewusst sein wird, dass sie bereits in den Grundfragen divergieren. Liegen solche Divergenzen nicht offen, können logischerweise auch die konkreten Meinungsverschiedenheiten nicht aufgelöst werden.

Überzeugungsarbeit in der Sache fruchtet meist nicht, und ein Kompromiss ist bei konträrem Grundverständnis kaum zu erreichen.

Bei der Erarbeitung eines gemeinsamen, sinnstiftenden unternehmerischen Auftrages hat sich die Familie insbesondere mit den folgenden Grundfragen auseinanderzusetzen: Warum sind wir unternehmerisch tätig? Was ist unser Selbstverständnis? Wofür stehen wir als Familie und als Unternehmen? Welche Werte definieren uns? Welches Ziel verfolgen wir als Familie und als Unternehmen? Wie sollen unsere Familie und unser Unternehmen langfristig aussehen?

Vordergründig scheint die Beantwortung dieser Fragen wohl häufig durchaus einfach. Denn bei den meisten Familienmitgliedern wird bereits durch die Erziehung ein Grundverständnis für das Unternehmertum und die familiären Werte vorhanden sein. Geht man aber in die Tiefe, kann sich zeigen, dass die Vorstellungen von dem unternehmerischen Auftrag und die Auslegung der familiären Werte innerhalb der Familie mitunter auseinandergehen. Es lohnt daher, sich intensiv und offen mit den Fragen auseinanderzusetzen und so zu einem gemeinsamen Verständnis zu gelangen. Eine grundlegende Befassung mit den Fragen ist auch deshalb zentral, da so lang entstandene und gegebenenfalls überkommene Muster und Vorstellungen aufgebrochen werden können und auf ihre Zeitgemäßheit und den fortdauernden Nutzen für die Familie und das Unternehmen hinterfragt werden können.

Im Erarbeitungsprozess ist es zudem aus meiner Sicht besonders wichtig, möglichst viele Familienmitglieder einzubinden. Denn nur dann, wenn sie den Sinn ihrer gemeinsamen unternehmerischen Tätigkeit auch als ihren eigenen begreifen, kann er seine Wirkkraft als Identifikationsanker entfalten. Gerade die Einbindung der Nachfolgegeneration ist wesentlich. Sie gilt es schließlich dauerhaft an die Familie und an das Unternehmen zu binden und für ihre künftige Aufgabe als Gesellschafter oder in anderer Funktion im Unternehmen zu begeistern. Mögliche Konflikte und verhärtete Ansichten, die sich im Altgesellschafterkreis mitunter über Jahre aufgebaut haben, tragen sich bei Einbezug der jungen Generation in den Erarbeitungsprozess nicht zwangsweise fort. Der frische Blick der nachfolgenden Generation kann für die gesamte Unternehmerfamilie Anstoß sein, sich mit den Grundfragen des Familienunternehmens tatsächlich ergebnisoffen zu befassen, und einen in die Zukunft gerichteten Blick der Familienausrichtung gewährleisten.

Am Ende der Auseinandersetzung mit den Grundfragen steht eine Familienstrategie beziehungsweise eine Familienverfassung. Diese vermittelt den Familienmitgliedern nicht nur Sinn und Identifikation, sondern gibt durch die Definition von Selbstverständnis, Werten und Zielen konkrete Leitplanken vor, an denen die Familienmitglieder ihr Handeln als Gesellschafter sowie die Unternehmensentscheidungen messen können.[12] Die Auseinandersetzung mit den Grundfragen befähigt die Familie damit insbesondere auch dazu, das Unternehmen kohärent und werteorientiert zu führen. Die Unternehmensstrategie hat sich nach den definierten Zielen und Werten der Familie auszurichten.

Der geschaffene Sinn, die Werte und die Einigkeit in der Familie müssen aber auch gelebt werden. Es ist insofern wichtig, dass auch die persönlichen Bindungen der Familienmitglieder untereinander gestärkt werden. Wenn sich die Familie persönlich gut versteht und offen und vertrauensvoll kommunizieren kann, kann sie auch in einem professionellen Kontext besser zusammenarbeiten. Denn eine professionelle Distanz, wie sie in Arbeitsverhältnissen mit der Forderung nach einer »strikten Trennung von Beruf und Privatem« gern als Grundvoraussetzung für Effizienz und Erfolg propagiert wird, wird es in Unternehmerfamilien – jedenfalls solange die Familie nicht bereits Hunderte Familienmitglieder zählt – nicht geben. Die Alternative zu einer guten Beziehung ist häufig allein die schlechte Beziehung.

Eine gute persönliche Beziehung der Familienmitglieder untereinander besetzt den Einsatz für das Unternehmen daneben auch mit einem emotionalen Wert und ist somit wesentlicher Treiber von Motivation und Verantwortungsgefühl. Die Familie kommt daher nicht umhin, Maßnahmen zu ergreifen, um die persönlichen Beziehungen trotz des abnehmenden Verwandtschaftsgrades zu fördern. Alljährliche Familientage oder -wochenenden, an denen die gesamte Familie an einem Ort zusammenkommt, bieten nicht nur Chance für gemeinsame Erinnerungen und Austausch, sondern können zudem genutzt werden, um den Familienmitgliedern verschiedene Unternehmensbereiche näherzubringen. Sie tragen so auch zur Kompetenzsteigerung der Familie bei. Innergenerationale Treffen, etwa Ausflüge oder gemeinsame Urlaube der Nachfolgegeneration, können einem Denken in Familienstämmen (»wir« und »die«) entgegenwirken und das Gefühl der Gemeinschaft stärken. Zudem bieten die in Zeiten von Corona und Kontaktbeschränkungen trainierten digitalen Kommunikationswege auch zukünftig eine Möglichkeit, trotz voller Terminkalender und räumlicher Trennung in persönlichem Kontakt zu bleiben. Warum »trifft« man sich nicht regelmäßig zu einer gemeinsamen Videokonferenz und tauscht sich darüber aus, was die Cousine im Auslandssemester erlebt oder wie die Masterarbeit des Cousins läuft? Die Möglichkeiten, die sich Unternehmerfamilien bieten, sind zahllos. Wichtig dürfte in erster Linie nur sein, dass die Zusammenkünfte zum festen Bestandteil im Kalender jedes Familienmitgliedes werden.

Fazit

Die gemeinsame Verantwortungsübernahme im Unternehmen stellt die Unternehmerfamilie vor vielfältige Herausforderungen. Es liegt in der Verantwortung der Familie sowohl auf Unternehmens- als auch auf Familienebene, geeignete Strukturen und Rahmenbedingungen zu schaffen, mithilfe derer die Familie das Unternehmen in eine erfolgreiche Zukunft führt. Einigkeit über den gemeinsamen unternehmerischen Auftrag sowie ein gemeinsamer Sinn dienen dabei genauso der Herstellung von Entscheidungsfähigkeit wie die Kompetenz jedes einzelnen Familienmitglieds und die Errichtung professioneller

Organisationsstrukturen. Ganz gleich, welcher Werkzeuge sich die Familie aus dem Repertoire der Family Business Governance bedient, sie sind Grundvoraussetzung dafür, dass die Familienmitglieder gemeinsam Verantwortung übernehmen können.

Weiterführende Literatur

Kirchdörfer, Rainer/Lorz, Rainer: Corporate Governance in Familienunternehmen, Familienverfassungen und Schnittstellen zum Gesellschaftsvertrag, in: Tom A. Rüsen, Arist von Schlippe (Hrsg.), Dynamiken in Familie und Unternehmen, Sammel-Bd. 3, Göttingen 2017, S. 195 ff.

Koeberle-Schmid, Alexander/Fahrion, Hans-Jürgen/Witt, Peter (Hrsg.): Family Business Governance – Erfolgreiche Führung von Familienunternehmen, 3. Aufl., Berlin 2018.

von Schlippe, Arist/Groth, Thorsten/Rüsen, Tom A.: Die beiden Seiten der Unternehmerfamilie – Familienstrategie über Generationen, 2. Aufl., Göttingen 2018.

Anmerkungen

1   Vgl. zur ökonomischen Bedeutung von Familienunternehmen in Deutschland etwa: Stiftung Familienunternehmen (Hrsg.): Die volkswirtschaftliche Bedeutung der Familienunternehmen, 5. Aufl., erstellt vom ZEW – Leibniz-Zentrum für Europäische Wirtschaftsforschung Mannheim und vom Institut für Mittelstandsforschung Mannheim, München 2019, www.familienunternehmen.de/de/wissenschaftliche-arbeit-und-foerderung/studien, letzter Aufruf am 26.2.2021.

2   Eine steigende Anzahl von Gesellschaftern ist nicht nur mit zunehmender Unternehmensgröße, sondern auch mit höherem Unternehmensalter wahrscheinlich, Peter Jaskiewicz, Dirk Schiereck und Peter May: Nicht aktive Gesellschafter in Familienunternehmen – im Spannungsfeld zwischen Familienzugehörigkeit und Unternehmenskontrolle, ZfKE, 2006, S. 175 ff., III. 2.

3 Vgl. Alexander Koeberle-Schmid, Hans-Jürgen Fahrion und Peter Witt: Family Business Governance als Erfolgsfaktor von Familienunternehmen, in: dies. (Hrsg.), Family Business Governance, 3. Aufl. 2018, S. 26 ff.

4 Dies wird auch empirisch belegt, vgl. hierzu Tom A. Rüsen, Arist von Schlippe und Alberto Gimeno: Strukturelles Risiko und mentale Modelle in Familienunternehmen, in: Tom A. Rüsen, Arist von Schlippe (Hrsg.), Dynamiken in Familienunternehmen, Bd. III, 2017, S. 47.

5 Weiterführend zu der Bedeutung und Ausgestaltung von Aufsichts- und Beratungsgremien in Familienunternehmen Alexander Koeberle-Schmid: Professionelle Aufsichtsgremien: Aufgaben, Typen und Ausgestaltung, in: Koeberle-Schmid, Fahrion und Witt (Hrsg.), Family Business Governance, 3. Aufl. 2018, S. 141 ff.

6 Weiterführend zu den vielfältigen Funktionen von Gesellschafterausschüssen Klaus Brockhoff, Alexander Koeberle-Schmid: Gesellschafterausschuss als zentrales Gremium zur Organisation der Familie, in: Koeberle-Schmid, Fahrion und Witt (Hrsg.), Family Business Governance, 2010, S. 257 ff.

7 Dies betonen auch Wissenschaft und Praxis, vgl. etwa Alexander Koeberle-Schmid, Peter Witt und Hans-Jürgen Fahrion: Family Business Governance als Erfolgsfaktor von Familienunternehmen, in: dies. (Hrsg.), Family Business Governance, 3. Aufl. 2018, S. 26.

8 Eingehend zur Korrelation der Besetzung von Geschäftsführungs- und Aufsichtsgremien Alexander Koeberle-Schmid: Professionelle Aufsichtsgremien: Aufgaben, Typen und Ausgestaltung, in: Koeberle-Schmid, Fahrion und Witt (Hrsg.), Family Business Governance, 3. Aufl. 2018, S. 160 f.

9 In diese Richtung weist auch die Untersuchung von Peter Jaskiewicz, Dirk Schiereck und Peter May: Nicht aktive Gesellschafter in Familienunternehmen – im Spannungsfeld zwischen Familienzugehörigkeit und Unternehmenskontrolle, ZfKE, 2006, S. 175 ff., III. 2.

10 Eingehend zu Herausforderungen und Dynamiken wachsender Unternehmerfamilien Andreas Hack, Jennifer Meyer: Gründe für eine spezielle Governance von Familienunternehmen, in: Koeberle-Schmid, Fahrion und Witt (Hrsg.), Family Business Governance, 3. Aufl. 2018, S. 56 ff.

11 Walter Böckmann: Wer Leistung fordert, muss Sinn bieten, Düsseldorf 1984.

12 Typischerweise werden in der Familienverfassung zudem die Business-Governance-Struktur vorgezeichnet sowie Regelungen zu Konfliktmanagement, Unternehmensnachfolge und dem Gesellschafteraustieg getroffen, vgl. hierzu eingehend Alexander Koeberle-Schmid, Peter Witt und Hans-Jürgen Fahrion: Die Governance eines Familienunternehmens zusammengefasst in der Family Business Governance-Verfassung, in: dies. (Hrsg.), Family Business Governance, 3. Aufl. 2018, S. 445 ff.

PHILIP HITSCHLER-BECKER, Jahrgang 1987, ist in vierter Generation geschäftsführender Gesellschafter des 1929 von Ferdinand Hitschler
gegründeten Kölner Süßwarenunternehmens. Die *hitschler International GmbH & Co. KG* beschäftigt 150 Mitarbeiter und produziert
ein buntes Sortiment bestehend aus »Hitschies«-Kaubonbonstäb-
chen, Bunte Schnüre, Brause UFOs und Mäusespeck, auch Mallows
genannt. Vor seinem Eintritt in das familiengeführte Unternehmen
studierte Philip Hitschler-Becker Business Administration in den Niederlanden und Australien, dem eine mehrjährige Berufserfahrung im
In- und Ausland folgte.

SÜSSE VERANTWORTUNG

Von Philip Hitschler-Becker

Der Ursprung unseres Familienunternehmens und mein Weg in die »süße Welt«

Vor mehr als 100 Jahren gründete mein Urgroßvater Ferdinand Hitschler unser Familienunternehmen. Als Handelsreisender mit Cachou und Kautabak war er im ganzen Land unterwegs. Im Jahre 1918 lernte er in Köln meine Urgroßmutter Elisabeth Bauer kennen, gründete eine Familie und setzte den Grundstein für die Firma *Hitschler* in Köln. Diese war seinerzeit eine reine Großhandels- und Vertriebsgesellschaft.

Sein Sohn und mein Großvater Walter Hitschler stieg nach seiner Rückkehr aus der Kriegsgefangenschaft 1947 ins elterliche Unternehmen ein. Infolgedessen erweiterte sich die Produktpalette um Kaugummi, den mein Großvater während des Zweiten Weltkrieges durch die Amerikaner kennengelernt hatte. Schließlich wurde der Kontakt nach Michelstadt, einer Kleinstadt im südhessischen Odenwaldkreis, geknüpft, weil es dort einen kleinen Produktionsbetrieb gab, der Kaugummikugeln und Kaugummidragees herstellte.

Im Jahr 1953 verstarb mein Urgroßvater Ferdinand leider plötzlich und unerwartet, sodass mein Großvater bereits im Alter von 31 Jahren gezwungen war, das Unternehmen allein zu führen.

Aufgrund der anfänglichen Erfolge mit dem Vertrieb von Kaugummi in Deutschland erhielt mein Großvater Walter Mitte der 1950er-Jahre eine Anfrage aus Amerika, ob er auch Wrigley's Chewing Gum in Deutschland verkaufen wolle. Das Kaugummigeschäft war damals noch in den Anfängen und in Deutschland noch nicht besonders populär. Trotzdem vertraute mein Großvater darauf und nahm das Angebot an. Dieses Engagement bedeutete viel Arbeit, führte aber auch zum Erfolg. Die Wende kam 1960, als sich eine Wrigley's-Tochter aus England in Düsseldorf etablierte und Wrigley's den Vertrieb in eigene Hände nehmen wollte. Im Zuge dessen erhielt mein Großvater das attraktive Angebot, für Wrigley's zu arbeiten. Dieses lehnte er jedoch ab, da die Selbstständigkeit in unserer Familie schon immer eine hervorgehobene Stellung genoss. Er entschloss sich aber nicht nur, das Angebot von Wrigley's abzulehnen, sondern auch, die kleine Kaugummifabrik in Michelstadt, die bis heute noch existiert, zu kaufen. Im Jahr 2019 haben wir die Kaugummiproduktion allerdings verlagert, um in Michelstadt Platz für unsere allseits beliebten *Hitschies* zu schaffen. Diese hat mein Großvater Mitte der 1970er-Jahre erfunden, bis heute werden sie in vielen Ländern genascht. Menschen aus mittlerweile 30 Ländern dieser Welt haben dabei die Wahl aus inzwischen 150 Artikeln wie Schnüren, UFOs, Mäusespeck & Co.

Mein Großvater Walter war Produzent und Geschäftsmann durch und durch. An erster Stelle stand stets das Unternehmen, was für die Familie nicht immer leicht war. Bis zu seinem Tod im Jahre 2010 war er täglich von morgens bis abends in der Petersbergstraße, dem Kölner Firmensitz, und trieb dort die Geschäfte voran.

Seit meiner frühesten Kindheit hatte ich eine sehr enge Bindung und Verbundenheit zu meinem Großvater. Er führte mich schon in jungen Jahren in einem intensiven Austausch und vielen Gesprächen an unser Familienunternehmen heran. Noch heute erinnere ich mich an meinen ersten Besuch in Michelstadt, wo ich Hand in Hand mit ihm durch unsere Produktionsstätte lief und er mir voller Stolz alles zeigte und erklärte. Rückblickend war das wohl der Moment, in dem ich mich dazu entschloss, eines Tages selbst auch in dieser bunten, süßen Welt arbeiten zu wollen.

Nach abgeschlossenem Masterstudium und mehrjähriger Berufserfahrung im In- und Ausland habe ich Ende 2017 im Alter von 29 Jahren die Leitung und damit die Verantwortung in unserem Familienunternehmen übernommen. In der Zwischenzeit, das heißt in den Jahren seit dem Tod meines Großvaters bis zu meinem Einstieg, wurde das Unternehmen von externen Interimsgeschäftsführern geführt.

Ich erinnere mich gern an die Zeit, als ich älter wurde und studierte. Mein Großvater, der es liebte zu telefonieren, rief mich fast täglich um 21:30 Uhr auf seinem Heimweg aus dem Auto an. Dabei erkundigte er sich zunächst stets nach meinem Tag. Aus heutiger Sicht muss ich feststellen, dass es im Laufe der Gespräche dann vor allem um unser Unternehmen und das Unternehmertum als solches ging. Dies war für mich eine Schule, die sich im Moment des Lernens nicht wie eine solche anfühlte und für die ich heute sehr dankbar bin.

Neben alldem, was ich von meinem Großvater lernen durfte, gab es aber auch damals schon Aspekte, in denen wir unterschiedliche Auffassungen hatten. Nicht selten muss ich heute schmunzeln, wenn ich im Sommer in kurzen Hosen mit meiner treuen vierbeinigen Begleiterin Lotta ins Büro radle. Das hätte es bei meinem Großvater, der viel Wert auf Anzug und Krawatte legte, nicht gegeben. Ebenso unkonventionell sind im Büroalltag heute unsere Duz-Kultur unter Kollegen und die Anwesenheit unserer Feelgood-Managerinnen Lotta, einer Münsterländerdame, und Emma, einer Zwergrauhaardackeldame. Im ehemaligen Büro in Köln-Klettenberg, das zugleich Geburtshaus meines Großvaters war, konnte man Hunde früher allenfalls aus dem Fenster im nahe gelegenen Park beim Gassigehen beobachten. Der Satz »Jede Zeit hat ihre Manager« steht daher auch für unsere unterschiedlichen Ansätze und Sichtweisen. Die heutigen dynamischen Zeiten müssen auch die Denkweise der Führungskräfte und Unternehmer über Generationen verändern, denn »wer nicht mit der Zeit geht, geht mit der Zeit«. Frei nach dem Motto »besser spät als nie« konnten wir so auch unsere erste Webseite – hitschler.de – erst nach dem Tod meines Großvaters vor zehn Jahren launchen.

Wir – das sind meine Mutter Gabriele Hitschler-Becker in dritter Hitschler-Generation und meine Geschwister Julia (30), Nicolas (27) und ich (33) in vierter Hitschler-Generation – pflegen und schätzen unseren familiären Austausch in jeder Lebens- und Berufslage. Die mittel- bis langfristige Planung und Zielsetzung des Familienunternehmens Hitschler findet gleichermaßen im Meetingraum »Walter« wie auch beim gemeinsamen Mittag- oder Abendessen, auf Spaziergängen mit unseren Hunden oder in regelmäßigen Familienurlauben statt. All das ist unser Verständnis von einem familiengeführten Unternehmen. Jeder von uns hat Ideen und Vorstellungen, die wir stets konstruktiv zusammenzuführen, um den Erfolg des Unternehmens gemeinsam weiterzuentwickeln. Dabei halten wir eine klare Rollenverteilung innerhalb des Unternehmens und der Familie für erfolgsentscheidend.

Süße Verantwortung und süße Leidenschaft

Mein Traum, vielen Menschen das Leben zu versüßen, stand also schon früh fest. Aufgewachsen in einer Unternehmerfamilie, wurde ich bereits als Kind mit dem Rüstzeug, der Denkweise und dem Handeln eines Unternehmers ausgestattet. Wir lernen ein Leben lang, doch einige Dinge werden uns in die Wiege gelegt, so auch meine Leidenschaft für unsere süße und zugleich herausfordernde Unternehmerwelt. Neben den Alltagsthemen drehen sich die Gespräche innerhalb unserer Familie stets um unser Unternehmen, damals wie heute. In meiner Kindheit kam mein Großvater jeden Samstag zu uns zum Frühstück und berichtete von den Geschehnissen der Woche und was in der darauffolgenden Woche anstand. So war ich schon als kleiner Junge stets bestens informiert und konnte mein Wissen über die Jahre stetig auf- und ausbauen. Nach mehrjähriger externer Erfahrung hat auch meine jüngere Schwester Julia ihren Weg in unser Familienunternehmen gefunden und verantwortet den Bereich New Business Development. Daneben sammelte in den letzten zwei Jahren auch mein Bruder Nicolas nach dem Abschluss seines

Masterstudiums bei uns Erfahrung in den Bereichen Projektmanagement und Controlling.

Unternehmer zu sein bedeutet Verantwortung zu übernehmen. Mein Großvater fasste diesen Entschluss mit Ende 20. Ich selbst war auch Ende 20 und entschied mich ganz bewusst zu diesem Schritt. Ein junger Unternehmer beziehungsweise junger Unternehmensnachfolger muss seine Zielgruppe in unserer kompetitiven Branche kennen und verstehen. Auch für die Konsumenten übernimmt man eine gewisse Verantwortung.

In den meisten Stellenausschreibungen wird von potenziellen Arbeitnehmern Verantwortungsbewusstsein erwartet. Was wir in klassischer Human-Ressource-Manier voraussetzen, wird im Umkehrschluss auch von uns als Arbeitgeber verlangt – zu Recht! Vorbei sind die Zeiten, in denen wir uns unnachgiebig auf Verträge und Regelwerke berufen konnten. Längst haben Begriffe wie Corporate Social Responsibility und die Stärkung der sogenannten Soft Skills ihren Weg in die Betriebswirtschaftslehre und unser Unternehmen gefunden. Mehr noch: Verantwortungsbewusstsein gilt als Wettbewerbsvorteil, der von der eigenen Community praktisch in Echtzeit auf den Prüfstand gestellt und medial bewertet wird.

In der Unternehmensnachfolge selbst liegt bereits die Verantwortungsübernahme. Meine Vorfahren haben diese Verantwortung übernommen, die an mich durch die elterliche beziehungsweise großelterliche Prägung weitergegeben wurde. Welche Assoziationen hätte ich zum Kaubonbon, wenn ich wie jeder andere kleine Junge mit meinen zwei D-Mark Taschengeld zum Kiosk gelaufen wäre, um mir eine gemischte Tüte zusammenzustellen? Ich kann sagen genau diejenigen, die auch jeder andere verspürt. Denn genau das habe ich gemacht. Großgeworden sind wir wie andere Kinder, inklusive der Süßigkeitenschublade, aus der es ab und zu etwas Köstliches gab. Kein Schlaraffenland also. Wenn wir unternehmerische Verantwortung mit Existenzsicherung und im weitergefassten Ziel mit Wachstum fortführen, so muss ich feststellen, dass ich untrennbar an das höchste Gut von Hitschler denken muss: die Menschen, die hier zusammenarbeiten. In freier Anlehnung an John F. Kennedy in etwa diesem Sinne: »Frage nicht, was die Mitarbeiter für dich tun können, frage, was du für die Mitarbeiter tun kannst«. Das ist eine meiner wichtigsten Aufgaben.

Die bis dato schwerste vorstellbare Krise erlebte unser Unternehmen zweifelsohne während des Zweiten Weltkriegs. Doch auch die Coronapandemie traf im Jahr 2020 die ganze Welt und damit nahezu alle auf dieser Erde befindlichen Menschen und Industrien hart. Die Coronapandemie stellt unser Verantwortungsbewusstsein als Unternehmer auf eine Probe, der wir mit größter Sorgfalt nachkommen. So arbeiteten unsere Mitarbeiter in der ersten Pandemiewelle bei vollen Bezügen in Kurzarbeit. Denn auch wir wissen, dass eine extra große Tüte Schnüre nicht ausreicht, in hoher Eigenverantwortung gut zu arbeiten und davon zu leben.

Jemand sagte einmal zu mir: »Wenn du das machst, was du liebst, dann arbeitest du keinen einzigen Tag in deinem Leben.« Ich bin sehr froh und dankbar, meine Aufgabe ausüben zu dürfen, denn die Übernahme der Verantwortung basiert auf dem Vertrauen meiner ganzen Familie, was für mich alles andere als selbstverständlich ist. Sie weiß, dass ich Unternehmer mit Leib und Seele bin und aus Leidenschaft handele. Ich gehe Risiken ein und trage die Verantwortung sowie die Konsequenzen. Denn wer nichts wagt, hat schon verloren. Dieser Mut ist der Motor der deutschen Wirtschaft, und wir sind als Bestandteil des deutschen Mittelstandes ein wichtiger Teil davon.

Gleichzeitig ist die globale Entschleunigung durch die Coronapandemie ein Segen für ein anderes weltweites Problem: den Klimawandel. Haben wir uns vorher oft bei seiner Bekämpfung unsicher gefühlt, scheint plötzlich eine (Teil-)Lösung gefunden zu sein, zu der wir erst gezwungen werden mussten. Und wer bei Schlagzeilen wie »Endlich wieder Delfine im Hafen von Venedig« oder »Luft seit Flugpause so rein wie nie« nicht insgeheim ein bisschen aufatmet, der hatte vorher noch nicht realisiert, wie prekär die ökologische Schieflage unseres Planeten ist. Da jede unternehmerische Entscheidung im Gesamtzusammenhang mit dem gesellschaftlichen Kontext getroffen werden muss, spielt auch für uns der Umwelt- und Klimaschutz eine große Rolle: Vom Wasserhahn in den neuen Räumlichkeiten unserer Büros, wo zur Vermeidung von Pfandflaschen »echtes Rheinland-Leitungswasser« samt Luftdruck in Sprudelwasser »verwandelt« wird, bis hin zur eigentlichen Verpackung unserer Produkte, die letztlich beim Endverbraucher auf dem Tisch landen. Für die Kartonagen unserer Produkte nutzen wir zum Beispiel durch das Forest Stewardship Council (FSC) zertifiziertes Papier. Auch beim Thema nachhaltiger und recyclebarer Verpackungen sind wir bereits in Gesprächen und Entwicklungen.

Die tägliche Übernahme von Verantwortung bedarf einer gehörigen Portion »Buntem« – wie einer Tüte voller *Hitschies* eben. »Nasch dein Ding!«, sagen wir dazu.

Süße Führung und New Work

Um Fachkräfte zu gewinnen, muss man sich als Arbeitgeber von den anderen absetzen. Hier geht es in erster Linie darum, ein attraktives Arbeitsumfeld zu schaffen, in das die Mitarbeiter ihre Arbeitskraft voll einbringen können und vor allem auch möchten. Der Führungsstil ist somit zweitrangig. Oder anders gesagt: Führung lebt von der Energie des Teams und dem jeweiligen Coach. Dieses Team auf eine Weise zusammenzustellen, die motivierend ist, Ideen fördert und über positive Verstärkung die Produktivität steigert, ist ebenso herausfordernd wie nachhaltig. So lehren uns Erfahrungen, auch auf unser Bauchgefühl zu hören. Menschen sind keine Maschinen, die man beliebig arrangieren kann.

Hitschler befindet sich seit über drei Jahren im Aufbruch und seit nahezu dieser Zeit im stetigen Wachstum. Mit diesem Tempo Schritt zu halten und gleichzeitig Nahbarkeit und Persönlichkeit beizubehalten, entpuppt sich hier als lösbare Aufgabe. Zum einen liegt der Schlüssel in der Beantwortung der Fragen: Warum? Wofür komme ich jeden Tag ins Büro, und was ist unser Ziel? Was ist unser »Reason why«? Für ein Familienunternehmen zu arbeiten ist etwas ganz Besonderes. Die Größe des Unternehmens spielt dabei aus meiner Sicht keine Rolle. Die meisten Menschen arbeiten nicht nur, um damit ihren Lebensunterhalt zu verdienen, sondern um mitzugestalten und etwas Sinnvolles zu hinterlassen.

Wir können uns glücklich schätzen, von einem Team aus qualifizierten und erfahrenen Mitarbeitern umgeben zu sein, das uns in den vergangenen Jahren seine Erfahrung zugutekommen ließ. An dieser Stelle möchte ich die Gelegenheit nutzen, mich besonders bei meiner Familie, meinen engsten Vertrauten sowie meinem ganzen Team zu bedanken. Ohne sie wären wir heute nicht da, wo wir sind, und könnten die Herausforderungen nicht in der Form meistern, wie wir es tun.

Führung im Familienunternehmen basiert für mich auf einem hohen Maß an Vertrauen, aber auch auf der Fähigkeit, Verantwortung abgeben zu können. Dies fördert nicht nur eigenständiges Arbeiten, sondern vermittelt Zuspruch und motiviert. Empathisch auf Mitarbeiter einzugehen und ihre Bedürfnisse zu erkennen, ist eine der Säulen im Hause Hitschler

Unsere wichtigste Ressource sind und bleiben die Mitarbeiter. Bei deren Schutz spielt im Zuge der Digitalisierung auch das Thema Datenschutz eine wichtige Rolle. Wer hätte vor einem Jahr noch gedacht, dass wir 2020 im Hinblick auf die Digitalisierung eine Probe aufs Exempel machen würden? Von einem Tag auf den anderen standen wir vor der Frage, wie wir der Herausforderung Covid-19 die Stirn bieten und unsere Mitarbeiter bestmöglich schützen können. In Rekordzeit organisierten wir Heimarbeitsplätze und die technischen Voraussetzungen, um erfolgreich und gleichzeitig aus dem Homeoffice arbeiten zu können. Dies ist ein Paradebeispiel für die Volatilität, die Flüchtigkeit unserer Zeit. Der Zusammenhang von Ursache und Wirkung erfordert rasche Entscheidungen und überlegtes Handeln. Wie begegnen wir der radikalen und schnellen Veränderung im Zuge der Pandemie? Die digitale Flexibilität aller Mitarbeiter befähigte uns, das morgendliche Update-Meeting fortan telefonisch durchzuführen und die hybriden Besprechungen und Abstimmungen via Videokonferenz vollziehen zu können. Und dennoch: Kein Bildschirm ersetzt ein persönliches Gespräch unter Kollegen.

Besucher unserer Internetseite oder unseres Werksverkaufs in Hürth können sich ein Bild von unserem »Hitschler-Campus« machen, den wir im Juni 2020 mit Blick auf das Thema New Work trotz Covid-19 bezogen. Ahnentafeln und Schwarz-Weiß-Bilder erzählen die Geschichte meiner Vorfahren. Jahrzehntealte Produkte hängen heute noch hinter Glas an den Wänden unserer Besprechungsräume, die nach meinem Urgroßvater und Großvater, Ferdinand und Walter, benannt sind – ein Stück gelebte Geschichte. Da wundert es nicht, dass ein weiterer Meetingraum den Straßennamen des Gründungssitzes trägt, die Petersbergstraße in Köln. Auch an dessen Wänden findet sich bebilderte Historie: Dabei sticht aus meiner Sicht stets ein Festwagen zu Karneval hervor, der bis zum Rand mit Karnevals-Kamelle »us Kölle« gefüllt ist.

In einer 2000 Quadratmeter großen ehemaligen TV-Produktionshalle mit einer 12 Meter hohen Decke finden nun 52 Mitarbeiter im Open Space ihren täglichen Arbeitsplatz. Die Anwesenheitsregelungen haben wir im Zuge der Coronabeschränkungen kurzerhand angepasst. Sechs gestapelte Transportcontainer, als Meetingräume gestaltet, bilden das Zentrum des neuen Bürokonzepts. In der Küche treffen wir uns regelmäßig und genießen den Business Lunch an Holztischen aus Bauholzdielen, die dem Gerüstbau entlehnt sind.

Auch fernab der Mittagszeiten tauschen sich unsere Mitarbeiter an den Hochtischen »Emma« und »Lotta«, benannt nach unseren vierbeinigen Feelgood-Managerinnen, aus. Das Büro ist offen gestaltet und im Industrie-Style gebaut. Höhenverstellbare Schreibtische, zwei Monitore und die von allen sehr geschätzte Coffee- und Candy-Flatrate gehören bei uns zum Standard. Wir verbringen die meiste Zeit unseres Lebens gemeinsam mit unseren Kolleginnen und Kollegen in diesen »vier Wänden« – vermutlich sogar mehr Zeit als mit unseren Partnern und Kindern. Daher ist es wichtig, den Räumlichkeiten einen entsprechenden Wohlfühlcharakter zu geben. Ich bin überzeugt, dass auch die Motivation und das Engagement jedes Einzelnen durch diesen Umzug in unsere neuen Büroräumlichkeiten gestiegen sind. Auch die funktionierende IT-Ausstattung, die wir bereits vor dem Umzug durch neue Hardware sowie Software aufgerüstet haben, kam uns während Corona entsprechend zugute.

Süße Werte unseres Familienunternehmens

Von der akademischen Ausbildung auf ein gut ausgebildetes Wertesystem zu schließen, wäre ebenso trivial wie schlichtweg falsch. Vielmehr bilden wir ein Wertesystem im Zusammenspiel unserer Erziehung und den Erfahrungen, die wir im beruflichen Alltag sammeln, wie der Art und Weise, wie wir diese verarbeiten. In der vierten Hitschler-Generation haben wir das Privileg, von einem Wertesystem zu profitieren, welches nicht nur durch unsere Vorfahren geprägt wurde, sondern auf einem familiären Gesamtverständnis fußt. So bin ich dankbar und stolz, auf das Wertesystem vorangegangener Generationen zurückgreifen und die Zukunft auf dieser Basis entwickeln zu können. Denn die Stärke unseres Unternehmens ist – neben unseren bereits angesprochenen Mitarbeitern – das Engagement der ganzen Familie und ihre Identifizierung mit der Marke Hitschler. Werte in einem Familienunternehmen decken sich aus meiner Sicht sehr oft mit den Werten der jeweiligen Familien. So auch bei uns. Für uns als Familie steht der Zusammenhalt an oberster Stelle und vereint sich mit dem Wissen, dass wir uns immer aufeinander verlassen können. So wertvoll uns die Werte unserer Vorfahren auch sind, müssen wir diese trotz allem immer wieder auf den Prüfstand stellen. Denn unsere eigenen Erfahrungen lehren uns, dass ein »Das haben wir immer so gemacht« eben nicht immer richtig ist. Unsere Mutter Gabriele hat uns drei Kindern genau diese Denkweise und Mentalität vom ersten Tag an in der Erziehung vermittelt. Es ist wichtig, Themen zu hinterfragen, zu verstehen und gegebenenfalls zu optimieren oder neu zu denken. So freue ich mich jedes Mal trotz eines vollen Terminkalenders auf meine Jungunternehmerkreise und bin oft begeistert von den Innovationen und Herangehensweisen junger Kolleginnen und Kollegen. Wertvorstellungen Gleichgesinnter geben Perspektiven, die wir im hektischen Berufsalltag oftmals aus den Augen verlieren können. Nahbar und aufgeschlossen zu bleiben, besonders im täglichen Austausch mit den Mitarbeitern, ist essenziell.

Wie bereits erwähnt, befindet sich das Unternehmen Hitschler seit einigen Jahren im Wandel. Ein wichtiger Meilenstein, den wir gemeinsam mit unserem Team erarbeitet haben, ist unser Verständnis des Miteinanders: Wie sieht unser gemeinsamer Weg zum Erfolg aus? Hierbei geht es vor allem darum, *wie* wir arbeiten. Unsere Hitschler-Werte bestehen aus den »3 Z«:

Erstens: zusammen

Wir schätzen und respektieren jeden Einzelnen bei uns im Team. Ein freundliches »Hallo«, »Danke« und »Bitte« sind selbstverständlich für uns. Wir wollen gemeinsam erfolgreich sein, deswegen ziehen wir alle an einem Strang und tauschen Informationen und Wissen gern aus – sowohl im Team als auch teamübergreifend.

Zweitens: zuverlässig

Wir können darauf vertrauen, dass Absprachen eingehalten werden, weil jeder die Verantwortung für seine Aufgaben übernimmt. Fehler dürfen bei uns passieren, und wenn Timings mal nicht eingehalten werden können, geben wir einander rechtzeitig Bescheid.

Drittens: zielorientiert

Wir definieren gemeinsam durchdachte und realistische Ziele. Wir kennen diese und sind daher in der Lage, eigenständig fundierte Entscheidungen zu treffen. Unsere Ziele verfolgen wir bis zu deren Erreichung.

Die süße Kombination aus Tradition und Innovation

Wie bewahren wir Tradition und fördern Innovation gleichermaßen? Unsere Antwort auf diese Frage wird erkennbar, wenn man unsere jetzigen Räumlichkeiten betritt. Mit Verlassen der alten Büroräume hat seit Juni 2020 auf dem »Hitschler-Campus« ein frischer Wind unter den Mitarbeitern Einzug gehalten. Die Flursprache ist locker, freundlich und offen.

In einem modernen und großzügigen Büro von bunten Köstlichkeiten umgeben zu sein, scheint zu euphorisieren. Eine »Zeitreise« in die Vergangenheit, die wir auch in Zukunft für uns bewahren wollen, beginnt, wie zuvor bereits illustriert, aber dann, wenn man unsere Meetingräume betritt. Bilder aus den 1920er-Jahren säumen die Wände, fein säuberlich beschriftet mit Kalligrafie. Wer diese druckreife Schönschrift hat, wollen viele unserer Kunden, Partner und Besucher wissen. Die ist von Rolf. Rolf ist eigentlich lange aus dem Erwerbsalter heraus, doch seine Zugehörigkeit zu Hitschler ist mehr als eine Anstellung. Er gehört einfach dazu, ist ein enger Freund der Familie und steckt noch mit Anfang 80 voller Ideen.

In unserem neuen großzügigen Bürogebäude zeigt sich, wie Tradition und Innovation miteinander einhergehen. Denn wie bereits erwähnt ist

es wichtig, mit der Zeit zu gehen und mutig etwas ganz Neues auszu-
probieren. Und »neu« ist manchmal auch »weit weg«: So machen sich
die bunten Hitschies containerweise auf den Weg nach Südkorea, wo
Foodblogger der Branche auf YouTube diese live verkosten und mehrere
Millionen Menschen dabei zuschauen. Das macht Lust auf mehr, der
Expansionsgedanke reift. All das ist jedoch nur möglich, wenn unternehmerische Verantwortung übernommen und in der täglichen Praxis
gelebt wird. Ich bin sehr stolz, dass wir dies in den letzten drei Jahren in
dieser Form realisieren konnten.

Die vegetarische und vegane Lebensweise liegt im Trend unserer
Zeit, und auch wir setzen uns damit intensiv auseinander. Ein Großteil unseres Sortiments ist bereits heute vegetarisch, vieles sogar vegan.
Innerhalb der kommenden zwei Jahre wird unser komplettes Sortiment
vegetarisch sein, denn es gilt, »das zu produzieren, was wir verkaufen
können, und nicht zu verkaufen, was wir produzieren können«. Mit
dieser Maxime im Hinterkopf haben wir im November 2020 als erster
Süßwarenhersteller in Deutschland gemeinsam mit der Kölner Influen-
cerin Carmen Kroll unsere Hitschies neu interpretiert und die limitierte
Edition *Hitschies by Carmushka* auf den Markt gebracht.

Auf diese Weise verbinden wir die sehr geschätzte Tradition mit jungem Unternehmergeist und werden Hitschler genau mit dieser Kombination in die nächste Generation führen. Wir sind ein Familienunternehmen mit über 90-jähriger Historie und Tradition und haben
gleichzeitig Start-up-Charakter. Was unsere Nachfolger sich überlegen
und wie sie die ihnen übertragene Verantwortung interpretieren, werden wir in einigen Jahrzehnten sehen. Denn jede Zeit hat ihre eigenen
Manager, und das ist auch gut so.

MARIE-LUISE RAUMLAND, Jahrgang 1991, ist studierte Betriebswirtin und Önologin und bildet mit ihrer Schwester Katharina die zweite Generation im 1990 gegründeten *Sekthaus Raumland* mit Sitz im rheinhessischen Flörsheim-Dalsheim. Das familiengeführte Sekthaus widmet sich mit größter Hingabe ausschließlich der Herstellung von hochwertigem Sekt in traditioneller Flaschengärung. Auf 10 Hektar biozertifizierter Rebfläche werden die Sekte aus handverlesenen Trauben mit viel Leidenschaft hergestellt. Dabei wird besonders viel Wert auf ein langes Hefelager, eine sorgfältige Selektion der Trauben sowie die schonende Verarbeitung der Trauben und Sektgrundweine im Keller gelegt. Mittlerweile gehört das Sekthaus zu den am meisten ausgezeichneten und renommiertesten Weingütern Deutschlands und ist über die Grenzen hinaus für die hohe Qualität der Sekte bekannt.

VERANTWORTUNG UND GENUSS

Prickelnder Genuss, der berührt und dennoch verpflichtet

Von Marie-Luise Raumland

Genuss, der berührt

10. August 2020, Frankfurt am Main. 50 neugierige Kunden schauen mir gespannt zu. In meiner Hand halte ich eine dunkle bauchige Sektflasche. Es bilden sich bereits Wasserperlen auf der Außenwand aufgrund des Temperaturunterschieds zwischen Inhalt der Flasche und Speisesaal. Ich entnehme die Agraffe mit dem den Sektkorken schützenden Muselet und öffne die Flasche vorsichtig mit einem leichten Zischen und einem unverkennbaren Ploppen. Die Flasche halte ich vorsichtig schräg, sodass sie nicht überschäumt. Vor mir steht ein filigranes Glas, welches sich nach oben verjüngt. Langsam schenke ich etwas ein, was mich seit meiner Jugend begleitet und voller Stolz erfüllt: unseren Sekt »Raumland 2010 X. Triumvirat Grande Cuvée Brut«.

Feiner Schaum bildet sich und kommt langsam zur Ruhe. Der Stiel des Glases ist filigran, man merkt das Gewicht kaum, wenn man es in der Hand hält. Eine angeraute Stelle im Kelchboden, der sogenannte Moussierpunkt, löst das im Sekt gebundene Kohlenstoffdioxid und lässt feine Perlen aufsteigen – gebundene Perlen, die seit über zehn Jahren in dieser Flasche darauf warten, gelöst zu werden.

Zeit und Langfristigkeit als Grundstock des Genusses

Es ist nun zehn Jahre her, dass wir die Trauben für diese klassische Cuvée bestehend aus den durch die Champagne bekannten Rebsorten Pinot Noir, Pinot Meunier und Chardonnay in Flörsheim-Dalsheim, einem kleinen, aber renommierten Weinort in Rheinhessen ernteten. Nach der ersten Vergärung in Barriques, Tonneaus und Edelstahltanks wurde diese Cuvée daraufhin in traditioneller Flaschengärung versektet. Die traditionelle Flaschengärung ist ein komplexer und faszinierender Prozess, bei welchem wir mit ausgewählten Zutaten, perfekt abgestimmten Gärungszeiten und -temperaturen arbeiten, um letztendlich den köstlichen Sekt aus traditioneller Flaschengärung zu gewinnen. Bei dieser Gärungsmethode verbleibt der Sekt während des zweiten Gärungsprozesses vom ersten bis zum letzten Verarbeitungsschritt in der Flasche, aus welcher er letztendlich vom Verbraucher eingeschenkt werden wird. Nach der zweiten Gärung auf der Flasche bleibt der Sekt für mindestens vier Jahre, in vielen Fällen mit 12 bis 15 Jahren sogar deutlich länger in unseren Kellern auf der Hefe liegen. Eine große Kapitalbildung in der Hoffnung und mit der inneren Überzeugung, etwas zu entwickeln, das einzigartig ist und in seinem Geschmack andere begeistern wird. Für die Herstellung von Champagner, Crémant und Cava ist die Methode der traditionellen Flaschengärung vorgeschrieben. Doch auch besonders hochwertiger Sekt in Deutschland wird noch mit dieser traditionellen Methode von einigen wenigen Winzern hergestellt. Unter anderem von uns, Sekthaus und Familie Raumland.

Diese detaillierte Produktionsbeschreibung soll zeigen, dass für uns das Wirtschaften im Familiensektgut naturgemäß auf Langfristigkeit ausgelegt ist. Vor zehn Jahren wusste mein Vater als damaliger Unternehmensgründer noch nicht, ob wir, die nächste Generation, uns für einen Weg im Familienunternehmen entscheiden würden. Für den eigenen Erfolg verantwortlich zu sein und dennoch einzigartige Qualitäten zu erzeugen, verpflichtete meine Eltern schon früh zur Maßhaltung und Vorsicht. Das verhindert zwar gegebenenfalls schnelle Gewinne und expansives Wachstum, führte aber durch die Beständigkeit und den Qualitätsfokus dazu, dass wir mittlerweile stolz behaupten können, die durchgängig am häufigsten und am höchsten ausgezeichnete Sektkollektion Deutschlands zu umfassen. Gleichzeitig haben wir das Unternehmen mit seinen 15 Angestellten erfolgreich in die nächste Generation überführt. Die besondere Nähe zu unseren Mitarbeitern, den Produkten wie auch das nahbare Verhältnis zu Kunden und Lieferanten sorgen für gegenseitiges Vertrauen und Verlässlichkeit. Ohne es zu merken, kann ich heute in meiner Rolle als Unternehmensnachfolgerin behaupten, dass meiner Schwester und mir als Nachfolgerinnen diese Grundeinstellungen in die Wiege gelegt und vorgelebt wurden. Das Wachstum unseres Sektgutes wurde auf Substanz aufgebaut, und damit wurden reale Unternehmenswerte geschaffen, um das Unternehmen für die Nachkommen zu erhalten. Und so möchten wir es auch weiterführen – mit Substanz, aber mit neuem Input, neuen Ideen und Begeisterung.

Ein einzigartiges Geschmackserlebnis und zugleich ein Balanceakt zwischen Genuss und Verantwortung

365 Tage im Jahr arbeite ich daran, den hochwertigsten Sekt Deutschlands herzustellen und mit meiner Arbeit andere zu berühren. Ich möchte ein einzigartiges Geschmackserlebnis kreieren. Somit ist es für mich der Höhepunkt, wenn ich nach vielen Tagen, Wochen und Jahren der Arbeit den Sekt unseren Kunden präsentieren kann, um sie ebenfalls an diesem Genuss teilhaben zu lassen.

Für uns ist das Öffnen einer Flasche Sekt schon längst nicht mehr das Einleiten eines besonderen Feiermoments, etwa während einer

Geburtstagsfeier oder während des Anstoßens auf das neue Jahr. Ähnlich wie es die Franzosen tun, zelebrieren wir diesen Prozess und genießen den Inhalt mit Freunden und gepaart mit gutem Essen. Mit meiner Vision, ein einzigartiges Geschmackserlebnis zu kreieren, stehe ich nicht allein. Genauer gesagt sind wir zu viert: meine Eltern Heide-Rose und Volker Raumland sowie meine Schwester Katharina Raumland und ich. Seit nunmehr über 30 Jahren arbeiten meine Eltern daran, den Konsumenten zu verstehen zu geben, dass es sich bei deutschem Sekt in traditioneller Flaschengärung, so wie wir es praktizieren, um ein unübertreffliches Genusserlebnis handelt. Diese Vision kommunizieren wir tagtäglich: in unserer Vinothek, in Gesprächen mit Journalisten, bei Veranstaltungen in Restaurants, auf Messen und im direkten Gespräch mit unseren Kunden.

Wein ist seit Jahrhunderten Bestandteil der europäischen Kultur und Lebensart. Maßvoll getrunken ist er ein Genuss und mit einem gesunden Lebensstil vereinbar, so auch ein Zitat der gemeinschaftlichen Initiative *Wine in Moderation*. Wir halten Genuss für einen wesentlichen Beitrag zur Steigerung der individuellen Lebensqualität. Um etwas zu genießen, bedarf es aus unserer Sicht allerdings einerseits Muße und Freiheit sowie andererseits Verantwortungsbewusstsein. Wir leben unseren Beruf und unsere Leidenschaft mit Passion, gleichzeitig arbeiten und denken wir ebenso professionell. Dazu gehört auch der verantwortungsbewusste Umgang mit Alkohol. Will man alkoholhaltige Getränke genussvoll und ohne gesundheitliche Bedenken konsumieren, ist Konsum in Maßen gefordert. Bei vielen Gelegenheiten wie Familienfeiern, Geburtstagsfeiern, Silvester, ja selbst bei Betriebsfeiern ist Alkoholkonsum nicht wegzudenken. Als Nachfolgerin und Unternehmerin befinde ich mich mit meinem Tun in einem Balanceakt zwischen Genuss und Verantwortung einerseits und zugleich Suchtpotenzial andererseits. Denn Genuss in unserer Branche kann auch schnell in Sucht umschlagen. Somit ist mir als Unternehmerin sehr klar, dass ich mit meinem Tun und der Vermarktung nicht die falschen Anreize setzen darf.

Unsere familiären wie auch unternehmerischen Maßnahmen orientieren sich an dem Ziel, Alkoholmissbrauch und seine gesellschaftlichen, vor allem aber auch individuellen Folgen zu verhindern. Unser Handeln, unsere innere Überzeugung als Unternehmer und die Produkte, die wir erzeugen, stehen keineswegs für »Wirkungstrinken«. Wir transportieren seit Beginn unsere Auffassung zum Umgang mit Alkohol, die Idee des Genusstrinkens. Somit ist es für uns ein klares Positionierungsthema unseres Unternehmens sowie das vieler weiterer Weingüter, die in den meisten Fällen familiengeführt sind. Wir konzentrieren uns auf das einzigartige Geschmackserlebnis und nicht auf die Wirkung, sodass wir eine geteilte Verantwortung mit den Konsumenten übernehmen.

Alkohol und somit auch Sekt ist in unserer Gesellschaft neben Nikotin das am häufigsten konsumierte und frei erhältliche Suchtmittel. Jährlich werden in Deutschland 3,8 Liter Schaumwein pro Kopf konsumiert. Das sind in Summe an die 286 Millionen Liter. Damit sind wir Deutschen definitiv die weltweiten Spitzenreiter. Selbst unsere Nachbarn auf der französischen Seite haben einen geringeren Pro-Kopf-Konsum, obwohl die Franzosen weltweit bekannt sind für ihren Champagner, der jedoch hauptsächlich exportiert wird. Unter anderem nach Deutschland. Der Pro-Kopf-Konsum in Frankreich liegt dabei sogar nur bei der Hälfte im Vergleich zu Deutschland. Was die 3,8 Liter jedoch nicht auf Anhieb verraten, ist, dass der durchschnittliche Einkaufswert dieser 3,8 Liter bei unter vier Euro pro Flasche liegt. In Anbetracht dessen, dass pro Flasche Sekt eine Sektsteuer in Höhe von 1,02 Euro netto anfällt, kommt einem schnell die Frage, was in der Flasche noch übrigbleibt. Nur vier der großen Sektkellereien erzeugen 81 Prozent des Absatzes von deutschem Sekt. Zahlen, die einen nachdenklich stimmen und wieder bewusst machen, dass wir als handwerkliche Flaschengärer einen anderen Genussmoment bedienen und in einem anderen Segment spielen. Für Sekt ist es nicht verpflichtend, eine traditionelle Flaschengärung durchzuführen. De facto stehen also zwei komplett unterschiedliche Produkte unter derselben Bezeichnung Sekt im Regal.

Trotz der starken Preissensitivität ist in den vergangenen Jahren die Nachfrage nach hochwertigem Schaumwein ab sechs Euro gestiegen. Der Trend zu mehr Premium zeigt sich somit auch in der wachsenden Popularität von Winzersekt, der deutschen Antwort auf Champagner. Allerdings machen diese Winzersekte nur zwei Prozent des Marktes aus. Laut Statistischem Bundesamt waren es 2018 knapp 1200 Winzer, die sich dem Winzerschaumwein widmeten. Alle Winzersekte durchlaufen – ebenso wie ihr französisches Pendant, der Champagner – in der Flasche eine zweite Gärung. Die Lagerung auf diese Hefe in der Flasche muss mindestens neun Monate betragen und kann einige Jahre dauern, bis die Flasche schließlich in den Verkauf kommt. Für den Sektgrundwein eines Winzersektes dürfen nur Trauben aus eigenen Weinbergen verwendet werden.

Um diese Unterschiede zwischen Handelssekt und Winzersekten deutlich zu machen und das Genusstrinken stärker hervorzuheben, engagieren wir uns als Familienunternehmen stark bei anderen Verbänden, unter anderem dem Verband traditioneller Sektmacher, der erst kürzlich umfirmiert wurde, um den »handwerklichen Charakter« unserer Produkte herauszuheben. Leitmotiv ist die klare Abgrenzung von handwerklich hergestelltem Sekt zu in Tanks verarbeiteten Schaumweinen aus Grundweinen, die oftmals aus dem Ausland bezogen werden. Sekt soll wieder zum Synonym für traditionelle Methode und deutsche Sektgrundweine werden. Gemeinsam entwickelten wir eine deutsche Sektklassifizierung und ein Sektmachersignet, was den Endkunden dabei helfen soll, die unterschiedlichen Macharten und Qualitätsstufen besser zu verstehen und einordnen zu können. Somit haben wir uns zum Ziel gesetzt, als Familienunternehmen und mit unserem Namen auch internationale Aufmerksamkeit zu bekommen und für Qualität zu stehen.

Genuss und Verantwortung als klar definierte Werte unseres unternehmerischen Handelns

Seit Gründung unseres Sektgutes im Jahr 1990 sind die Themen Genuss und Verantwortung ein wichtiger Bestandteil unseres unternehmerischen Handelns. Die Nachfolge bedeutete für meine Schwester und mich seit jeher die bewusste Übernahme von Verantwortung und die Verpflichtung, zu den Maximen und Werten unseres Familiensektgutes zu stehen.

Um generationenübergreifend einen klaren gemeinsamen familiären und unternehmerischen Weg zu gehen, definierten wir 2020 unsere Werte und Markenattribute, auf die unser Handeln aufbaute und zukünftig weiterhin aufbauen sollte. Schnell wurde klar, dass die beiden Themen Verantwortung und Genuss eine zentrale Rolle spielen. Vier Punkte kristallisierten sich dabei heraus: 1.) Nahbarkeit, 2.) wegweisendes Handeln, 3.) nach Perfektion strebend, 4.) Sektverliebt – unser Inbegriff für Genuss, Inspiration und Herzblut. Aus Liebe und Respekt für handwerkliche Produkte wie die Schaumweine aus der Champagne sind sowohl bei meinen Eltern wie auch bei uns als Nachfolgerinnen der Ansporn und die Passion entstanden, mit unserem Familiensektgut den hochwertigsten Sekt Deutschlands herzustellen. Diese Leidenschaft für Sekt legen wir in alles, was wir tun. Es ist das, was uns antreibt – und das, was wir in anderen entfachen möchten. Über das einzigartige Geschmackserlebnis hinaus tun wir alles, um Genusssuchende für Sekt zu begeistern. Sei es, indem wir Sekt eine neue Rolle zusprechen, zum Beispiel als Essensbegleiter über den Aperitif hinaus, oder indem wir wertvolles Wissen und Tipps rund um Sekt auf unterhaltsame Weise teilen.

Während dieses Prozesses, der uns als Familie und Unternehmen weiter zusammenschweißte, wurde uns bewusst, dass das verantwortungsvolle und qualitätsbewusste Handeln unseres Familienunternehmens keine Reaktion auf Erwartungen von außen war, etwa weil die Konkurrenz neue Wege einschlug und sich eine gewisse Kundenerwartung entwickelte. Stattdessen basierte es auf unserer individuellen Überzeugung und unseren persönlichen Werten. Wir nehmen unsere gesellschaftliche Verantwortung aus innerem Antrieb und Gestaltungswillen wahr.

Durch meine frühere Tätigkeit in anderen Handelsunternehmen wurde mir nach dem Einstieg im Familienunternehmen etwas Wichtiges klar: Was sich Konzerne als Corporate Social Responsibility (CSR) oft mühsam antrainieren, das steckt familiengeführten Firmen sozusagen in den Genen.

Genuss und Nachhaltigkeit

Für mich als Nachfolgerin steht Genuss gleichermaßen in enger Verbindung mit dem vielfältigen Thema Nachhaltigkeit. Während der tagtäglichen Arbeit mit unserem Naturgut »Traube« merke ich von Jahr zu Jahr stärker, wie sich die Umwelt um uns herum verändert. Für mich als Winzerin ist klar, dass ich Genuss zu einem späteren Zeitpunkt nur dann kreieren kann, wenn ich heute und jetzt den maßvollen Umgang mit Rohstoffen und Energie fördere, in der Verbundenheit mit unserem Standort.

Bedingt durch die Produktionsweise unserer Sekte und die Nähe zur Natur denke ich in Generationen, nicht in Quartalen. Dabei gilt es, die Aspekte Ökologie, Ökonomie und Soziales in der Weinwirtschaft gleichermaßen zu berücksichtigen. Der Weinberg, den ich heute anpflanze, trägt seine Früchte erst in fünf Jahren. Bei guter, nachhaltiger Pflege und Weinbergsarbeit wird er noch die Generationen nach mir in 45 Jahren beschäftigen.

Ich fühle mich dafür verantwortlich, den Außenbetrieb, die Kellerwirtschaft und die Vermarktung im Rahmen einer ganzheitlichen Nachhaltigkeitsbetrachtung stetig zu optimieren. Jeden Arbeitsschritt vom Rebschnitt bis zum Versand hinterfragen wir regelmäßig, um ihn, falls notwendig, noch weiter zu verbessern. Im Außenbetrieb bedeutet das, Pflanzenschutz- und Düngemittel nur nach Bedarf und unter Berücksichtigung von Umweltschutzkriterien einzusetzen. Seit Gründung unseres Unternehmens im Jahr 1990 arbeiten wir bereits biologisch und verzichten komplett auf Pestizide und Herbizide, wir bearbeiten unsere Weinberge mechanisch. Hier gilt die Devise »So viel wie nötig, so wenig wie möglich«. Bei der Vermarktung wird darauf geachtet, Speditionen zu beauftragen, die nachhaltig arbeiten, anstatt die Weine mit dem eigenen Fahrzeug auszufahren. Wir versuchen, in allen Bereichen möglichst ressourcenschonend zu wirtschaften, zum Beispiel durch die Umstellung auf Ökostrom. Dies beeinflusst nicht nur ökologische, sondern auch wirtschaftliche Aspekte, da auf diese Weise Kosten reduziert werden. Soziale Aspekte wirken sich beispielsweise über faire Bezahlung der Mitarbeiter oder auch durch die Bewahrung der Kulturlandschaft aus.

Ich persönlich möchte mich mit Weitsicht um die Mitarbeiter, Kunden und die Umwelt kümmern. Unser Kerngeschäft sozial und ökologisch bewusst zu betreiben, liegt schließlich im Eigeninteresse unseres Unternehmens. Es motiviert nicht nur Mitarbeiter, sondern stärkt auch unser Image als verantwortungsbewusster Unternehmer und hilft dabei, etwas für die nächsten Generationen zu tun. Verantwortliches und somit am Ende genussvolles Wirtschaften stellt eine entscheidende Investition in die Zukunft dar – Ethik, Genuss, Nachhaltigkeit und Erfolg sind für mich als Unternehmensnachfolgerin im *Sekthaus Raumland* untrennbar miteinander verbunden.

Ein kleiner Ausflug: Genuss in Zeiten von Corona

Wie hat sich eigentlich der Genuss in besonderen Zeiten wie den heutigen verändert? Seit April 2020 waren auch wir von den Maßnahmen zur Bekämpfung der Coronapandemie betroffen. Die Gastronomen, eine wichtige Kundengruppe und Vermittler unserer Werte an den Endkunden, mussten ihre Türen schließen, und auch unsere Vinothek blieb geschlossen. Alle Messen und kulinarischen Veranstaltungen wurden abgesagt, und der direkte Kontakt mit unseren Endkunden schien zunächst gebrochen.

Dennoch: Die Verbraucher in Deutschland haben laut dem Deutschen Weininstitut im Zuge der Gaststättenschließungen in der Coronakrise deutlich mehr Wein gekauft. Im zweiten Quartal lag der Zuwachs demnach gegenüber dem Vorjahreszeitraum bei 12,5 Prozent. Bedingt durch die besonderen Umstände während der Coronapandemie gewann der Einkauf regionaler Produkte noch stärker an Bedeutung als zuvor. Somit griffen die Verbraucher verstärkt zu den heimischen Weinen und Sekten.

Als Familienunternehmen mit engen Kontakten zu Mitarbeitern, Kunden und Lieferanten wurde schnell klar, dass sich das Genussverhalten der Kunden verändert und bis hinter die eigene Haustür verlagert. Somit konnten wir verantwortungsvoll und schnell darauf reagieren. Der Zusammenhalt zwischen Händlern, Gastronomen und Familienunternehmen gewann in diesen Zeiten an neuer Bedeutung. Wir rückten stärker zusammen und pflegten den persönlichen, aber oftmals nur virtuellen Kontakt.

Durch die intensive Auseinandersetzung mit der Situation und der Änderung der Verhaltensweisen begannen wir, kreativ zu werden, um neue Ideen sowie innovative und nachhaltige Vermarktungsstrategien zu entwickeln, die den Genussmoment nach Hause bringen sollten. Zu diesen Ideen zählten unter anderem Online-Sektverkostungen oder gemeinsame Verkostungs- und Kochboxen mit lokalen Köchen. Anstatt unsere Kunden in unserer Vinothek zur jährlichen Herbstverkostung einzuladen, organisierten wir eine virtuelle Herbstverkostung. Wir unterstützten andere Firmen dabei, ihre Weihnachtsfeiern digital stattfinden zu lassen, und gaben Vorträge über die Sektproduktion mit einer virtuellen Verkostung. Gemeinsam mit zwölf weiteren Familienweingütern entwickelten wir einen Winzer-Adventskalender, den wir gemeinschaftlich vermarkteten.

Ich bin stolz, Verantwortung zu übernehmen

Im August 2020 schenke ich in Frankfurt den letzten Schluck aus der Flasche ein und beende meine Sektverkostung. Ich freue mich darauf, als Nachfolgerin zukünftig viele weitere solcher Genussmomente mit Verantwortung zu kreieren und mit anderen zu teilen. Wohlwissend, dass in unserem Sektkeller gerade eine Million Flaschen auf der Hefe liegen, um Komplexität und Charakter zu entwickeln. Sekte, die von meinen Eltern hergestellt wurden und in den nächsten Jahren von mir und meiner Schwester verkauft werden. Bei einer Jahresproduktion von 90 000 Flaschen ist mir bewusst, dass diejenigen Sekte, die ich mit meiner Schwester jetzt in diesem Moment herstelle, wohl noch von unseren Kindern und Enkeln verkauft und getrunken werden. Ein Generationenprojekt.

Für die Zukunft unseres Familienunternehmens sehe ich sowohl Chancen als auch ernst zu nehmende Herausforderungen. Die Digitalisierung, Wachstum, Innovation und das schnelle Reaktionsvermögen auf Veränderungen, wie es die aktuelle Situation zeigt, begreife ich als Chancen. Als Herausforderungen sehe ich vor allem den Arbeits und Fachkräftemangel sowie die strenger werdenden Maßnahmen und Regularien rund um das Thema Genuss und Alkohol.

Die Unternehmensnachfolge gehört zu einem der prägenden Momente meines Lebens. Ich bin stolz, Nachfolgerin zu sein und Verantwortung zu übernehmen. Das ist die Aufgabe meiner Generation.

BONITA GRUPP, Jahrgang 1989, ist nach ihrem Masterstudium an der London School of Economics 2013 in vierter Generation in das Familienunternehmen *TRIGEMA Inh. W. Grupp e. K.* eingetreten. Sie verantwortet die Bereiche Personal und E-Commerce. TRIGEMA, gegründet 1919, ist Deutschlands größter Hersteller von Sport- und Freizeitbekleidung. Das Unternehmen wird von ihrem Vater Wolfgang Grupp geleitet. TRIGEMA produziert mit 1200 Mitarbeitern ausschließlich in Deutschland – vom Garn bis zum Fertigprodukt. Der Textilhersteller vertreibt seine Waren in eigenen Shops, im TRIGEMA-Online-Shop, kooperiert mit Handelskunden und beliefert Firmen, Vereine und Schulen mit personalisierten Bekleidungsstücken.

VERANTWORTUNG UND TEXTIL

Von Bonita Grupp

Um die unternehmerische Verantwortung im Bereich Textil näher zu betrachten, möchte ich im Folgenden die Vergangenheit, Gegenwart und Zukunft dieser Branche und die damit verbundenen Herausforderungen beleuchten.

Wie kann Verantwortung in einer Branche übernommen werden, die einst Haupttreiber der Industrialisierung und des technologischen Fortschritts war? Wie kann ein verantwortungsvoller Umgang in einem Wirtschaftszweig sichergestellt werden, der zu Zeiten der Industrialisierung, aber auch seit der zweiten Hälfte des 20. Jahrhunderts für unmenschliche Produktionszustände und Niedriglöhne bekannt ist? Wie gestaltet sich Verantwortung für ein Unternehmen, das einer Branche angehört, die jährlich ca. fünf Prozent (vgl. Klein 2020) zum globalen CO_2-Ausstoß beiträgt?

Historische Verantwortung

Schon seit dem Mittelalter hat das Textilgewerbe eine große Bedeutung in Deutschland, vor allem in ländlichen Regionen. Gerade in entlegenen Gegenden, wie zum Beispiel der Schwäbischen Alb, konnte sich die von der kargen Landwirtschaft lebende Bevölkerung ein gutes Zubrot verdienen, indem sie unter anderem Schafe züchtete und die gewonnene Wolle zu Stoffen weiterverarbeitet wurde. Die textilen Grundkenntnisse waren gegeben und wurden dann mit der Industrialisierung, die ihren Ursprung mit der Entwicklung der Dampfmaschine Anfang des 19. Jahrhunderts in England nahm, vorangetrieben. Der weitverbreitete Import kostengünstiger Baumwolle aus den britischen Kolonien trug in diesen ländlichen Regionen wesentlich dazu bei, dass sich mit der Weiterentwicklung der Maschinen, darunter die Erfindung der Spinning Jenny und des mechanischen Webstuhls, in der zweiten Hälfte des 19. Jahrhunderts eine bedeutende Textilindustrie entwickelte. Zudem war die Baumwolle in der Verarbeitung nicht nur robuster und pflegeleichter, sondern auch vielseitiger einsetzbar als herkömmliche Materialien im Textilbereich wie etwa Wolle und Leinen.

TRIGEMA Inh. W. Grupp e. K. wurde 1919 von meinem Urgroßvater, Josef Mayer, unter dem Namen *Trikotwarenfabrik Gebr. Mayer* als Fabrik für Herren- und Damenunterwäsche in Burladingen auf der Schwäbischen Alb gegründet. Mehr als 100 Jahre später produziert das seit 1969 unter der Marke TRIGEMA (*Tri*kotwarenfabrik *Ge*brüder *Ma*yer) firmierende Familienunternehmen mit 1200 Mitarbeitern immer noch am selben Standort. Die Produktion erfolgt in vier Stufen: Strickerei, Färberei/Ausrüstung, Zuschnitt und zuletzt Konfektion und Veredelung.

Wenn man heutzutage von der Textil- und Bekleidungsindustrie spricht, so denkt man meist an einen paradoxen Widerspruch. Zum einen kommen einem luxuriöse Haute-Couture-Shows und feine Handarbeit in den Sinn. Zum anderen denkt man an ausgebeutete Fabrikarbeiter, die täglich unter unmenschlichen Bedingungen arbeiten müssen. Aber auch die daraus resultierende Umweltverschmutzung ist ein omnipräsentes Thema, wenn von dieser Branche gesprochen wird.

Die Textilindustrie in Deutschland befindet sich seit den 1960er-Jahren im Abschwung und in der Umstrukturierung. Waren es 1960 noch 613 765 Mitarbeiter in der deutschen Textilindustrie (Grüner/Mecking 2017: 140), so sank deren Zahl auf nur noch 135 000 Mitarbeiter im Jahr 2018 (vgl. Gesamtverband der deutschen Textil- und Modeindustrie e. V.).

Verantwortung für Gesellschaft und Umwelt

Die Textilindustrie in Deutschland hat sich in der zweiten Hälfte des 20. Jahrhunderts jedoch stark verändert. Der Anteil des Jahreseinkommens, den private Haushalte beispielsweise in Baden-Württemberg für Bekleidung und Schuhe ausgaben, sank von 9,8 Prozent im Jahr 1973 auf 4,7 Prozent im Jahr 2008 (Pristel/Lauer/Eisenreich 2012: 76). Gleichzeitig stieg der Pro-Kopf-Verbrauch von Textilien seit den 1960er-Jahren von durchschnittlich 5 kg auf 25 kg pro Kopf (vgl. Naturschutzbund Deutschland NABU e. V.). Durch günstigere Textilimporte aus dem Ausland wurde es für deutsche Textilhersteller, die meist Hausmarken produzierten, wegen ihrer höheren Produktionskosten nahezu unmöglich, mit der Konkurrenz aus Asien Schritt zu halten. Viele Firmen verlegten ihre Produktion daher in Länder mit niedrigeren Lohnkosten, konnten jedoch auch hier als reiner Produzent ohne Markennamen nicht überleben, da ihre Produkte austauschbar waren.

Zur Textilindustrie zählt aber auch der Bereich Technische Textilien, welcher Spezialstoffe, Textilfasern und Trägermaterialien umfasst, die durch ihre Funktionalität und technischen Merkmale, wie zum Beispiel Leitfähigkeit, Wärmedämmung und Absorption, eine Anwendung in der Bau-, Automobil- und Medizinbranche finden (vgl. Verband der Südwestdeutschen Textil- und Bekleidungsindustrie – Südwesttextil e. V.). Gegen Ende des 20. Jahrhunderts hat sich dieser Bereich stark verändert. Hatten technische Textilien einen Anteil von ca. 8 Prozent am textilen Gesamtumsatz in Deutschland im Jahr 1985, so lag dieser bei ca. 60 Prozent im Jahr 2018 (vgl. Gesamtverband der deutschen Textil- und Modeindustrie e. V.).

Seit den 1990er-Jahren setzt der Modemarkt auf schnelle Trends und Mode zu günstigen Preisen. Die Champions der Fast Fashion wie H&M, Zara und Primark lancieren dabei 20 oder mehr Kollektionen pro Jahr, anstatt der üblichen zwei Kollektionen (Frühjahr/Sommer und Herbst/Winter). Gerade im modischen Bereich wird der Kunde dazu verleitet, Kleidung nach den neuesten modischen Trends zu kaufen und die Kleidung in seinem Kleiderschrank schneller auszutauschen. Kleidung zu reparieren oder alte Kleidung umzustylen, ist in Zeiten von Billigmode für rund die Hälfte der Deutschen nicht mehr notwendig (vgl. Wahnbaeck & Groth 2015: 4), da ein Neukauf oftmals günstiger ist, als qualitativ hochwertigere und teurere Kleidungsstücke langfristig zu tragen. Zusätzlich werden im Schnitt 40 Prozent der Kleidungsstücke (vgl. Wahnbaeck/Groth 2015: 2), die in den Kleiderschränken liegen, nie getragen. Das hat zur Folge, dass allein in Deutschland im Schnitt 4,7 kg Kleidung pro Kopf jährlich im Müll landen (vgl. Mumme 2020).

Da das Angebot an Kleidung den weltweiten Bedarf übersteigt, wird jedes Jahr neue Kleidung vernichtet. Allein in Deutschland wurden 2019 schätzungsweise 230 Millionen Kleidungsstücke, die aufgrund von Überangebot nicht verkauft werden konnten, verbrannt, geschreddert oder im Ausland verramscht (vgl. Dowideit 2019). Große Marken wie H&M gerieten in die Schlagzeilen, da es für sie günstiger war, eine Überkapazität an neuer Ware zu verbrennen, anstatt diese mit einem Preisnachlass zu verkaufen (vgl. Bakir 2017).

Diese Praktiken fallen nicht nur der Umwelt zur Last, sondern rufen auch einen Wettlauf um die günstigsten Produktionskosten hervor. Wie niedrig müssen diese sein, damit es günstiger ist, die gesamte Wertschöpfung zu verbrennen, anstatt diese zu verkaufen oder zu spenden? Hier ist die Politik gefordert, Rahmenbedingungen zu schaffen, welche diese Praktiken untersagen. In der aktuellen steuerlichen Gesetzgebung werden Spenden als Umsatz bewertet, für welche dann wiederum Umsatzsteuer fällig wird. Wird die Kleidung jedoch vernichtet, wird sie von den Steuerbehörden als wertlos bewertet, und es fällt somit keine Steuer an (vgl. Hielscher 2018).

Deswegen wird die zukünftige Verantwortung im Bereich Textil vor allem darin bestehen, der Umwelt- und Sozialverträglichkeit nicht durch Textilproduktion und -vertrieb zu schaden, sondern einen größtmöglichen Einklang mit Mensch und Natur zu finden.

Seit 100 Jahren setzen wir bei TRIGEMA auf regionale Produktion. Unsere Wertschöpfungstiefe von 78 Prozent erreichen wir mit einer Produktion vom Garn bis zum Fertigprodukt in drei Werken im Umkreis von 70 Kilometern. Durch regionale Produktion garantieren wir nicht nur die strikte Einhaltung von hohen europäischen Arbeitsstandards, sondern können auch vor Ort an der Weiterentwicklung von umweltschonenderen Produktionsverfahren forschen und arbeiten. Auch in der nächsten Generation sehen wir den Großteil unserer Verantwortung darin, Kleidung ressourcenschonend und sozialverträglich zu produzieren. Seit mehr als 15 Jahren bieten wir eine voll kompostierbare und kreislauffähige Produktlinie aus Biobaumwolle nach dem *Cradle-to-Cradle*-Designprinzip an. Das bedeutet eine »sichere und potentiell unendliche Zirkulation von Materialien und Nährstoffen in Kreisläufen« (Epea GmbH). Diese Kollektion wird weiter ausgebaut, und wir übernehmen nachhaltige Erkenntnisse aus dem Produktionsprozess auch für unsere Kleidungsstücke aus konventioneller Baumwolle.

Die Verantwortung der nächsten Generation besteht unter anderem darin, den ökologischen Fußabdruck ihres Handelns weiter zu reduzieren. Durch Kooperation und Entwicklung mit Maschinenherstellern ist es unser Ziel, gerade im ressourcenintensiven Stoffherstellungsbereich, der sogenannten Textilausrüstung, den Verbrauch von Wasser und Chemikalien weiter zu reduzieren. Schon jetzt erzeugen wir durch eine regionale und ressourcenschonendere Produktion ca. 35 Prozent weniger CO_2-Ausstoß bei der Herstellung eines T-Shirts als der Branchendurchschnitt (vgl. worldwatchers GmbH).

Langfristige soziale Verantwortung

Durch den bahnbrechenden technischen Fortschritt galt die Textilindustrie im späten 19. Jahrhundert als eine der Schlüsselindustrien der Industrialisierung. Auch im 20. Jahrhundert wurde vieles in der

Stoffherstellung und im Zuschnitt automatisiert. Im Bereich der Konfektion gab es außer der Weiterentwicklung von Nähmaschinen und der Entwicklung von Teilautomaten jedoch keine nennenswerten Innovationen, die den handwerklichen Aufwand maßgeblich verringert hätten. Vielen Konsumenten ist es nicht bewusst, dass fast jede Naht an einem Bekleidungsstück von Hand durch eine Nähmaschine geführt werden muss.

Aufgrund der Lohnintensität dieses Bereichs wurde der Sektor Konfektion schon in den 1960er-Jahren in das kostengünstigere Ausland verlagert. Diese lohnintensiven Arbeiten wandern seit Jahren immer weiter von Niedriglohnland zu Niedriglohnland. Steigen in einem Land die Lohnkosten, so wandert die Produktionskarawane zum nächstgünstigeren Produktionsstandort; etwa von China über Vietnam nach Bangladesch und schließlich nach Myanmar. Automatisierung ist in diesem Bereich nicht sehr gefragt, da diese weitaus kostenintensiver wäre als eine Heerschar von Näherinnen und Nähern in einem Entwicklungsland mit niedrigen Sozialstandards zu beschäftigen.

Bei TRIGEMA setzen wir seit 100 Jahren auf Qualität »Made in Germany«. Tradition und historisch gewachsene Produktionsprozesse ermöglichen uns auch im 21. Jahrhundert, qualitativ hochwertige Bekleidungsstücke zu produzieren und zu verkaufen. In drei Produktionswerken in Baden-Württemberg beschäftigen wir allein in der Konfektion 700 Näherinnen und Näher. Durch eine regionale Produktion, die qualitativ hochwertige und langlebige Bekleidungsstücke fertigt, sind wir flexibel und haben somit die Kontrolle über den gesamten Fertigungsprozess.

Die Abwanderung dieser Arbeitsplätze hat nicht nur zu einem Strukturwandel in der Region geführt, sondern auch zu einem Defizit an qualifizierten Arbeitskräften im Bereich Textil, da sich aufgrund des mangelnden Angebots kontinuierlich weniger Personen für eine Ausbildung im Textilbereich entschließen. Die duale Ausbildung ist bei TRIGEMA schon immer ein wichtiger Bestandteil des Unternehmens.

Viele leitende Positionen im Unternehmen werden durch Mitarbeiter besetzt, die bereits ihre Ausbildung bei TRIGEMA durchlaufen haben. Jährlich bilden wir bis zu 50 junge Leute in unterschiedlichen textilen Berufen aus. Dennoch wird es immer schwieriger, qualifizierte Arbeitskräfte in diesem Bereich zu finden, weswegen wir vor allem in Automation investieren und Forschungsprojekte in diesem Bereich unterstützen müssen. Denn sowohl mein Bruder als auch ich selbst fühlen uns in der vierten Generation für den Fortbestand der Firma und die langfristige Sicherung der Arbeitsplätze verantwortlich. Der kontinuierliche Ausbau der Digitalisierung kann auch in diesem Bereich unterstützend wirken. Jedoch liegt es an unserer Generation, diesen Fortschritt so zu gestalten, dass in traditionsreichen Betrieben vor allem auch die langjährigen Mitarbeiter in den Prozess mit eingebunden werden, um ihnen Ängste und Zweifel vor Neuerungen zu nehmen.

Unsere soziale Verantwortung gilt auch dem Bereich der Integration ausländischer Mitarbeiter. Die Einbindung von verschiedenen Bevölkerungsgruppen in den Arbeitsprozess ist seit den 1950er-Jahren bei TRIGEMA selbstverständlich. Waren es in den 1950er- und 1960er-Jahren überwiegend Gastarbeiter aus Italien, Spanien, Griechenland und der Türkei, so dominierte in den 1980er-Jahren vor allem die Zuwanderung aus dem ehemaligen Jugoslawien. Nach dem Ende des Kalten Krieges und des Balkankrieges kam es zu Migrationsströmen aus der ehemaligen UdSSR und Osteuropa. Durch den seit 2015 anhaltenden Flüchtlingsstrom kamen Mitarbeiter aus Syrien, Afghanistan, Pakistan, dem Irak und afrikanischen Ländern hinzu. Viele von ihnen haben bereits in ihren Heimatländern im Textilgewerbe gearbeitet und bringen deshalb Qualifikationen mit, die für uns auf dem deutschen Arbeitsmarkt nur schwer zu finden sind. Auch wenn die beruflichen Hindernisse hiermit vergleichsweise gering erscheinen, liegt es an unserer Generation, die Integration dieser Menschen zu fördern, sie in das soziale Gefüge einzubinden und nicht an den Rand der Gesellschaft zu drängen.

Wir sehen es als unsere Pflicht, in einer Branche, die für Missstände in der Produktion und Umweltverschmutzung bekannt ist, zu zeigen, dass man auch sozialverträglich und umweltschonend in Deutschland produzieren kann. Deswegen setzen wir schon seit vielen Jahren auf Qualität und Langlebigkeit anstatt auf kurzfristige Trends. Diese sind für uns in einem Hochlohnland wie Deutschland nicht umsetzbar, da sie Kleidung hervorbringen, die nicht lange getragen wird, und somit der Umwelt schaden. Die sogenannte Wegwerfgesellschaft und die immer länger werdenden Transportwege werden langfristig dem ohnehin angeschlagenen Ökosystem der Erde großen Schaden zufügen.

Textilindustrie: Zukunft und Herausforderungen

In die Zukunft zu schauen ist immer ein Blick in eine Glaskugel. Jedoch ist es auch Teil der Verantwortung der nächsten Generation, Unternehmen zukunftsgerichtet zu führen. Dies bedeutet, sich sowohl neuen Anforderungen der Gesellschaft rechtzeitig zu stellen als auch die Werte des Unternehmens zu fördern, die es seit Jahrzehnten definieren und prägen.

Heutzutage, in den 20er-Jahren des 21. Jahrhunderts, befindet sich die Textilindustrie, wie so oft in den letzten 100 Jahren seit der Gründung von TRIGEMA, wieder einmal im Umbruch. Der aktuelle Wandel wurde durch drei maßgebliche Ereignisse beziehungsweise Katastrophen herbeigeführt: Rana Plaza, die globale Erderwärmung und die Coronakrise.

Seit dem Unglück in der Textilfabrik Rana Plaza in Bangladesch, bei dem am 24. April 2013 1138 Mitarbeiterinnen und Mitarbeiter ums Leben kamen (vgl. Preuss 2019), sind die seit Langem prekären Umstände in der Textilproduktion wieder einmal mehr ins Scheinwerferlicht gerückt worden. Um Mode immer schneller und günstiger auf den Markt zu bringen, wurden in der Lieferkette gewisse Abstriche zulasten von Mensch und Umwelt gemacht. Durch das Unglück wurden gerade auch seitens der Politik in Deutschland Maßnahmen ergriffen, die diese Umstände in Entwicklungsländern verbessern sollen. Initiativen und Zertifizierungen wie das *Textilbündnis* oder der *Grüne Knopf* wurden ins Leben gerufen, um neue Richtlinien für die Textilindustrie zu setzen. Es steht also in der Verantwortung der Unternehmen, diese Missstände zu verhindern und aufzuklären, indem Lieferketten gründlicher überwacht werden. Diese Tragödie und die daraus folgenden politischen Maßnahmen lassen eine neue Richtung im Kundenverhalten erkennen: das Hinterfragen der Herkunft eines Produktes. Eine transparente und verantwortungsbewusste Wertschöpfungskette wird in Zukunft ein entscheidendes Kaufargument sein. Die damit einhergehenden Herausforderungen bestehen darin, diese Wertschöpfungskette in einem Hochlohnland wie Deutschland weiterhin zukunftsfähig zu gestalten und vor allem die technologischen und digitalen Fortschritte bestmöglich zu integrieren, um den Mangel an qualifizierten Arbeitskräften, bedingt durch den Bevölkerungsrückgang und das schwindende Interesse an einer Ausbildung im Textilbereich, zu kompensieren.

Durch die globale Erderwärmung und die damit zusammenhängenden Probleme wurde das bereits erwähnte Thema des ökologischen Fußabdrucks ins Bewusstsein der Konsumenten gerückt. Auf der einen Seite ist es der Abfall an Kleidung, der die Umwelt belastet, da die Verbrennung von Kleidung zu einer erhöhten CO_2-Belastung führt und viele Kleidungsstücke auf Müllkippen landen und sich nicht wieder in den natürlichen Kreislauf einfügen. Auf der anderen Seite wurde durch Protestaktionen wie Fridays for Future der unbedachte Konsum angeprangert. Denn auch lange, globalumfassende Logistikketten und Lieferwege tragen signifikant zu einem erhöhten CO_2-Ausstoß bei. Der Konsum von regionalen Produkten hat daher wieder an Bedeutung gewonnen.

Auch die Coronakrise hinterlässt Spuren im Konsumverhalten, gerade im Textilbereich. Zum einen führt der Trend weg von der smarten Businesskleidung und hin zum entspannten Freizeit-/Homeoffice-Look. Zum anderen ändert sich auch die Wahrnehmung im Bereich Mode, die nicht nur bequem sein sollte, sondern auch zeitlos. Schnelle Trends scheinen zu verpuffen, da es weniger Gelegenheiten gibt, diese zu tragen oder zu zeigen. Die Coronakrise hat jedoch auch gezeigt, dass es wichtig ist, innerhalb seiner Produktionskette flexibel und schnell auf externe Einflüsse wie eine Veränderung im Kaufverhalten reagieren zu können. Lange Vorlaufzeiten in der Produktion sowie Abhängigkeiten von globalen Lieferketten können hier hinderlich sein. Genauso kommt es auch zu einer steten Anpassung der Vertriebswege. Durch das veränderte Konsumverhalten wird auch der Ausbau des Onlinevertriebs über den eigenen Onlineshop oder über Partnerkanäle für Modemarken immer wichtiger.

Welche bleibenden Auswirkungen die oben genannten Faktoren auf die Weiterentwicklung der Textilindustrie haben werden, ist aktuell noch nicht absehbar. Dennoch ist ein Wandel im Konsumverhalten ersichtlich, und es liegt an den in der Industrie agierenden Firmen, diesen Wandel verantwortungsbewusst zu gestalten.

Als eine der letzten vollstufig produzierenden Textilfirmen in Deutschland ist es unserer Familie bewusst, dass wir uns täglich der Verantwortung gegenüber unseren Mitarbeitern und der Region stellen müssen. Nur gemeinsam mit unserer Betriebsfamilie können wir die Herausforderungen meistern, um TRIGEMA als Familienunternehmen auch in den kommenden Generationen fortzuführen. In einer in Europa rückläufigen Industrie müssen wir uns der Herausforderung stellen, uns täglich neu zu beweisen und uns immerwährend neu zu erfinden, denn nur so können wir Menschen, die sich heute für einen textilen Beruf in unserem Unternehmen entscheiden, diesen Arbeitsplatz auch in Zukunft garantieren. Unsere Herausforderung besteht darin, die Flexibilität zu gewährleisten, die es uns ermöglicht, sich fortwährend dem Wandel der Gesellschaft und deren Bedürfnissen anzupassen.

Die Verantwortung der nächsten Generation besteht branchenübergreifend darin, den Wandel rechtzeitig zu erkennen und angemessen zu reagieren. Wir müssen uns der Verantwortung stellen, mit den Folgen des Klimawandels und der Coronakrise umzugehen, dürfen aber gleichzeitig Werte wie Zusammenhalt, Tradition und langfristige Zielsetzungen, die ein Familienunternehmen definieren, dabei nicht außer Acht lassen.

Weiterführende Literatur

Bakir, Daniel, Verbrennungsanlage in Dänemark: H&M verbrennt tonnenweise unverkaufte Kleidung, vom 17.10.2017, www.stern.de/wirtschaft/news/h-m-verbrennt-tonnenweise-unverkaufte-kleidung-7663888.html, letzter Aufruf am 18.10.2020.

Dowideit, Anette, 230 Millionen Kleider in Deutschland fabrikneu vernichtet oder verramscht, vom 10.11.2019, www.welt.de/wirtschaft/article203216646/Bekleidung-Hunderte-Millionen-Textilien-fabrikneu-vernichtet.html, letzter Aufruf am 5.9.2020.

Epea GmbH (o. J.), Cradle-to-Cradle, epea.com/ueber-uns/cradle-to-cradle, letzter Aufruf am 25.10.2020.

Gesamtverband der deutschen Textil- und Modeindustrie e. V. (o. J.), Branchen, textil-mode.de/de/verband/branchen/, letzter Aufruf am 3.10.20.

Grüner, Stefan/Sabine Mecking, Wirtschaftsräume und Lebenschancen: Wahrnehmung und Steuerung von sozialökonomischem Wandel in Deutschland 1945-2000, Berlin/Boston 2017.

Hielscher, Henryk, Warenvernichtung bei Amazon und Co: Warum Entsorgung oft billiger als Spenden ist, vom 10.6.2018, www.wiwo.de/erfolg/gruender/warenvernichtung-bei-amazon-und-co-warum-entsorgung-oft-billiger-als-spenden-ist/22662330-all.html, letzter Aufruf am 18.10.2020.

Industrie- und Handelskammer Reutlingen, Cluster Technische Textilien Neckar-Alb, o. J., www.cluster-technische-textilien.de/de/technische-textilien2, letzter Aufruf am 21.10.2020.

Klein, Hannah, Schlimmer als Kreuzfahrten: Mode-Wahnsinn zerstört Umwelt – wie wir das ändern, vom 13.6.2020, www.focus.de/perspektiven/nachhaltigkeit/nachhaltiger-leben/nachhaltigkeit-mode-wahnsinn-zerstoert-umwelt-wie-wir-das-aendern_id_10964545.html, letzter Aufruf am 5.9.2020.

Mumme, Thorsten, Rekord beim Textilmüll: Jeder Deutsche wirft jährlich 4,7 Kilogramm Kleidung weg, vom 22.1.2020, www.tagesspiegel.de/wirtschaft/rekord-beim-textilmuell-jeder-deutsche-wirft-jaehrlich-4-7-kilogramm-kleidung-weg/25453254.html, letzter Aufruf am 5.9.2020.

Naturschutzbund Deutschland (NABU) e. V., Gut gekleidet – Tipps für einen bewussteren Umgang mit Kleidung, o. J., blogs.nabu.de/base/wp-content/uploads/2016/01/NABU_Tipps_Gut_gekleidet.pdf, letzter Aufruf am 18.10.2020.

Preuss, Simone, Rana Plaza: Erinnerung an eine Tragödie, vom 27.4.2019, fashionunited.de/nachrichten/business/rana-plaza-erinnerung-an-eine-tragoedie/2019042731698, letzter Aufruf am 5.9.2020.

Pristel, Karl/Thomas Lauer/Dirk Eisenreich, Im Wandel der Zeit: Preise, Verdienste und Konsum, vom April 2012, www.statistik-bw.de/Service/ Veroeff/Monatshefte/PDF/Beitrag12_04_15.pdf, letzter Aufruf am 18.10.2020.

Verband der Südwestdeutschen Textil- und Bekleidungsindustrie – Südwesttextil e. V., Technische Textilien, o. J., www.suedwesttextil.de/ technische-textilien, letzter Aufruf am 25.10.2020.

Wahnbaeck, Carolin/Hanno Groth, Wegwerfware Kleidung: Repräsentative Greenpeace-Umfrage zu Kaufverhalten, Tragedauer und der Entsorgung von Mode, vom November 2015, www.greenpeace. de/sites/www.greenpeace.de/files/publications/20151123_greenpeace_ modekonsum_flyer.pdf, letzter Aufruf am 5.9.2020.

worldwatchers GmbH, TRIGEMA T-Shirts mit gutem CO_2-Footprint, o. J., www.worldwatchers.org/news/trigema-t-shirts-mit-gutem-co2- footprint, letzter Aufruf am 5.9.2020.

BENJAMIN FREISFELD, Jahrgang 1983, ausgebildeter Gemmologe und Diplom-Betriebswirt, ist in dritter Generation geschäftsführender Gesellschafter der *Freisfeld Juweliere* und von *Brahmfeld & Gutruf – Hamburger Juweliere seit 1743 KG*. Unterstützt wird er von seiner Frau CAROLINE FREISFELD, studierte Kunsthistorikerin und Betriebswirtin. Das Familienunternehmen Freisfeld wurde 1945 gegründet. Seitdem hat die Familie drei weitere Traditionsgeschäfte in Deutschland übernommen. Der Fokus des Unternehmens liegt auf den eigenen Schmucklinien, die größtenteils in Münster kreiert und gefertigt werden. Weiterhin führt Freisfeld in seinen Geschäften viele der feinsten Uhrenmanufakturen aus der Schweiz und aus Deutschland.

VERANTWORTUNG UND WERTE

Von Caroline und Benjamin Freisfeld

Nicht nur diesem Band steht das berühmte Zitat aus Goethes *Faust* zum Erbe der Väter voran, sondern schon auf dem alten Hof der Familie Freisfeld, welcher im 11. Jahrhundert erstmals urkundlich erwähnt wird, ziert es eine Sandsteinplatte über dem Herdfeuer.

Mit dem Entschluss, ein Familienunternehmen zu übernehmen, entscheidet man sich, für die nächsten Jahrzehnte verantwortlich zu sein für einen Schatz, der einem von der Familie in die Hände gelegt und anvertraut wird. Entsprechend übernimmt ein Nachfolger nicht nur unternehmerische Verantwortung, sondern auch der Familie gegenüber ist er verpflichtet.

Vertrauen und Wert

Familienunternehmen stehen für Risikobewusstsein, kontinuierliches und nachhaltiges Wachstum und eine langfristige Perspektive. Sie übernehmen Verantwortung für ihren Betrieb, für die Mitarbeiter, für langfristige Partnerschaften sowie für ihr mittelbares und unmittelbares Umfeld: eine Welt, unterlegt mit Substanz und Bodenständigkeit. Tradition spielt eine besondere Rolle.

Ein Nachfolger im Familienunternehmen bereitet sich manchmal aktiv, aber immer zumindest implizit auf seine Aufgaben vor. Beim Mittagstisch und beim Abendbrot, im Urlaub und bei der Familienfeier – stets ist das Unternehmen präsent. Von seinen Vorgängern lernt er das Know-how, welches häufig über Generationen im Unternehmen kumuliert wurde. Dabei müssen gewachsene Strukturen respektiert werden, während aber gleichzeitig ein »frischer Wind« erwartet wird. Es ist seine Aufgabe, das Unternehmen an eine sich ständig ändernde Welt anzupassen und es zukunftsfähig zu machen, ohne den Kern jemals zu verleugnen.

In unserem Fall gab es keinen Druck aus der Familie, in das Unternehmen einzusteigen. Woher kam also die Entscheidung, als Nachfolger den elterlichen Betrieb zu übernehmen? Die grundsätzliche Entscheidung fiel erst spät während des Studiums. Und sie fiel einfach aus Lust am Unternehmertum. Ein Unternehmer ist seines eigenen Glückes Schmied. Er kann seine eigenen Entschlüsse durchsetzen und muss sich jederzeit an deren Erfolg oder Misserfolg messen lassen. Es gibt dabei keinen Raum für Schuldzuweisungen oder Ausflüchte, sondern lediglich klare Verantwortung.

Die übernommenen Unternehmen sind Juweliergeschäfte und das dazu gehörende Goldschmiedeatelier. Der Gründer unseres Unternehmens, Josef Freisfeld, hatte als sechstes Kind seiner Familie nicht die Möglichkeit, den elterlichen Bauernhof zu übernehmen, und suchte die Selbständigkeit als Uhrmacher. Er gründete 1938 sein erstes Juweliergeschäft in Berlin und siedelte nach dem Krieg 1946 in die Heimat nach Münster um. Die Leidenschaft des Gründers für Uhren und Schmuck sowie das unternehmerische Geschick seiner Frau Maria Freisfeld legten den Grundstein für unser heutiges Unternehmen. Ab 1981 übernahmen Dr. Andreas Freisfeld und seine Frau Madeleine das Unternehmen und führten es zur Blüte. Sie bauten in den 1980er-Jahren ein großes Goldschmiedeatelier auf, in dem bis heute die eigenen Schmuckkollektionen im Stil der »westfälischen Strenge, die von Zeit zu Zeit über die Stränge schlägt«, entstehen, und erweiterten das Uhrensegment um zahlreiche Marken der feinsten Schweizer Uhrenmanufakturen. Zwei traditionsreiche Goldschmiedehäuser – Juwelier Backmann in Münster, gegründet 1922, und Juwelier Simon in Mönchengladbach, gegründet

1930 – sind seither in unserem Unternehmen aufgegangen und leben unter dem Namen Freisfeld weiter. Freisfeld steht für eine ganzheitliche, zuweilen farbenfrohe eigene Schmuckkollektion und für eine hohe Kompetenz bei feinen Uhren.

Im Jahre 2010 kam nach einem Vierteljahrhundert Zusammenarbeit im *Collegium Cadoro*, einer Gemeinschaft von Individualisten unter Deutschlands führenden Juwelieren, die sich der Förderung der Schmuckkultur verschrieben hatten, das Haus *Brahmfeld & Gutruf, Hamburger Juweliere seit 1743*, Deutschlands ältestes Juwelierhaus, in den Besitz der Familie Freisfeld. Das Hamburger Haus geht mit seinem alten Namen und nur mit unseren eigenen Schmucklinien am Neuen Wall in die Zukunft: Aus der »westfälischen Strenge« wurde »überraschend hanseatisch«. 2018 wurde mit einem Festakt und einem eigens vom Thalia Theater inszenierten Theaterstück in den Hamburger Deichtorhallen das 275. Jubiläum gefeiert.

Seit 2008 ist nun mit mir die dritte Generation im Unternehmen. Vorher studierte ich BWL an der Ludwig-Maximilians-Universität München und absolvierte im Anschluss ein Aufbaustudium als Diamantprüfer beim Gemmological Institute of America (GIA) in New York.

Zunächst profitierte das Unternehmen von der bloßen Steigerung der verfügbaren Arbeitsleistung. Gemeinsam konnten mehr Projekte angegangen und mehr davon zum Erfolg geführt werden. Diese Dynamik, die sich schnell entwickelt hat, wurde noch verstärkt durch die andere »Toolbox«, die ich als Betriebswirt im Vergleich zu meinem Vater, studierter und promovierter Germanist, mitbrachte.

Vorgänger und Nachfolger sind bei uns gleichberechtigte Partner. Die Schlüsselfaktoren waren und sind Geduld und Verständnis füreinander und für die zum Teil unterschiedlichen Realitäten der verschiedenen Generationen: Vertrauen als Basis darauf, dass hinter unser aller Handeln dasselbe Ziel steht.

Wir agieren stets nach dem »hanseatischen Wir«. Mit diesem Prinzip machen wir unser Handeln und unsere Entscheidungen in der Außenwirkung untrennbar voneinander. Das einfachste Beispiel dafür ist, dass wir bei der Korrespondenz, in der EDV und in anderen Abläufen dasselbe Kürzel führen. Dies sorgt dafür, dass wir aus einer Stimme sprechen. Da wir auch im direkten Verkauf tätig sind, führt das gemeinsame Kürzel hier dazu, dass wir statistisch eine Einheit bilden. Die Verkaufsergebnisse sind nicht trennbar. Das schließt einen Wettbewerb untereinander aus.

Das »hanseatische Wir« bedeutet weiterhin, dass wir die Entscheidung des anderen niemals im Nachhinein infrage stellen und jederzeit gegenseitig füreinander einstehen. Wenn einer allein entscheiden muss oder will, ist nachträgliche Kritik grundsätzlich verboten und in all den Jahren auch nicht vorgekommen.

Dieses gemeinsame Auftreten stärkt uns in vielerlei Hinsicht. Sowohl in der Innen- als auch in der Außenwirkung ist es schwer, uns gegeneinander auszuspielen. In unserer Branche geht es um Vertrauen, um hohe Werte, starke Lieferanten als Partner und um langjährige etablierte Strukturen. Mit dem »hanseatischen Wir« wurde der Wechsel schnell gegenüber unseren Partnern und Lieferanten etabliert, da jeder wusste, dass das Wort des Nachfolgers gelten würde wie das des Vorgängers.

Als Nachfolger wurde von uns erwartet, einige der über 30 Jahre hinweg etablierten Prozesse zu modernisieren und zu verschlanken. So eine Aufgabe gelingt nur mit dem nötigen Respekt vor dem Geleisteten. In unserem Unternehmen haben wir noch Mitarbeiter, die ihre Lehre bei unseren Großeltern begonnen haben. Das führt zwangsweise zu unterschiedlichen Blickwinkeln. Ein Nachfolger begeht einen großen Fehler, wenn er daraus keinen Nutzen für das Unternehmen zieht und stattdessen seine Ideen durchdrückt. Die Umsetzung kann nicht dogmatisch und total stattfinden. Nach einem gelungenen Prozess steht am Ende ein Kompromiss, der von jeder Mitarbeiterin getragen wird und umgesetzt werden kann.

Von der Verantwortung, Werte in die Zukunft zu tragen

Unsere Generation von Nachfolgern steht am Ende einer Epoche. Wir folgen einer Generation, die eine neue Freiheit erlebt hat. Während keiner anderen Generation von Unternehmern ist die Welt in einem solchen Maße zusammengewachsen, denn sie haben erlebt, wie alte Feindbilder abgebaut wurden und die Welt mit dem Fall des Eisernen Vorhangs ein neues Wertesystem bekommen hat. Das Aufkommen des Internets und die dadurch angeheizte Globalisierung haben Grenzen eingerissen, die Marktöffnung Chinas ermöglichte gerade unserer Branche zuletzt ein ungeahntes Wachstum. Höher, schneller, weiter, so schien die Maxime.

Aber heute stehen wir vor anderen Aufgaben. Die Globalisierung hat sich so weit verselbständigt, dass Fragen aufkommen. Ein Paradigmenwechsel kündigt sich an, der verlangt, dass die unbedingte Ausrichtung am wirtschaftlichen Wachstum nicht mehr länger das Maß aller Dinge sein kann und darf. Die Schere zwischen Arm und Reich hat sich gerade in den westlichen Ländern frappierend geöffnet, und es entstehen Spannungen zwischen Teilen der Bevölkerungen, die tiefe Gräben hinterlassen und in Entscheidungen wie dem Brexit enden. Die Präsidentschaftswahl in den USA, die parallel zu unserem Schreiben dieses Kapitels stattfindet, lässt das Land unversöhnbar erscheinen.

Unsere Generation profitiert unheimlich von den starken Jahren, in denen unsere Vorgänger die Unternehmen haben wachsen lassen und zu der Substanz gebracht haben, auf der wir heute aufbauen dürfen. Dennoch: Jede Generation hat ihre eigenen Aufgaben. Unsere unternehmerische Aufgabe wird es sein, die Globalisierung zu retten, sie so umzuordnen und anzupassen, dass in ihrem Rahmen nachhaltiger gewirtschaftet wird und keine Teile der Bevölkerung dabei auf der Strecke bleiben und ausgegrenzt werden. Die Wirtschaft wird dabei am Ende wohl stärker gefordert als die Politik.

Diese Nachfolgegeneration erbt auch eine Welt, die nach heutiger Erkenntnis zu stark ausgebeutet wurde. Nachhaltigkeit ist das dominierende Thema unserer Generation. Ressourcenschonend zu leben und zu arbeiten ist die neue Maxime, damit der uns folgenden Generation eine heile und lebenswerte Welt übergeben werden kann. Ein papierfreies Büro ist genauso ein Ziel wie eine saubere Produktion und eine überlegte Entsorgung aller Abfälle.

Wir arbeiten mit seltenen Rohstoffen, und somit ist es nur gerechtfertigt, dass wir uns den Fragen zum Umgang mit diesen jederzeit stellen. Eine geplante Kooperation mit einer Tierschutzorganisation war für uns ein willkommener Anlass, unsere Lieferketten und Prozesse zu hinterfragen. Dabei wurde uns erst bewusst, dass unsere Branche in vielen Punkten seit jeher nachhaltig arbeitet. Unsere Produkte sowie die der Lieferanten haben nicht selten den Anspruch, für die Ewigkeit oder zumindest für mehrere Generationen geschaffen worden zu sein. Steine und Edelmetalle sind unendlich wiederverwendbar, und keines unserer Produkte würde jemals entsorgt werden. Denn unsere Produkte sind bleibende Werte!

In unserer Werkstatt klopfen wir den Filter der Klimaanlage aus und filtrieren das Wischwasser, um so schonend wie möglich – allein schon aus Wertgründen – mit dem Rohstoff Gold zu verfahren. Unser Gold beziehen wir von einer deutschen Scheideanstalt, die Mitglied im *Responsible Jewellery Council* ist. Es besteht fast zu 100 Prozent aus Recycling-Gold. Für unsere Schmuckstücke wird also kein neues Gold abgebaut. Insgesamt hat Gold nachvollziehbarerweise eine extrem hohe Recyclingquote.

Bei den Edelsteinen, die zwar ebenfalls langlebig nahezu bis in die Unendlichkeit sind, ist die Sache schon etwas schwieriger. Auch hier werden Steine zum Teil wiederverwendet. Besonders sammelwerte Edelsteine kommen häufig aus Minen, die schon vor langer Zeit erloschen sind. Die auf dem Markt erhältlichen Steine sind daher aufpolierte Steine, die schon zuvor ein Schmuckstück geziert haben. Darüber hinaus fällt es aber oft schwer, die genaue Herkunft eines Edelsteines im Nachhinein festzustellen. Daher ist es uns sehr wichtig, dass wir mit etablierten und langjährigen Partnern zusammenarbeiten, die ihrerseits einen hohen Standard bieten. Unsere Diamanten beziehen wir ausschließlich aus Quellen, die nach dem Kimberley-Prozess, einem Zertifikationssystem für den internationalen Handel mit Rohdiamanten, zertifiziert sind. Außerdem beobachten wir neue innovative Ansätze genau, die mithilfe der Blockchain-Technologie eine Rückverfolgung bis zur Mine versprechen.

Die Globalisierung und die Digitalisierung verändern unser Leben und vor allem unser Konsumverhalten enorm. Viele Güter sind leichter, schneller und günstiger über das Internet von weltweiten Anbietern zu erwerben. Orientierte sich früher der Einzelhändler mit seinen Produkten an dem lokalen Angebot und der Nachfrage, muss sich der lokale Einzelhändler heute die globale Situation und vor allem das Onlineangebot anschauen. Die Konkurrenz kennt keine Grenzen mehr und kann global agieren. Auch hat das Internet zu einer hohen Transparenz geführt und somit zu sehr gut informierten und preissensiblen Kunden. Spätestens seitdem Zalando Schuhe per Post verschickt und gratis wieder zurücknimmt, war sich jeder Einzelhändler bewusst, dass das Onlineshopping unsere Welt verändern würde. Schon unser Vorgänger Dr. Andreas Freisfeld hatte das immer im Blick. 1991 waren wir der erste deutsche Juwelier im Internet. Zum Vergleich, eine weltbekannte Uhrenmarke mit einer Krone im Logo hatte erst 2002 eine eigene Homepage.

Im Bereich Echtschmuck ist der Einzelhandel jedoch nach wie vor das Maß aller Dinge. Wir haben in den letzten Jahren viel Geld in die Ausstattung und Sicherheit unserer Geschäfte investiert und ermöglichen damit einer großen Zahl von Kunden ein besonderes und unvergessliches Erlebnis beim Schmuckkauf. Juweliere haben einen gewissen Sonderstatus unter den Einzelhändlern. Viele unserer Produkte sind Unikate, und das Wissen bei einer Kaufentscheidung ist in der Tat stark asymmetrisch zugunsten des Juweliers verteilt. Damit ein Kunde aus dieser ungünstigen Position heraus dennoch kaufen mag, muss er Vertrauen aufbauen. Er kann die Qualität der Edelsteine und daher den fairen Preis selbst kaum beurteilen. Zertifikate für Diamanten helfen ein Stück weit. Doch bei farbigen Steinen wie Saphir, Rubin und Smaragd sind selbst die Zertifikate bestenfalls dazu geeignet, den Laien eine Richtung zu geben und vor Betrug zu schützen. Der wirkliche Wert eines solchen Steines, der sich salopp gesagt einfach in seiner Schönheit und Authentizität verbirgt, lässt sich über das Internet nur schwer bis gar nicht kommunizieren. So können Blau- und Grüntöne überhaupt nicht farbecht digitalisiert werden, sie sehen an jedem Bildschirm anders aus.

Es geht also in unserer Branche zuallererst um Vertrauen. Der Kunde muss sich sicher sein, dass er bei uns das bekommt, wofür er bezahlt, und das zu einem fairen Preis.

Um dieses Vertrauen aufzubauen, gibt es Mechanismen, die Zeit und Geld kosten. Eine Historie und lange Kontinuität legen den Grundstein für Vertrauen. Erreichbarkeit und gegebenenfalls Belangbarkeit im Streitfall schließen den Kreis. Nicht ohne Grund haben Juweliere oft große repräsentative Geschäfte in Toplagen, obwohl man die wertige Ware wahrscheinlich in einen Koffer packen könnte. Diese Geschäfte sagen aus, dass wir gekommen sind, um zu bleiben. Dass wir bei allen Rückfragen jederzeit aufzufinden sind und zuletzt auch, dass wir in der Vergangenheit erfolgreich damit waren. Das zeigt, dass uns schon viele Leute vorher vertraut und weiterempfohlen haben. Dieses Vertrauen ist online ungleich schwerer aufzubauen

Die Digitalisierung wird daher die große Aufgabe unserer Generation von Einzelhändlern. Die Coronapandemie, die die Welt seit 2020 fest im Griff hat, hat einige Entwicklungen beschleunigt. Das Homeoffice wird sich als eine zweite Norm etablieren, die Grenze zwischen Arbeit und Privatleben wird fließender. Daraus folgt, dass sich auch die Innenstädte neu erfinden müssen. Diese Prozesse müssen wir begleiten und mitgestalten, um nicht von ihnen überrannt zu werden. Während die neuen Medien auf der einen Seite den Konkurrenzdruck erhöhen, bieten sie aber auf der anderen Seite die Chance, als riesiges Sprachrohr für eine gute Idee oder ein überlegenes Produkt zu fungieren. Dieses gilt es zu nutzen, um unsere Unternehmen stärker zu profilieren und von den Mitbewerbern abzusetzen.

Es wird eine Generation kommen, die der festen Überzeugung ist, dass es Dinge, die es online nicht gibt, überhaupt nicht gibt. Auch der Schmuck an sich muss andere Bedürfnisse befriedigen. Die formelle Arbeitskleidung ist auf dem Rückzug, daher braucht es auch informelleren Schmuck, der eine neue Leichtigkeit ausstrahlt. Wir müssen unser digitales Profil schärfen, um diese Kunden nicht zu verlieren. Wir müssen Wege der Ansprache finden, die vielleicht seltener in unseren Geschäften stattfinden wird. Unsere Einzelstücke bedürfen einer neuen Art der Präsentation.

Damit stehen wir glücklicherweise nicht allein da. Unser Unternehmen gehört zu den Gründern der *European Jewellers Conference: Maastricht Group*, einem Zusammenschluss führender europäischer Juweliere, die den gemeinsamen Austausch gesucht haben und dabei Freunde geworden sind. Die Zielsetzung der *Maastricht Group* ist es, für den Erhalt der hochwertigen Juwelen- und Uhrenkunst einzutreten, um das Vertrauen der Kunden in die oft über mehrere Generationen bestehenden Fachgeschäfte zu fördern.

Beflügelt von der Idee europäischer Einheit in Maastricht bekennen sich unabhängige Juweliere und Uhrenspezialisten aus Mitteleuropa zu einem Grundsatz, der an die Kollegialität der Goldschmiedegilden im Mittelalter anknüpft. Jeder tritt für jeden ein – untereinander und im Verhältnis zum Kunden oder zu den Partnern in der Industrie. Unter der Devise: Wir versprechen unseren Kunden, dass sie bei jedem von uns Garantieverpflichtungen und Serviceversprechen, die ein Repräsentant der Gruppe übernommen hat, einlösen können – an jedem Ort. Wir stehen füreinander ein.

Der D'Artagnan, dem Musketier aus der Gascogne, zugeschriebene Satz »Einer für alle, alle für einen« ist ein Wert der europäischen Kultur, der für diese Juweliere eine besondere Bedeutung hat. Vertrauen und Einigkeit sind die Grundlage jeder Schmuckkultur. In der Freiheit, die Europa gewonnen hat, ist das Versprechen von Maastricht ein Beitrag, auch Vertrauen grenzenlos wirken zu lassen. Eine einfache Formel für eine großartige Idee.

Bei den Meetings von Anfang an mit am Tisch: die Nachfolger. In dieser Gruppe werden Erfahrungen, Ängste und Pläne offen diskutiert und gemeinsam vorangetrieben. Mit den anderen Nachfolgern gibt es einen offenen Austausch auf Augenhöhe über Themen, die ein Außenstehender kaum nachvollziehen könnte. Die Vorgängergeneration steht auch den anderen stets als Mentor bereit.

Sinn als Unternehmerkultur

»Ein Unternehmen ist ein Zusammenschluss von Menschen, die gemeinsam ein Ziel erreichen wollen«, so wurde es in einer meiner ersten BWL-Vorlesungen an der LMU gelehrt. Eine sehr simple, aber tiefgreifende Definition des Begriffes Unternehmen, die uns jeden Tag leitet.

Ein Unternehmen besteht nicht nur, um Profite einzufahren. Es ist – und da werden wohl die meisten Familienunternehmer zustimmen – etwas Sinnstiftendes. Es lebt davon, dass alle Beteiligten jeden Tag antreten, um das Beste aus sich herauszuholen und dem Unternehmen zum Erfolg zu verhelfen. Unsere Aufgabe als Nachfolger ist es, mit den Mitarbeitern die Ziele für das Unternehmen zu definieren und sie für diese zu begeistern. Ohne die Mitarbeiter ergibt das Unternehmen keinen Sinn. Eine Erkenntnis, die für keinen Unternehmer neu ist. Aber die simple Definition von dem, was wir tun, macht es leichter, es nicht aus den Augen zu verlieren.

Die Mitarbeiterführung ist in den letzten Jahren anspruchsvoller geworden. Auf dem Fachkräftemarkt sorgt die Vollbeschäftigung für einen hohen Konkurrenzdruck, während Fachkräfte immer seltener werden. Die Arbeitszeiten im Einzelhandel und mangelnde Flexibilität der Arbeitsgestaltung wirken abschreckend. Schließlich ist Arbeiten aus dem Homeoffice im Verkauf oder in der Werkstatt nicht möglich. Immer mehr Schulabgänger entscheiden sich für ein Studium.

Wir bilden daher kontinuierlich Mitarbeiter als Einzelhandelskaufleute und als Goldschmiede aus und sind froh, dass wir dank unserer lokalen Verwurzelung und unseres guten Namens immer wieder motivierte Auszubildende finden. Oft begleiten uns diese Mitarbeiter dann viele Jahre, bisweilen sogar bis zur Rente.

Wir sind ein Betrieb mit einer flachen Hierarchie. Jeder Mitarbeiter hat einen direkten Draht zur Geschäftsführung. Da wir die Mitarbeiter oft eben schon aus der Lehre kennen, freuen wir uns über ein sehr familiäres Miteinander. Das ist in unserer Branche von großem Vorteil, denn Vertrauen genießt bei uns höchste Priorität. Wir hantieren mit großen Werten auf kleiner Fläche, dies gilt sowohl bezogen auf die Ware als auch auf das Vertrauen der Kunden.

Dank unserer verschiedenen Standorte können wir den Mitarbeitern bisweilen Abwechslung und Austausch über die täglichen Begegnungen hinaus bieten, auch wenn das durch Corona im Moment erschwert wird.

Zukunft mit Herkunft

Kern unseres Schaffens sind Tradition und Innovation zugleich. Das Vertrauen unserer Kunden haben wir zum Teil über Generationen erworben. Für die Qualität unserer Produkte stehen wir jederzeit mit unserem guten Namen ein, den wir mit Fleiß und Kontinuität etabliert haben. Dabei repräsentieren wir ein Handwerk, das sich seit der Antike nicht wesentlich verändert hat. Die grundsätzliche Art, Schmuck in Handarbeit herzustellen, ist immer noch die gleiche. Auch die Uhren unserer Partner verkörpern »savoir faire« aus den früheren Jahrhunderten.

Darüber hinaus haben wir es uns seit 2010 zur Aufgabe gemacht, den ältesten Namen der Branche in Deutschland wieder mit Leben zu füllen. *Brahmfeld & Gutruf* gibt es seit nunmehr 277 Jahren und war abgesehen von der Zeit des Zweiten Weltkriegs fast durchgehend geöffnet. Wir haben diesen Schatz gehoben und in einem Buch zum 275-jährigen Jubiläum aufbereitet, welches in Zusammenarbeit mit dem familiengeführten Coppenrath-Verlag erschienen ist. Die grundsätzlichen Ideen nicht nur unseres Gründers, sondern auch des Gründers von Brahmfeld & Gutruf, Hinrich Brahmfeld, verfolgen wir noch heute, denn hinter dieser Idee steckt vor allem die Innovation.

Die Hauptaufgabe eines Juweliers ist gute Gestaltung. Ein Juwelier saugt mit offenen Augen die Zeichen der Welt auf und komponiert mit Edelsteinen, Gold und mit handwerklicher Finesse Schmuckstücke, die den Zeitgeist einfangen und die noch zukünftige Generationen begeistern sollen. Bleibendes zu schaffen, ist unser Ziel. Dabei lassen wir uns von der Tradition des eigenen Schaffens inspirieren, um Neues hervorzubringen. Kurzum: Bei uns hat Zukunft Herkunft.

Die Heimat im Herzen

»Think Glocal« war ein Spruch des Münchner Marketingprofessors Anton Meyer. Und er hat so recht. Die Welt scheint heute ein überschaubarer Ort zu sein. Mit einem Klick im Internet kann man sich die neuesten Kreationen der Juweliere auf dem Rodeo Drive in Hollywood nach Hause holen und mit der traditionellen Kunst der großen indischen Juweliere in Kalkutta vergleichen. Aber was bringt einem das Wissen, was die Frau in Los Angeles heute sucht, wenn man es nicht mit den Gedanken der lokalen Kundschaft abgleicht?

Wir sind lokal verankerte und gewachsene Unternehmen und bringen uns gesellschaftlich und sozial in unseren Heimatstädten ein. Wir tragen die Heimat im Herzen und setzen uns, wie es so viele Familienunternehmer tun, für diese ein, indem wir soziale und kulturelle Projekte unterstützen. Die Heimat ist unser Potenzial, aus dem wir täglich schöpfen. Wir kennen unsere Kunden und begleiten sie mit großer Freude zum Teil über Generationen.

Es ist wichtig, immer zu wissen, woher man kommt. Nur wer authentisch ist, kann glaubwürdig Vertrauen aufbauen. Und Vertrauen und Verantwortung sind und bleiben die Grundsätze für unser unternehmerisches Schaffen. Das ist der besondere Wert der Familienunternehmen, und daran werden weder Digitalisierung noch Globalisierung etwas ändern.

CONSTANTIN BUSCHMANN, Jahrgang 1984, ist Geschäftsführer und Mehrheitsgesellschafter der 1977 gegründeten *BRABUS Group* in Bottrop. BRABUS fertigt seit über 40 Jahren Luxusfahrzeuge und Komponenten mit Weltruf. Seit 2018 führt Constantin Buschmann die Geschäfte des Familienunternehmens in zweiter Generation. Zuvor absolvierte er ein Studium der Wirtschaftswissenschaften. Er engagiert sich als stellvertretender Bundesvorsitzender des Verbandes Die Jungen Unternehmer und setzt sich als Präsident des Verbandes der Automobil Tuner e. V. für Anbieter automobiler Individualität ein. Constantin Buschmann ist verheiratet und lebt unweit des Unternehmens in Bottrop. Instagram: *@constantin_brabus*.

DYNAMISCHE VERANTWORTUNG

Von Constantin Buschmann

Was bedeutet es, ein Familienunternehmer zu sein?

Bei vielen mag die Vorstellung vom Familienunternehmer Assoziationen von Wohlstand, Freiheit und einem Leben im Jetset hervorrufen. Diese in zunehmendem Maße durch Fernsehsendungen und Social-Media-Stars vermittelten Vorstellungen eines erfolgreichen Unternehmerlebens sind in den allermeisten Fällen nicht nur grundfalsch oder stark verzerrt und dramatisiert, sondern sie vernachlässigen auch unweigerlich eine stets mit dem Eigentum an einem Unternehmen verbundene Dimension: die Verantwortung.

Jeder Unternehmer ist allein aufgrund der Tatsache, dass er Eigentümer einer Gesellschaft ist, einer ganzen Reihe an Parteien gegenüber auf vielfältige Art und Weise verpflichtet.

Ist dieser Gesellschafter im eigenen Unternehmen beruflich aktiv, womöglich sogar als einziger Geschäftsführer, steigt die Anzahl der Personen, Organisationen und Parteien, denen gegenüber er verpflichtet ist, und damit die Bündelung der Verantwortung um ein Vielfaches. Ist er hingegen Teil einer Gruppe oder eines Ausschusses von aktiven Gesellschaftern, dann verteilen sich die bei einem Einzelunternehmer vergleichsweise stark gebündelten Verantwortungsbereiche und Handlungsoptionen auf mehrere Personen.

Aus Erfahrung sehe ich einen großen Unterschied zwischen einem tatsächlich aktiven Unternehmer und einem reinen Gesellschafter oder

Familienmitglied. Der Unternehmer ist nicht nur ein Eigentümer einer Gesellschaft, sondern steht auch aktiv an der Spitze der Gesellschaft und beeinflusst deren Geschäfte damit maßgeblich.

Sätze wie »Unternehmertum ist Aktion, nicht Zustand« oder »Unternehmertum ist Unternehmer-Tun, nicht Unternehmer-Sein« entsprechen dieser Ansicht und verdeutlichen auch meine eigene Perspektive, wonach der Unternehmer seine Reputation und seinen Erfolg nur zu einem Bruchteil der Tatsache verdankt, dass ihm ein Unternehmen gehört. Vielmehr sind es seine Handlungen, die ihn als Unternehmer überzeugen lassen. Ohne die Komponente des Handelns ist meinem Verständnis nach der Eigentümer eines Unternehmens bloß als Investor oder Anteilseigner zu bezeichnen, jedoch nicht als Unternehmer.

Dies ist keine wertende Differenzierung, sondern eine sachliche, da die Anforderungen und Erwartungen an einen aktiven Unternehmer sowie dessen Perspektive auf Familie und Unternehmen sich grundsätzlich von der eines passiven Gesellschafters oder eines Investors unterscheiden.

Als aktiver Unternehmer Verantwortung für ein Familienunternehmen zu tragen, bedeutet nahezu allumfassend für Umstände, Ergebnisse und Entscheidungen in Verbindung mit dem eigenen Familienunternehmenssystem geradestehen zu müssen. Egal was in der Einflusssphäre des Unternehmers geschieht – das Gewinnen oder die Aufkündigung eines wichtigen Vertrages im Unternehmen, ein Unfall eines Familienmitgliedes, die Reklamation eines Kunden, ein Streit unter Gesellschaftern, der Ausfall einer Produktionsanlage im Ausland, kritische Kommentare zur gerade aufgestellten Unternehmensstrategie in den Medien –, alles betrifft den Familienunternehmer direkt. Er steht mit allen Parteien im System Familienunternehmen in Verbindung, trägt für die allermeisten Geschehnisse und deren Konsequenzen die Verantwortung und bündelt sowohl Informationen und Wissen als auch die finanziellen und tatsächlichen Ressourcen und Handlungsmöglichkeiten.

Das Thema der Verantwortung mit den vielen daraus resultierenden kurz-, mittel- und langfristigen Verpflichtungen ist deshalb erwähnenswert, weil es die nicht zu unterschätzende Gegenseite der Medaille für jeden potenziellen oder tatsächlichen persönlichen Erfolg ist.

Ähnlich der Marktlogik von Risikobereitschaft und zu erwartender Belohnung gehen beim Unternehmer Ambition und wirtschaftlicher Erfolg Hand in Hand. Es sind Verantwortung und Verpflichtung, die unabhängig von der Gesellschaftsform in vielen Fällen eine sehr persönliche Komponente aufweisen. Diese entsteht durch Effekte, die typisch für Familienunternehmen sind, darunter die langfristige, häufig über Generationen hinweg bestehende Verknüpfung einer Eigentümerfamilie mit dem Unternehmen. Name und Ruf der Familie fallen vielfach mit dem Unternehmen selbst zusammen, ebenso die Verknüpfung von persönlichem Vermögen mit dem betrieblichen Vermögen.

Was heißt es, als Familienunternehmer in diesen mannigfaltigen Beziehungen »verantwortlich« zu sein?

Der Unternehmer hat häufig nicht nur ein Unternehmen gegründet oder es von seinen Vorgängern geerbt, sondern er ist vielfach zumindest mittelfristig, meist sogar sehr langfristig an das Unternehmen gebunden.

Eigentum schafft Verantwortung, Verantwortung schafft Verpflichtungen, und diese Verpflichtungen gehen wiederum einher mit Erwartungen. Neben die grundsätzliche Erwartung von Kontinuität, ausgedrückt in langfristigem betriebswirtschaftlichem Erfolg, treten die operativen und strategischen Erwartungen diverser anderer Parteien. Das Unternehmen, die Gesellschafter, Kunden und Mitarbeiter, die eigene Familie oder der eigene Familienstamm, die eigene Kernfamilie, das Unternehmensumfeld, darunter etwa die Kommune, das Land oder die Gesellschaft, aber auch diverse Lieferanten, Handels- und Vertragspartner – sie alle hegen ihre Erwartungen an den Unternehmer. Für diesen sind dabei im Gegensatz zu angestellten Managern, beispielsweise Vorstände in Aktiengesellschaften oder GmbH-Geschäftsführer, mehrere der folgenden Aspekte speziell.

Langfristigkeit der Verantwortung

Zum einen wirken die aus den verschiedenen Verantwortungsbereichen heraus erwachsenden Erwartungen über einen wesentlich längeren Zeitraum, da der Familienunternehmer seinen Beruf zumindest wesentlich länger ausübt, gefühlt und tatsächlich häufig sogar zeitlich unbegrenzt – denn er ist ein Teil des Unternehmens, und es gibt keine weitere Karriereleiter, keine Job-Rotation und keinen Wechsel in eine weitere Auslandsdependance nach absolvierter Amtszeit. Zu jedem Zeitpunkt ist er im Laufe seines Berufslebens sowohl in Bezug auf eine relativ zu angestellten Managern längere berufliche Vergangenheit als auch in Bezug auf eine langfristige, womöglich transgenerational gedachte Zukunft mit Erwartungen konfrontiert, die aus den genannten Verantwortungsbereichen resultieren.

Er ist nicht nur im gegenwärtigen Moment verantwortlich, sondern er war es schon sehr lange zuvor und wird es noch sehr lange sein. Das unterscheidet den Unternehmer von einem auf Zeit angestellten Manager oder einem auf Zeit gewählten Politiker. Dies trägt wesentlich dazu bei, dass in Familienunternehmen sehr langfristig gedacht wird.

Parallelität der Verantwortungsbereiche

Die verschiedenen Verantwortungsbereiche des Familienunternehmers wirken alle zugleich. Er kann sich nicht aussuchen, an einem bestimmten Tag *nur* für die Familie, *nur* für das Unternehmen, *nur* für dessen guten Ruf oder *nur* für die Produktion verantwortlich zu sein. Zwar lässt sich Verantwortung operativ segmentieren und delegieren, schlussendlich ist eine solche Verantwortungsspezialisierung für den Familienunternehmer jedoch unmöglich. Er ist zu jeder Zeit – bei Tag und Nacht, während einer Dienstreise, bei allen Terminen, beim Lesen von E-Mails, beim Abendessen mit Kunden oder beim Besuch einer Schulveranstaltung seiner Kinder – für alle Bereiche zeitgleich verantwortlich und muss damit umgehen, unabhängig davon, ob ihm das gefällt oder wo sein Fokus gerade liegt.

Diese Tatsache stellt jeden Unternehmer vor permanente und signifikante Herausforderungen: Er muss sich auf eine zu erledigende Aufgabe fokussieren und sich zeitgleich, soweit dies möglich ist, der Parallelität von Ereignissen im Familienunternehmen bewusst sein und damit umgehen können.

Er muss mit einem immensen extrinsischem und intrinsischem Druck umgehen, der nicht nur aus dieser Parallelität und Permanenz der Verantwortung heraus entsteht, sondern auch daraus, dass seine Verantwortungsbereiche unweigerlich und ständig in Konflikt miteinander treten. Es ist schlicht nicht möglich, bei einem Meeting im Unternehmen und beim Mittagessen mit der Familie gleichzeitig zu sein. Es ist nicht möglich, gleichzeitig in Ruhe über die Unternehmensstrategie nachzudenken und in der Fertigung oder in der Logistik operative Qualitätsprobleme zu lösen. Hierbei ist ebenfalls zu berücksichtigen, dass dieser Umstand durch das viel beschworene korrekte Setzen von Prioritäten nicht einfach gelöst werden kann. Ähnlich einem Notfallchirurgen, der allein in seinem Klinikbereich ist und der sich mit mehreren Notfällen gleichzeitig konfrontiert sieht, muss der Unternehmer sich darüber bewusst sein, dass er die durch seine vielfältigen Verantwortungsbereiche entstehenden Erwartungen nicht alle erfüllen kann. Genauso wie es dem Chirurgen nicht möglich ist, alle Notfallpatienten gleichzeitig zu operieren, ist es für den Unternehmer unmöglich, alle seine Aufgaben perfekt zu lösen und jedem Verantwortungsbereich jederzeit gerecht zu werden. Der Idee der »richtigen« Priorisierung von Aufgaben und Erwartungen muss daher immer das Bewusstsein hinzugefügt werden, dass ihm eine vollständige und allumfassende Erfüllung dieser Erwartungen unmöglich ist.

Es wird etwas hintenüberfallen. Es wird Arbeit unerledigt bleiben, es wird unzufriedene Kunden und Mitarbeiter geben, es wird Konflikte zwischen Familie und Unternehmen geben. Um im Bild des Chirurgen zu bleiben: Es werden Patienten unbehandelt bleiben, mit allen möglichen negativen Konsequenzen. Ob ein Familienunternehmer erfolgreich ist oder nicht, hat dementsprechend auch entscheidend damit zu tun, inwiefern er es schafft, seine verschiedenen Wirkungs- und Verantwortungsbereiche aufeinander abzustimmen und mit den zwischen diesen Bereichen auftretenden Dilemmata umzugehen.

Nichtdelegierbarkeit der Verantwortung

Ein weiterer spezifischer Aspekt der Verantwortung in Familienunternehmen ist deren schlussendliche Nichtdelegierbarkeit. Ein Familienunternehmer kann Arbeit, operative Verantwortung und viele Entscheidungen im alltäglichen Geschäft des Unternehmens delegieren. Ohne ein weitreichendes Delegieren ist die Erledigung der Arbeit gerade in größeren Unternehmen unmöglich. Erst das Übertragen von Entscheidungen und die Verteilung von Entscheidungsgewalt innerhalb eines Unternehmens ermöglichen signifikantes Wachstum. Jedoch bleibt der Unternehmer auch in größeren Organisationen der Träger der letztlichen Verantwortung für die Konsequenzen aller getroffenen Entscheidungen und der dadurch erzielten Ergebnisse und Konsequenzen auf allen Verantwortungsebenen. Als Eigentümer der Gesellschaft ist er neben seinen eigenen Handlungen, Arbeitsergebnissen, Aussagen und Entscheidungen auch für diejenigen aller Personen verantwortlich, die in seinem Auftrag arbeiten.

Zum einen, weil die Handlungen von Mitarbeitern, Familienmitgliedern, Personen und Organisationen im Unternehmensumfeld, beispielsweise die von Lieferanten oder Handelspartnern, mittelbar oder unmittelbar das betriebswirtschaftliche Wohl des Unternehmens und damit auch den wirtschaftlichen Erfolg des Unternehmers betreffen.

Zum anderen, weil die Haltungen und Handlungen des Unternehmers immer auf die Organisation, die Unternehmerfamilie, das direkte Unternehmensumfeld und unter Umständen auch auf die Öffentlichkeit abstrahlen und sowohl seine soziale und gesellschaftliche Wirkung als auch die von Familie und Unternehmen prägen.

Nichtaufschiebbarkeit der Verantwortung

Darüber hinaus ist die Nichtaufschiebbarkeit von Verantwortung zu nennen. Auch Nichthandlungen sind Handlungen. Wann immer der Unternehmer Entscheidungen verschiebt oder Probleme verdrängt, muss er sich bewusst sein, dass dieses Nichthandeln potenziell sowohl Konkurrenten Handlungsspielräume gewährt als auch die Möglichkeit schafft, dass Chancen unergriffen am Unternehmen vorbeiziehen oder andere negative Konsequenzen durch die nicht wahrgenommene Verantwortung verstärkt werden.

Ein Unternehmenslenker, der seine Verantwortung nicht wahrnimmt, muss damit rechnen, dass sein Unternehmen in falsches Fahrwasser gerät oder an Fahrt verliert. Natürlich treten in jedem Unternehmen Situationen auf, in denen Entscheidungen zu treffen sind, deren Auswirkungen vorher präzise und eingehend analysiert werden müssen. Es ist nachvollziehbar, dass ein reines Entscheiden um des Entscheidens willen nicht zielführend ist, genauso wenig wie Entscheidungen zu treffen, nur um dadurch Zeit zu sparen. Die gute Wahrnehmung von Verantwortung im Familienunternehmen kann sogar häufig das bewusste Zurückstellen von Themen und Entscheidungen bedeuten. Dies ist nicht nur unproblematisch, sondern sogar empfehlenswert, solange absehbar ist, dass es die Entscheidungsqualität verbessert.

Langfristigkeit, Parallelität, Nichtdelegierbarkeit und Nichtaufschiebbarkeit der Verantwortung in einem Unternehmen stellen jeden Unternehmer vor massive Herausforderungen.

Er ist in seinem Unternehmen und je nach Struktur und Kultur auch in der Familie der wesentliche Entscheider und soll seiner Verantwortung und den damit einhergehenden Erwartungen auf verschiedensten Ebenen zeitgleich und jeweils mit potenziell sehr langem Vergangenheits- und Zukunftsbezug gerecht werden. Dazu kommt die Tatsache, dass die Handlungen aller Personen im Unternehmen oder dessen strukturellem Umfeld schlussendlich ihn betreffen und er sich permanent mit der Unmöglichkeit konfrontiert sieht, alle Interessen zufriedenzustellen und allen Themen zugleich Aufmerksamkeit zu widmen.

Werkzeuge und Prioritäten bei der Wahrnehmung von Verantwortung

Die Werkzeuge des Unternehmers, mit denen er seine Verantwortung wahrnimmt, sind sein tägliches Handeln, seine Kommunikation und seine Entscheidungen in Familie und Unternehmen. Wie der Unternehmer seine Verantwortung wahrnimmt, hängt davon ab, wie er seine Prioritäten setzt, was ihn interessiert und wie er seine Aufmerksamkeit verteilt. Wird beispielsweise in der Unternehmerfamilie eine Linie vertreten, der zufolge die Themen der Familie Priorität im Verhältnis zu denen des Unternehmens genießen, werden diese häufig Vorrang haben. Entsprechend ist es, wenn andersherum immer das Unternehmen vorgeht und die Familie zurückstecken muss. Ist der Unternehmer Techniker, genießen womöglich Produktentwicklungs- und Produktionsthemen den Vorrang. Ist er eher marketingorientiert, sind es wahrscheinlich eher Dinge wie die Marke, die Kunden und die Außendarstellung des Unternehmens.

Auch die Frage, worauf der Unternehmer in einem gegebenen Moment oder einer Phase seines Schaffens seinen Fokus legt, beeinflusst die im Unternehmen und von ihm selbst gesetzten Prioritäten deutlich. Das Gleiche gilt schlicht auch für einfachste Dinge wie die Frage, wo sich der Unternehmer im Moment einer wichtigen Entscheidung aufhält oder mit wem er sich zu einer gegebenen Zeit umgibt. All diese Variablen beeinflussen die Entscheidungen des Unternehmers – und damit die Frage, wie er in welchem Bereich seine Verantwortung wahrnehmen, Erwartungen gerecht werden und Verpflichtungen erfüllen kann. Es ist unmöglich, alle diese Variablen zu kontrollieren. Es ist aber entscheidend, dass jeder Unternehmer diese Zusammenhänge und seine eigenen Limitierungen und Prädispositionen hinterfragt, versteht und dadurch lernt, die jeweiligen Entscheidungssituationen besser einzuordnen und sie zu gestalten.

Um verantwortlich handeln zu können, muss er sich konstant die Frage stellen, wie er sein knappes Aufmerksamkeitsbudget optimal auf operative und strategische Themen des Unternehmens und der Familie verteilen und sich selbst und seine Arbeitsumgebung optimal organisieren kann. Auch ist es seine Aufgabe, die Einflüsse, denen er sich aussetzt, so zu strukturieren, dass sich ein möglichst vollständiger Überblick über die Geschehnisse in seiner Organisation ergibt. Dies erfordert vor allem den Verzicht darauf, alles schaffen und erledigen zu wollen. Eine Konzentration auf alles bewirkt das exakte Gegenteil. Vielmehr der bewusste Verzicht sowie die bewusste Auswahl und Behandlung der wichtigsten Aufgaben stellen die Grundvoraussetzungen für organisiertes und erfolgreiches Unternehmertum dar.

Wandel der Verantwortung im Laufe der Zeit

Besonders spannend ist der Aspekt, dass sich die Interessen, der Fokus, die Persönlichkeit und die Einstellung des Unternehmers über die Zeit ändern. Beispielsweise hat die Frage, wie jung oder alt er ist beziehungsweise wie lange er bereits Unternehmer ist, einen deutlichen Einfluss darauf, wie er mit verschiedenen Fragestellungen, Themen oder Entscheidungen umgeht. Selbst die Frage, was er als seine Verantwortung in seinen verschiedenen Lebensbereichen definiert, hängt neben offensichtlichen Variablen wie dem jeweils aktuellen Unternehmenserfolg stark von

Faktoren wie seinem Alter, seiner Berufserfahrung und der Struktur seiner Familie ab.

Um sowohl die persönlichen als auch die allgemeinen beschriebenen Verantwortungsdynamiken abzufedern und dem Unternehmen und der Familie Kontinuität, Stabilität und Raum für Wachstum zu verleihen, sollte sich ein Unternehmer die Frage stellen, wie er sein Unternehmen von sich selbst unabhängiger machen und wie er seine unternehmerische Wirkung in seinem Unternehmen institutionalisieren und in der Organisation von ihm unabhängig verankern kann.

Schafft ein Unternehmer dies nicht und bleibt sein Unternehmen auf eine Weise von ihm abhängig, die seine permanente Anwesenheit und seine singuläre Innovationskraft erfordert, hemmt er sowohl sich selbst als auch sein Unternehmen. Unternehmertum ist anstrengend, und ein Unternehmer, der über einen langen Zeitraum hinweg die Innovationskraft, die Entscheidungskompetenz und damit auch die Verantwortung für Familie und Unternehmen vollständig auf sich bündelt, läuft Gefahr, sein Unternehmen zu schwächen. Denn er verkennt, dass er älter wird, dass sich seine persönlichen Präferenzen, seine Wünsche und der Fokus seiner Aufmerksamkeit verschieben und er allein durch seine Präsenz im Unternehmen das Heranwachsen von Personen und Strukturen verhindert, die ihm einerseits einen Teil der Verantwortung abnehmen und andererseits im Falle seines Ausfalls das Unternehmen kompetent fortführen können.

Entscheidend für die Entwicklung der Wachstumsfähigkeit und der langfristigen Zukunftsfähigkeit des Unternehmens ist in Bezug auf die unternehmerische Verantwortung die Frage, ob der Unternehmer erkennt, dass sein teilweises Loslassen und das Verteilen von Verantwortung im Unternehmen über die Zeit dazu führen, dass er sowohl seine unternehmerische Verantwortung als auch die Verantwortung für sich selbst und sein eigenes Leben besser wahrnehmen kann. Dadurch ist er in der Lage, die Verantwortung für sein Unternehmen auf mehrere Personen oder auf bewusste Strukturen wie beispielsweise Gremien oder Organisationen zu verteilen. Zudem schafft er sich auch selbst Freiraum zur Entwicklung und verhindert ein Szenario, in dem ihn sein Unternehmen verfolgt, weil es ohne ihn nicht existieren kann.

Die Verantwortung des Unternehmers für sich selbst und sein Leben

Diese Gedanken bringen mich zur letzten Dimension der Verantwortung, die ich hier betrachten möchte: die Verantwortung des Unternehmers für sich selbst, seine Ziele und sein Leben.

Sich für ein Leben als Unternehmer zu entscheiden, ist eine Entscheidung für weitreichende Gestaltungsfreiheit. Die Freiheit, selbstbestimmt zu leben, ist das höchste Gut jedes Unternehmers, und jeder durch das Unternehmen erworbene wirtschaftliche, finanzielle und gesellschaftliche Erfolg ist meist nur Mittel zum Zweck der Erlangung und Erhaltung dieser Freiheit und Unabhängigkeit. Unternehmer zu sein bedeutet, sich grundsätzlich dafür zu entscheiden, seinen eigenen Weg zu gehen – mit allen Konsequenzen. Es ist eine Entscheidung, die nicht besser oder schlechter, nicht wertvoller oder schlauer ist als die Entscheidung für jede andere berufliche Laufbahn. Sie hat signifikante Vorteile und ebenso klare Nachteile.

Eine zentrale Aufgabe des Unternehmers ist neben der Wahrnehmung all seiner durch das Unternehmen entstehenden Verantwortungen und den daraus resultierenden Verpflichtungen auch das stetige Reflektieren darüber, ob er selbst, seine unternehmerische Tätigkeit und auch seine Organisation dazu beitragen, seine eigenen Ziele zu erfüllen. Wozu ist er Unternehmer, was treibt ihn an? Machen ihn seine Rolle und sein Unternehmen glücklich, erfüllt es ihn, gibt es ihm das Gefühl, in seinem Leben etwas zu erreichen?

Es mag für Außenstehende absurd erscheinen, dass dies nicht der Fall sein könnte. Allerdings sind Situationen, in denen der Unternehmer gerade durch seine eigene Rolle und sein eigenes Unternehmen die Freiheit und Unabhängigkeit verliert, für die er sich ursprünglich entschieden hat, durchaus vorstellbar. Konstellationen, die zu einer solchen Situation führen können, sind äußerst vielfältig. Denkbar ist eine wirtschaftliche Schieflage, in der die hohe Verknüpfung des persönlichen Vermögens mit dem Unternehmen dafür sorgen kann, dass der Unternehmer alle verfügbare Zeit über einen langen Zeitraum in das Unternehmen stecken muss und dort um sein Überleben kämpft. Auch eine schwere Krankheit bringt nicht nur den Unternehmer selbst, sondern auch seine gesamte Familie und sein Unternehmen in große Schwierigkeiten, wenn niemand auf seine dauerhafte Abwesenheit vorbereitet ist. Das Gefühl, der Verantwortung gerecht werden zu müssen und die Familie nicht enttäuschen zu wollen, kann einen Unternehmer dazu treiben, immer weiterzuarbeiten, obwohl er schon lange in Rente gehen möchte. Der Mangel an Nachfolgern und Führungskräften verhindert möglicherweise einen Unternehmensverkauf und bindet den Unternehmer bis ins hohe Alter an sein Unternehmen. Denkbar ist außerdem, dass ein Nachfolger einen vollkommen anderen Beruf ergreifen möchte und sich trotzdem aus Pflichtbewusstsein und Loyalität zur Familie im Unternehmen engagiert, obwohl ihn dies unglücklich macht. Einen Unternehmer kann zudem die Angst vor Bedeutungsverlust umtreiben und ihn zum Weitermachen verleiten, obwohl er schon lange keine Lust mehr hat, im Unternehmen zu arbeiten, da er nicht weiß, was er sonst mit seinem Leben anfangen soll.

Durch solche oder ähnliche Situationen werden Unternehmer, die die Ziele und Prioritäten für ihr eigenes Leben nicht reflektieren und nach ihnen handeln, nicht nur zu selbständigen Gefangenen auf Lebenszeit, sondern sie werden höchstwahrscheinlich auch ihrer Rolle in Unternehmen und Familie nicht gerecht. Unternehmer brauchen Vision, Energie und Leidenschaft, um erfolgreich zu sein. Sie müssen sich darüber klar sein, warum sie als Unternehmer leben wollen, und die Passung ihrer eigenen Ziele zu Familie und Unternehmen im Griff haben. Ein Unternehmer, der überzeugt und energisch im eigenen Unternehmen arbeitet, treibt dieses mit innovativen Ideen, Kreativität und Überzeugung voran. Er gibt dem Unternehmen sowohl Stabilität als auch Energie und überzeugt seine

Mitarbeiter und Familienmitglieder tagtäglich vom gewählten Weg in die Zukunft. Ein Unternehmer, der sich über seine eigene Identität und seine eigenen Ziele nicht im Klaren ist, wird höchstwahrscheinlich Probleme dabei haben, überzeugend eine Organisation auf diese Weise zu führen und weiterzuentwickeln, die er als Eigentümer maßgeblich beeinflusst. Er wird in einem solchen Fall seine eigene Unsicherheit und seine eigenen Zweifel auf die Organisation übertragen und dadurch seiner Rolle weniger gerecht werden. Nimmt er die Verantwortung für die Gestaltung und Ausrichtung des eigenen Lebens nicht wahr, ist die Wahrnehmung aller anderen Verantwortungsbereiche damit langfristig deutlich erschwert und wahrscheinlich sogar unmöglich.

Fazit – Unternehmer und ihre Verantwortung

Die Dimensionen der Verantwortung sind, wie in den vorangegangenen Zeilen aufgezeigt, äußerst vielfältig. Eine Betrachtung der Rolle eines Familienunternehmers ohne Berücksichtigung dieser Dimensionen der Verantwortung, die er wahrnehmen muss, fiele einseitig aus und ergäbe wenig Sinn.

Verantwortung und Rolle des Familienunternehmers sind untrennbar miteinander verflochten. Verantwortung verbindet Unternehmer, Unternehmen und Familie miteinander und ermöglicht einen langfristigen und ganzheitlichen Fokus auf die gesunde und profitable Entwicklung eines jeden Familienunternehmenssystems. Ihre detaillierte Betrachtung macht deutlich, dass die Rolle des Familienunternehmers alles andere als trivial ist. Entgegen vieler populärer Darstellungen stehen hinter jedem wirtschaftlichen und finanziellen Erfolg eines Unternehmens in Familieneigentum Menschen, die häufig über sehr lange Zeit dem hohen Druck ihrer Rolle nicht nur standhalten, sondern ihre unternehmerische Verantwortung mit viel Energie und Kreativität zum Wohle ihres Unternehmens, ihrer Familie, ihrer Mitarbeiter, ihres Umfeldes und der Gesellschaft gestalten.

CHARLOTTE FINGER, Jahrgang 1988, studierte Betriebswirtschaft an der WHU – Otto Beisheim School of Management und ist geschäftsführende Gesellschafterin der *Maschinenfabrik Mönninghoff* in Bochum sowie der *Chemnitzer Zahnradfabrik*. Beide Firmen sind in der Entwicklung und Herstellung kundenspezifischer Antriebstechnik für den weltweiten Maschinen- und Anlagenbau typische Hidden Champions. Nach ihrer jeweils über hundertjährigen bewegten Geschichte stehen die Unternehmen nun vor ihrer größten Herausforderung: das Produktspektrum und die Fertigungstechnologie gänzlich neu zu gestalten und in eine digitale Welt zu überführen.

VERANTWORTUNG UND INDUSTRIE 4.0

Von Charlotte Finger

Die Führung eines Unternehmens – noch dazu des eigenen – betrachte ich als großes Privileg. Nur wenige berufliche Tätigkeiten erlauben eine so weitreichende eigene Dispositionsfreiheit für den Einsatz von Zeit und Geld sowie die ganz persönliche Entfaltung von Visionen und Ideen.

Gleichwohl bezieht unternehmerische Autonomie und Selbstbestimmung ihre Legitimation aus einer Verantwortung, die heute weit über die betrieblichen Belange und erfolgreiche Jahresabschlüsse hinausgeht. Der gesellschaftliche Strukturwandel weist den Unternehmern neue und zusätzliche Verantwortungen zu, die letztendlich alle in das Bemühen um soziale Gerechtigkeit münden. Wenn allerdings die Anzahl der jungen Inhaber unter 40 Jahren von 28 Prozent im Jahr 2002 auf nunmehr 14 Prozent im Jahr 2020 sinkt,[1] dann müssen sich doch Zweifel einstellen, ob die wirtschafts- und gesellschaftspolitischen Voraussetzungen in unserem Land noch geeignet sind, unternehmerische Selbständigkeit zu fördern, zu würdigen und zu belohnen.

»Die erste Generation schafft das Vermögen, die zweite verwaltet es, und die dritte studiert Kunstgeschichte.« Für diesen Otto von Bismarck zugeschriebenen Ausspruch gibt es aus den letzten 100 Jahren, von den *Buddenbrooks* hin zu realen Unternehmerfamilien, zahlreiche Belege. Jenes Bonmot zum Umgang mit der Unternehmenssubstanz ist jedoch mittlerweile aus der Zeit geraten. Sicher lässt sich ein Vermögen, und sei es noch so groß, auch heute noch von einer Generation vernichten. Jedoch halte ich es vor dem Hintergrund des Tempos wirtschaftlicher und technischer Entwicklungen und der zeitgemäßen gesellschaftlichen Verantwortung des Unternehmers für sehr unwahrscheinlich, dass sich eine Firma in Zukunft über eine ganze Generation lang bloß noch verwalten lässt. Bereits die zweite Generation wird sich also, wenn sie die Unternehmung nicht vollends zu ihrer ganz eigenen Sache macht, nach einem schöngeistigen Studienplatz umsehen können. Die Zeit des Verwaltens hat niemand mehr.

Auf zwei Themen, die mir besonders am Herzen liegen, soll an dieser Stelle eingegangen werden: zum einen auf unsere Verantwortung für die gesellschaftliche Akzeptanz der Sozialen Marktwirtschaft, zum anderen auf unsere Verantwortung für den technischen Fortschritt und seine sozialverträgliche Umsetzung. Aus beiden Herausforderungen muss sich meiner Meinung nach eine neue unternehmerische Aktivität ergeben, die ich im Anschluss tiefergehend durchleuchten und bewerten möchte.

Unternehmer als Universalgenie?

Der Begriff Familienunternehmen vereinigt bereits zwei gegensätzliche Elemente, die der Unternehmer schon immer in eine ausgewogene Balance bringen musste. Sowohl der Familie als auch dem Unternehmen gerecht zu werden, ist kein neues Problem. Beide Bereiche bergen eine enorme Vielschichtigkeit, und jede Familie sowie auch jede Firma haben mannigfaltige Varianten und Ausprägungen der Struktur, der internen Verhältnisse und der Bedürfnisse. Zu alledem sind die Aspekte nie festgeschrieben, sondern wandeln sich mit der Zeit permanent und oft abrupt.

In dem Moment, in dem man sich dieser Herausforderung stellt und die hervorgehobene Position im Unternehmen – und damit häufig auch in der Familie – einnimmt, erwarten plötzlich alle ein Universalgenie: Einen umsichtigen und ehrenhaften Kaufmann, der das Unternehmen auch in schwerem Sturm über Wasser hält. Einen begabten

Ingenieur, der innovative Produkte und Prozesse entwickelt und dem Markt visionär voraus ist. Einen kreativen Kommunikator, der Kunden, Lieferanten, Banken, Gewerkschaften, Behörden, Berater und ganz besonders die eigenen Mitarbeiter für die eigenen Ideen begeistern und überzeugen kann. Einen geschickten Strategen, der alle Figuren auf dem Schachbrett im Blick hat und sie reibungslos und ohne Verluste mit klarem Konzept nach vorne lenkt. Einen einfühlsamen Therapeuten, der die Sorgen seiner Umgebung wahrnimmt, gut zuhören kann und sich für jeden Einzelnen einsetzt und starkmacht. Und schließlich einen selbstbewussten Anführer, der mit einem geradezu calvinistischen Arbeitsethos die Generalverantwortung für alles übernimmt.

Es sind all diese vielfältigen Herausforderungen, die das Unternehmertum so unvergleichbar spannend und erstrebenswert machen.

Es gibt allerdings auch Tage, an denen all das zu viel erscheint, weil zugunsten der Unternehmung finanzielle, zeitliche oder familiäre Kompromisse hingenommen werden müssen. Dann ist es hilfreich, über den operativen Tellerrand hinauszuschauen und sich das große Ganze vor Augen zu führen, an dessen Ende immer die Verantwortung für die Beschäftigung, die Arbeitsplätze und das auskömmliche Einkommen der Mitarbeiter steht. Das eigentlich Wesentliche des unternehmerischen Tuns.

Gesellschaftliche Akzeptanz der Sozialen Marktwirtschaft

Die Öffentlichkeit scheint jedoch von ganz anderen Beweggründen auszugehen. In den vergangenen Jahren ist eine deutliche Veränderung in der Perzeption von Unternehmern zu beobachten, was sich medial in einem zunehmenden Misstrauen gegenüber der Sozialen Marktwirtschaft äußert. Eine wachsende Mehrheit der Bevölkerung scheint Marktwirtschaft und Gerechtigkeit als gegensätzlich wahrzunehmen.

Aus dieser Perspektive stehen sich gesellschaftliche und wirtschaftliche Interessen gegenüber. Wenn unsere freiheitliche und ausdrücklich sozial ausgerichtete marktwirtschaftliche Ordnung weniger mit ökonomischer Vernunft und einem breit verteilten Wohlstand, sondern stattdessen mit Maßlosigkeit, Steuerhinterziehung, Umweltzerstörung und Casino-Kapitalismus in Verbindung gebracht wird, dann müssen wir uns über inzwischen besorgniserregende Staatseingriffe in die Wirtschaft nicht wundern.

Für die Unternehmen mit ihren vielfältigen Beziehungsgeflechten nach innen und außen ist Vertrauen ein Vermögenswert, der zwar nicht in der Bilanz zu finden ist, sie aber gleichwohl ganz wesentlich beeinflusst. Genauso wenig findet man diesen Vermögenswert in der volkswirtschaftlichen Gesamtrechnung, wenngleich das Vertrauen in die Soziale Marktwirtschaft untrennbar mit dem gesamtwirtschaftlichen Erfolg verbunden ist.

Zwischen 2016 und 2017 hat laut einer Studie der Anteil der Deutschen, die Unternehmern vertrauen, um 18 Prozent abgenommen und lag nur noch bei 27 Prozent.[2] Dies ist keine Momentaufnahme, sondern eine andauernde kontinuierliche Entwicklung; nicht nur hier in Deutschland, sondern überall auf der Welt. Deutlich beschleunigt wurde dieser Trend durch die Finanzkrise, welche das ohnehin schon schwindende Vertrauen in Unternehmen und deren Integrität noch einmal geschmälert hat.

Umso mehr bestätigen Fehlverhalten und Skandale einzelner Manager oder Firmen die weitläufige Befürchtung, unternehmerische Freiheit sei ein elementares Problem. Längst beschränken sich zudem die staatlichen Interventionen in die Privatwirtschaft nicht mehr auf kritische Ausnahmesituationen, sondern werden alltäglich. Wirkungsvoll wird so die Reputation der gesamten Wirtschaft untergraben. Das macht die Position für die Repräsentanten der Sozialen Marktwirtschaft nicht einfacher.

Mittlerweile ist die Kritik an unserer Wirtschaftsordnung unter dem hochemotionalen Gesichtspunkt der sozialen Gerechtigkeit so laut geworden, dass es inzwischen niemanden überraschen wird, wenn die privatrechtliche Gewinnerzielung grundsätzlich infrage gestellt wird. Zumindest die immer höhere Besteuerung der sogenannten Besserverdienenden und Unternehmen wird immer eindringlicher eingefordert und an vielen Stellen und in vielen Ländern bereits umgesetzt. Was hier geschieht, ist die bewusste Lenkung von Wirtschaftsprozessen – nicht etwa in Richtung ökonomischer Notwendigkeiten, sondern einem wirtschaftsfremden Mainstream folgend, der eine am Konsum ausgerichtete Umverteilung fordert. So wird den Unternehmen das für die dringenden Investitionen benötigte Kapital erst entzogen, um es dann über staatliche Förderprogramme – je nach politischer Opportunität – wieder als Kredit zur Verfügung zu stellen. Ein Teufelskreis.

Die Forderung hiernach folgt der unreflektierten Kritik, Unternehmen dienten nur der Gewinnerzielung ihrer Eigentümer. Diese Fehleinschätzung liegt sicherlich auch darin begründet, dass der Großteil der Bürger nicht ausreichend mit ökonomischen Zusammenhängen vertraut gemacht wird. So gerät schnell in Vergessenheit, dass volkswirtschaftlicher Wohlstand erst durch die Gewinne der Unternehmen entstehen kann. Nur eine profitable Wirtschaft verschafft der Gesellschaft langfristig den gewünschten Nutzen – durch Arbeitsplätze, öffentliche Infrastruktur, Gesundheits- und Altersvorsorge, technischen Fortschritt oder auch kulturelle Vielfalt.

Um dieser Kritik entgegenzuwirken, genügt es nicht, nur Verantwortung für das eigene Unternehmen und seine Mitarbeiter zu übernehmen. Es reicht auch nicht mehr, sich nur an staatliche Regeln und Gesetze zu halten und Mindeststandards bezüglich Wochenarbeitszeiten oder Schadstoffemissionen zu erfüllen. Ein weitsichtiger Unternehmer muss sich heute, zusätzlich zu den eingangs genannten Herausforderungen des Universalgenies, weiterer Verantwortlichkeiten annehmen. Er muss Zulieferer zu höherer Arbeitssicherheit verpflichten, regenerative Energien nutzen, Aus- und Weiterbildung selbst in die Hand nehmen, gesetzliche Umweltstandards übererfüllen, den Mitarbeitern ihre gewünschte Work-Life-Balance ermöglichen, Kultureinrichtungen finanziell unterstützen und vieles mehr – permanente und langfristige Integrität immer vorausgesetzt. All diese Aktivitäten, zusammengefasst unter dem Begriff Corporate Social Responsibility (CSR), sind also die Investitionen in eine Zukunft, in der die Gesellschaft, aber auch die eigenen Mitarbeiter dem Unternehmer Vertrauen entgegenbringen können.

Diese neue Wahrnehmung von Verantwortung und der somit zu beobachtende Wertewandel entspringen nicht nur den Köpfen der Generation Y. Aus verschiedenen Lagern kommen Forderungen nach mehr Miteinander, mehr Hilfsbereitschaft und eben auch nach mehr persönlicher Einbindung in das direkte Umfeld. Da die Außenwelt immer komplexer und vermeintlich instabiler wird, zieht sich der Fokus auf immaterielle Werte durch alle Generationen hindurch.

Wir stehen also vor der Herausforderung, dass uns von unterschiedlichen Seiten immer mehr Zuständigkeiten zugeschrieben werden. Wie erwähnt wird eine Mitverantwortung für die Gesellschaft ausdrücklich von ihr eingefordert. Dieser Anspruch ist neu.

Mit zunehmendem Wohlstand hatte der Begriff Verantwortung über eine jahrzehntelange Entwicklung seine ursprüngliche Bedeutung verloren. Der allumfassende Sozialstaat mit seinem engmaschigen Sicherheitsnetz sorgte dafür, dass selbst durch das Ende des Bergbaus und der Schwerindustrie im Ruhrgebiet niemand »ins Bergfreie« fiel. Es entging der breiten Öffentlichkeit, dass auch die Führungskräfte dieser schon lange maroden Strukturen noch mit hohen Abfindungen in die Frührente entlassen wurden. Der Staat kümmerte sich um alle, und niemand hatte Anlass, irgendwo nach schuldhaftem Versagen von Politik und Management zu suchen. Der Bergbau ist Geschichte, nicht aber der seitdem immer weitere Lebensbereiche erfassende Daseinsvorsorgestaat. Wie sehr sich alle an diese Bequemlichkeiten gewöhnt haben, erfuhr ich kürzlich, als mir ein Mitarbeiter sagte: »Genug ist nicht genug.«

Solange Vollbeschäftigung herrschte, jährliche üppige Tariferhöhungen noch verkraftbar waren, sich die Inflation in Grenzen hielt und eine weitgehend homogene Einkommensverteilung gegeben war, musste niemand aus gesellschaftlichem Druck für die Folgen seines Handelns einstehen. Während diesen scheinbar unbeschwerten Zeiten verfolgte die Politik eine Risikominimierung für den Einzelnen. Doch durch immer mehr Eingriffe durch den Staat nimmt der individuelle Raum für Verantwortung gewollt ab. Die Zahl derer in Deutschland, die kontrollieren, regulieren und prüfen, hat spürbar zugenommen. Da auch hierbei jeder maximal abgesichert sein will, steigt derweil dennoch – oder gerade deshalb – die Dauer für Planungs- und Genehmigungsverfahren. Von der Vergabe von Kitaplätzen bis zum Umpflanzen von öffentlichen Bäumen kann man beobachten, dass sich durch die Bildung von Gremien, Hierarchieketten und anderen doppelten Böden immer mehr Einzelpersonen der Verantwortung für eine Entscheidung entziehen und die Vergeudung wertvollster Zeit gleichgültig in Kauf nehmen.

Projiziert auf die Ebene des Unternehmens sieht sich der Unternehmer vor den gleichen Problemen: Während er einem ausgedehnten Mitbestimmungsrecht folgen muss, erfährt er in vielen Einzelfällen, dass Betriebsräte und Mitarbeiter nicht bereit sind, ihrer Verpflichtung aus der Sozialpartnerschaft nachzukommen. Der Rückzug auf das formale Regulativ, immer ein Indiz der Hilflosigkeit, ist schon deshalb für eine Konfliktlösung ungeeignet, weil es stets vergangenheitsbezogen ist, Kreativität einschränkt und sich situationsbedingtem Handlungsspielraum verweigert. Auch hier verlorene Zeit.

Während also an vielen Stellen die unternehmerische Freiheit genommen oder massiv eingeschränkt wird, ist kein anderer bereit, die entstehende Verantwortungslücke auszufüllen. Paradoxerweise richten sich die Maßnahmen, die der Unternehmer ergreift, um solche staatlichen und sozialpartnerschaftlichen Defizite auszugleichen, häufig gegen ihn selbst. Auf der einen Seite wird, wie oben zu lesen war, ja sogar von ihm erwartet und eingefordert, Verantwortung von und für andere Stellen, für Bereiche, die weit über seine eigentliche Funktion hinausgehen, zu übernehmen. Auf der anderen Seite wird ihm jegliches Engagement über die vorgeschriebenen Notwendigkeiten hinaus im Einzelnen als eigennützige und machtbewusste »Gutsherrenart« ausgelegt.

Vor dem Hintergrund dieser nicht zeitgemäßen Rahmenbedingungen hat es der Unternehmer schwer, die nötigen Entscheidungen zu treffen, um das Unternehmen wettbewerbsfähig zu halten. Zu lange wurde in Kauf genommen, dass die strategischen Handlungsräume einer notwendigerweise global aufgestellten Volkswirtschaft immer weiter eingeengt werden. Wir alle wissen jedoch, dass das größte Risiko für Erfolg und Wachstum nicht in den wechselnden Konjunkturverläufen liegt, sondern in den Hemmnissen, die aus restriktiven politischen und administrativen Vorgaben erwachsen.

Es stellt sich also die Frage: Wie viel Verantwortung kann, darf und muss man einem Unternehmer nun zuschreiben und innerhalb welcher Rahmenbedingungen? Schlussendlich ist auch die bewährte Ordnung der Sozialen Marktwirtschaft zu hinterfragen, und es sind ihr zusätzliche Inhalte zu geben. Denn eine Verantwortung kann nur übertragen werden, wenn auch genug unternehmerische Freiheit geschaffen wird, um tatsächlich selbstbestimmt entscheiden zu können.

Der technische Fortschritt und seine sozialverträgliche Umsetzung

Die beschriebene neue Wahrnehmung der unternehmerischen Verantwortung ist grundsätzlich ein branchenübergreifendes und nationale Grenzen überschreitendes Phänomen. Dennoch gibt es Bereiche, bei denen der Handlungsbedarf jetzt schon dringlicher ist als in anderen.

Aufgrund der enormen volkswirtschaftlichen Bedeutung der Industrie für Deutschland ist es grob fahrlässig, ihre unzureichende Akzeptanz in Gesellschaft und Politik unwidersprochen hinzunehmen. Die Industrie generiert knapp ein Viertel der Wertschöpfung in unserem Land und ist somit eindeutig die Basis von Wohlstand und Wachstum und infolgedessen der Ausgangspunkt für eine vielfältige Dienstleistungslandschaft. Einen neuen gesellschaftlichen Konsens über ihre derzeitige und zukünftige Rolle – und damit über die grundsätzliche Bedeutung des technischen Fortschritts – zu finden, ist somit grundlegend und längst überfällig.

Der Maschinen- und Anlagenbau ist hierbei der größte industrielle Arbeitgeber und damit als Branche das viel zitierte Rückgrat der deutschen Wirtschaft. Er ist hauptverantwortlich für Titel wie »Exportweltmeister« und für den (noch) guten Ruf von »Made in Germany«. Dass wir mehr produzieren, als wir verbrauchen, ermöglicht den Wohlstand unseres Landes. Damit wir die »Überproduktion« gegen einen internationalen Wettbewerb erfolgreich in die ganze Welt verkaufen können, ist das Beste gerade gut genug. Allerdings wird immer mehr übersehen, dass sich in diesem Wettbewerb der Nationen nur jene Gesellschafts- und Wirtschaftsordnung behauptet, die schneller, flexibler und pragmatischer auf das unstete Umfeld reagiert.

Und nun bröckelt das Fundament. Der zögerliche Strukturwandel in der von Gewerkschaften dominierten Automobilindustrie, verschleppte oder abgebrochene Infrastrukturprojekte, internationale Handelskonflikte, eine fehlende klare Linie der deutschen Energie- und Umweltpolitik und Rückstände bei der Digitalisierung belasten diese beschäftigungsstarke Branche stark. Ihre Unternehmer tragen darum eine besonders hohe Verantwortung, da diese so schwergewichtige Industrie vor einem Wandel steht.

So war beispielsweise das Geschäft mit mechanischen Komponenten der Antriebstechnik über Jahrzehnte hinweg ein stetes. Durch den Wettbewerb am Markt kam es zu inkrementellen Produktverbesserungen und -innovationen, welche die Leistungsdichte konsequent steigerten. Plötzlich nimmt die Innovationsgeschwindigkeit rasant zu und weiteres Wachstum ist nur noch über Digitalisierung möglich. Rein mechanisch funktionierende Produkte, beispielsweise unsere Getriebe oder Kupplungen, werden es als »Stück Metall« nicht mehr in das Jahr 2030 schaffen. Nur gepaart mit Sensorik – und somit kommunizierend mit anderen Komponenten – werden sie ihren Nutzen und Wert für unsere Kunden erhalten. Hierbei dürfen wir dem technischen Fortschritt nicht nur folgen, sondern müssen ihn bestimmen. Bereits heute müssen wir das entwickeln, was morgen dem Unternehmen Arbeit und Ertrag sichert.

Zudem verändern sich natürlich nicht nur die Produkte, sondern auch die hierfür notwendigen Fertigungsprozesse werden durch den Einsatz von künstlicher Intelligenz (KI) revolutioniert. Was für viele auch heute noch unmöglich erscheint, ist an vielen Stellen schon Realität: Machine Learning mit selbstlernenden Algorithmen, vernetzte und miteinander kommunizierende Anlagen, neue Wege zum Speichern, Verarbeiten und Analysieren von riesigen Datenmengen sowie cloudbasierte Lösungen eröffnen vielfältige, ungeahnte Anwendungsmöglichkeiten.

Problematisch ist, dass die neuen Wettbewerbsvorteile häufig in Bereichen zu finden sind, die außerhalb der traditionellen Kompetenzfelder der Unternehmen liegen. Es geht um Themen, mit denen sich ein klassischer mittelständischer Maschinenbauer nicht auskennt und für die er erst recht noch keine Fachkräfte beschäftigt.

Dass das alles längst keine Utopien mehr sind, erkennt man daran, dass das Institut für Innovation und Technik zwischen 2018 und 2023 für Deutschland durch den Einsatz von KI im produzierenden Gewerbe mit einer Zunahme der Bruttowertschöpfung in Höhe von 31,8 Milliarden Euro rechnet.[3] Dies allein entspricht einem Drittel des gesamten erwarteten Wachstums des produzierenden Gewerbes innerhalb dieses Zeitraums. Und das, obwohl bisher nur 25 Prozent der Großunternehmen und nur 15 Prozent der Mittelständler angeben, diese Technologien bereits einzusetzen.

Auch wenn Industrie 4.0 erst einmal *per definitionem* nur eine vierte Stufe der Industrialisierung ist, so gestaltet sich dieser Wandel dramatisch anders als die früheren Phasen der technischen Entwicklung. Der

Innovationsprozess verändert sein Wesen, seine Richtung und vor allem seine Geschwindigkeit. Dies pusht aber auch sein strukturveränderndes Potenzial!

Der Zukunftsforscher John Naisbitt schrieb: »Die supergescheiten Futuristen irren meistens, weil sie fälschlicherweise glauben, dass sich technologische Entwicklungen in schnurgerader Richtung bewegen. Das tun sie nicht. Sie bewegen sich vielmehr in unregelmäßigem Auf und Ab, in Wellen und manchmal sogar in Sprüngen.«

Ich habe den Eindruck, wir mussten noch nie so hoch und gleichzeitig so weit springen.

Zuerst ist schon jetzt deutlich, dass sich aus den technischen Möglichkeiten nicht nur gänzlich neue und spannende Geschäftsmodelle ergeben, sondern auch andere Player, gestern noch gänzlich unbekannt, auf einmal Macht im eigenen Markt haben. Hier zu überleben erfordert extreme unternehmerische Flexibilität und Anpassungsfähigkeit. Sowohl die Organisationsstrukturen als auch die strategischen Ziele der Unternehmen müssen zur Disposition gestellt werden und sich einem radikalen Wandel unterziehen. Während man sich früher noch technologisch am Markt orientieren konnte, bekommen nun interne Forschung und Entwicklung eine vollkommen neue Bedeutung. Hierbei wird Innovation ein zunehmend offener und kommunikativer Prozess. Ohne ein konkretes technologisches Ziel und ohne Blaupause eines bewährten Geschäftsmodells erfordert es viel Mut, sich auf einen Weg in diese ungewisse Zukunft festzulegen.

Komplexität und Tempo technischer Veränderungen stellen die Unternehmen, insbesondere die der Metall- und Elektroindustrie, vor ernsthafte Personalprobleme. In den kommenden Jahren wird sich die Arbeit in diesem Bereich grundlegend verändern. Gleichzeitig macht sich der Fachkräftemangel immer deutlicher bemerkbar, der seine Ursachen jedoch nicht in der demografischen Entwicklung hat, sondern vielmehr in einem eklatanten Wissens- und Bildungsdefizit. Die schwerwiegenden politischen Versäumnisse an dieser Stelle äußern sich nun in hohen Abbrecherquoten an den Universitäten, ganz besonders in den für die Industrie so unverzichtbaren naturwissenschaftlichen Fächern. Auf diesem weiten Feld ist inzwischen ein Mangel an Kompetenz entstanden, der mittelfristig in den nächsten 15 bis 20 Jahren nicht zu beseitigen ist und der schon heute spürbar unsere technologische Wettbewerbsfähigkeit beeinträchtigt. Die Unternehmer können und müssen diese Missstände überzeugend beschreiben und engagiert in die Öffentlichkeit bringen.

Bereits in vielen Bereichen sichtbar sind die Auswirkungen von echtzeitfähiger, intelligenter, horizontaler und vertikaler Vernetzung von Menschen, Maschinen und Objekten. Das bedeutet, dass Maschinen die Routinetätigkeiten übernehmen und der Mensch kreativ agieren, interpretieren und optimieren kann. Diese Möglichkeit heißt zwar nicht unbedingt, dass wir weniger Arbeitsplätze benötigen, aber es weist auf jeden Fall darauf hin, dass sie andere Inhalte haben werden. Diese Entwicklung schreitet so rapide voran, dass die Zeit für einen Generationswechsel am Arbeitsmarkt nicht mehr ausreicht und die aktuell Beschäftigten sich anpassen und weiterbilden müssen, um noch bis zur Rente beschäftigt sein zu können.

Die Generation Y ist auf lebenslanges Lernen und auf ständig veränderte Anforderungen an ihre Fähigkeiten und Fertigkeiten bereits eingestellt. Viele ältere Beschäftigte, die vielleicht die vergangenen 30 Jahre an derselben Maschine gearbeitet haben, tun sich damit deutlich schwerer. Ein großer Anteil der Mitarbeiter im Alter über 50 hat Schwierigkeiten, digitale Techniken produktiv umzusetzen. Zu verhindern, dass viele Einzelne den Anschluss an die Arbeitswelt ganz verlieren, und auch die Mitarbeiter, die noch aus einer anderen Zeit kommen, in die neuen Produktions- und Bürotechnologien einzuführen und mitzunehmen, ist eine schwierige und folgenreiche Aufgabe. Der Familienunternehmer legitimiert sich geradezu als solcher, indem er vor allem für diese langjährigen Mitarbeiter in Form eines differenzierten Multigeneration-Managements eine besondere soziale Verantwortung übernimmt.

So stehen sich das unbedingt notwendige Bemühen um innovative Produkte und das Fehlen kompetenter Mitarbeiter diametral gegenüber. Die exponentielle Beschleunigung des technischen Fortschritts lässt befürchten, dass ohne ein konsequent leistungsorientiertes Bildungs- und Ausbildungssystem unser Standort einen spürbaren Wohlstandsverlust erfahren wird. Wenn der Staat seiner bildungspolitischen Verantwortung für ausreichend qualifizierte Fachkräfte nicht gerecht wird, muss das Unternehmen selbst dafür sorgen, dass die wichtigste Ressource für sein Fortbestehen weiterhin zur Verfügung steht. Bereits jetzt investieren deutsche Unternehmen ca. 35 Milliarden Euro pro Jahr in die Weiterbildung ihrer Beschäftigten,[4] während sich der gesamte Jahresetat für Bildung und Forschung des Bundes auf 18,3 Milliarden Euro beläuft.[5]

Die Arbeitswelt von morgen mit ihren vollkommen veränderten organisatorischen, digital bestimmten Abläufen stellt gerade mittelständische Unternehmen und ihre Belegschaften vor bisher nicht erfahrene Herausforderungen. Mobiles Arbeiten hat im Zuge der Coronapandemie einen deutlichen Schub erfahren und wird sich nicht nur manifestieren, sondern weiter ausbreiten. Grenzen zwischen Abteilungen, beispielsweise Konstruktion und Vertrieb, sowie traditionelle Hierarchien müssen aus Sicht einer verbesserten Produktivität aufgehoben werden. Gleichermaßen hochqualifizierte Fachkräfte über alle Ebenen und Tätigkeiten hinweg führen schließlich zu der Frage, welchen Sinn die jahrhundertalte Trennung zwischen gewerblichen und angestellten Mitarbeitern noch hat. Alle Prozesse, die traditionellen Strukturen folgen, gehören auf den Prüfstand, um auf ihre Produktivität, aber auch auf ihre gesellschaftliche Akzeptanz hinterfragt zu werden. Daran schließt sich perspektivisch auch ein vollkommen neues System der Leistungsbeurteilung und der Vergütung an. Institutionen wie beispielsweise die Gewerkschaften, die aufgrund einer fragwürdigen dogmatischen Ausrichtung wider besseres Wissen an den überholten Strukturen festhalten, werden zwangsläufig weiterhin an Bedeutung verlieren.

Um Ressourcenknappheit und Klimawandel entgegentreten zu können, werden sich die Wertschöpfungsketten verschieben, da Materialien und Energie effizienter genutzt werden müssen. Mit dem Ziel einer »Green Economy« wird nachhaltiges Wirtschaften immer lauter von allen Seiten eingefordert. Dies ist klar das Ende der Zeit, in der man mit Plattitüden wie »Geiz ist geil« und mit billigen Sortimenten eine große Mehrheit begeistern konnte. Etwa 70 Prozent aller Konsumenten geben an, für eine nachhaltigere Produktherstellung eine Preiserhöhung von 5 Prozent zu akzeptieren.[6] Dieses Phänomen ist auf fast alles anwendbar, vom Sommerkleid bis zum Schweinenackensteak.

Auch wenn der Maschinenbau zunächst noch wenig im Fokus der Endkonsumenten liegt, so ist er mit der Textilwebmaschine oder der Lebensmittelverpackungsmaschine elementarer Teil der Wertschöpfungskette für diese Produkte. Und nicht zuletzt ist auch der aktuelle Umbruch in der Automobilindustrie Ergebnis einer gesellschaftlichen Forderung. Glücklicherweise bietet die Klaviatur der Maßnahmen für eine gesteigerte Nachhaltigkeit nicht nur die Möglichkeit der gefälschten Abgaswerte und des Betrugs. Weit mehr lässt sich auf verantwortungsvollem Weg erreichen: durch innovatives Produktdesign, lokales Sourcing, plastiklose Verpackung, hohe Arbeitssicherheit, kurze Transportwege, Verwendung von erneuerbaren Energien, vorausschauende Wartung zur Verlängerung der Produktlebenszyklen oder verschiedenste Arten von Produktrecycling; und das sogar ohne die Einbuße von Gewinnen.

Zusätzlich wirken sich auch sämtliche anderen gesellschaftlichen Megatrends auf die Branche aus, beispielsweise der demografische Wandel und der Gender Shift. Aus einer Verlängerung der Lebensarbeitszeit wie auch aus einem höheren Anteil an Frauen in der Arbeitswelt ergibt sich für den häufig noch sehr traditionell strukturierten Maschinenbau weiterer Druck zu Veränderungen. Die physische Entlastung vor allem älterer Mitarbeiter durch Co- und Robotics sowie die Vereinbarkeit von Familie und Beruf bei Gleichberechtigung im Hinblick auf die Vergütung müssen noch deutlich vorangetrieben werden.

Ich komme – wie auch schon im vorangegangenen Abschnitt – zu dem Schluss, dass wir, um all die Herausforderungen meistern zu können, zeitgemäße realpolitische Rahmenbedingungen benötigen, die diese Veränderungen ermöglichen. Jedoch kann der Staat das Umfeld, das die Unternehmen für ein erfolgreiches Wirtschaften brauchen, allein nicht schaffen. Schon wir Praktiker sind, trotz des guten Überblicks durch unseren täglichen Einsatz an vorderster operativer Front, an vielen Stellen mit dieser Komplexität überfordert. Umso verständlicher ist es, dass die Politik von dieser Aufgabenstellung erst recht überrollt wird. Darauf zu setzen, dass von dort Lösungsansätze und Hilfestellungen angeboten werden, wäre eine riskante Wette, die schon in den vergangenen Jahrzehnten von niemandem gewonnen wurde.

Die neue unternehmerische Aktivität

Aus den oben geschilderten Herausforderungen ergibt sich ein roter Faden. Um den Wohlstand der Gesellschaft erhalten zu können, bedarf es Veränderungen, die von uns selbst angestoßen und umgesetzt werden müssen.

Mit neuen Rahmenbedingungen, die dem Unternehmer mehr Freiheit geben, ließe sich bei verantwortungsvollem Umgang damit auch wieder mehr Akzeptanz der Gesellschaft für die Soziale Marktwirtschaft, für die Neue Soziale Marktwirtschaft, erreichen. Da dieser Vertrauensvorschuss als Blankoscheck ganz sicher nicht gewährt werden wird, müssen die Freiräume, die die Gesellschaft bereit ist der Wirtschaft einzuräumen, zuerst einmal – und auch immer wieder neu – verdient werden.

Die Vertrauensbildung erschöpft sich nicht in der Sicherung von Beschäftigung oder in Steuerehrlichkeit. Zu alldem sind wir verpflichtet. Wie wir nun sehen können, braucht öffentliches Vertrauen aber mehr als das, auch wenn wir unsere Arbeit noch so gut verrichten. Die Verantwortung erschöpft sich nicht mehr im immer wieder notwendigen wirtschaftlichen – und damit auch immer eigennützigen – Erfolg des Unternehmens. So schwierig es schon ist, diesen wirtschaftlichen Erfolg zu erarbeiten, das notwendige gesellschaftspolitische Gewicht erhält er erst in einem systemischen Kontext.

Als Unternehmer sind wir aufgrund unserer sozialen und beruflichen Position gegenüber der großen Mehrheit der Bevölkerung erkennbar privilegiert. Wir können den Erwartungen der Gesellschaft aber nur dann entsprechen, wenn wir unsere Verantwortung in der Vertrauensbildung begreifen. Den Unternehmern die Reputation zu verschaffen, die schließlich für die politische und gesellschaftliche Anerkennung der Sozialen Marktwirtschaft führt, ist unabdingbar.

Damit die von der Politik gesetzten Rahmenbedingungen nicht immer weniger, sondern mehr Marktwirtschaft erlauben, muss sich der Unternehmer überzeugend in die wirtschaftspolitische Auseinandersetzung einbringen. Nur so kann sich die unverzichtbare Dispositionsfreiheit der Wirtschaft gegen zunehmenden Dirigismus, überbordende Bürokratie und staatliche Kontrolle durchsetzen.

Und genau hierin begründet sich das notwendige neue Verständnis der unternehmerischen Aktivität als politische Arbeit. Unserer Verantwortung für die Soziale Marktwirtschaft werden wir erst dann gerecht, wenn wir unser Tun nicht nur vordergründig ökonomisch, sondern nachhaltig politisch verstehen und nach außen kenntlich machen. Hierzu ist es unabdingbar, fortan die eigene Tätigkeit über die herkömmlichen Grenzen des Unternehmens auszuweiten. Es gilt, Mitverantwortung zu übernehmen und sich freiwillig mit Engagement einzubringen. Betätigungsfelder dazu gibt es in dieser Zeit der oben beschriebenen fundamentalen und vehementen Umbrüche reichlich!

Hinzu kommt, dass sich die bürgerliche Mittelschicht in der digitalen Welt auflöst. Indem traditionelle Institutionen und Organisationen wie Schulen, Kirchen, Verbände, Gewerkschaften und Parteien an Bindungskraft verlieren, identifizieren sich die Menschen nach wie vor mit ihrer Zugehörigkeit zu einem Unternehmen, seinen Produkten und seiner eigenen Kultur. Zunehmend wird das Unternehmen über den Arbeitsplatz als Broterwerb hinaus ein erkennbarer und gelebter sozialer Bezugspunkt für seine Mitarbeiter und sein direktes kommunales Umfeld sein. Dies gelingt mit den überzeugenden Merkmalen einer modernen Führungskultur, die von Ethikorientierung und Menschenwürde bestimmt ist. Soziale Verantwortung von Unternehmen besteht nicht in einzelnen guten Taten. Es ist eine Haltung, die das ganze Unternehmen prägt und sein sämtliches Handeln durchzieht. Weil Familienunternehmen diesen Wertekanon bereits seit langem leben, ist diese Verantwortung dort auch besonders gut angesiedelt.

Vor dem Hintergrund genau dieser Werte ist es den Unternehmen des Maschinenbaus bereits gelungen, eine große Herausforderung zu meistern. Wie kaum eine andere Branche hat sie sich bereits seit Jahrzehnten die Globalisierung zu eigen gemacht und erreicht mittlerweile einen Exportanteil von knapp 80 Prozent.[7]

Sicherlich war es gerade für die kleinen und mittelständischen Unternehmen mit unerhörten Anstrengungen verbunden, die Welt als Markt zu verstehen und die Geschäftsmodelle darauf auszurichten. Mittlerweile sind sie in ihrer Nische nicht selten Weltmarktführer. Bei der Anzahl der Hidden Champions, sowohl absolut als auch pro Million Einwohner, liegt Deutschland im internationalen Vergleich mit großem Abstand vorn.[8] Es ist die Philosophie von Maß und Mitte, die an diesem Erfolg einen beträchtlichen Anteil hat.

Deswegen steht »Made in Germany« auch nicht nur für höchste Ingenieurskunst. Mindestens genauso steht es für eine große Gruppe von Unternehmern, die mit Erfindungsreichtum, Ehrgeiz und Mut dafür sorgen, dass solche Produkte in Deutschland hergestellt und global verfügbar gemacht werden.

Diese Erfolgsgeschichte scheint eine sehr gute Referenz, wenn wir uns nun den oben genannten neuen Herausforderungen stellen müssen. Zu unserem großen Glück ist Deutschland wie kein anderes Land geprägt von solchen mittelständischen Familienunternehmen. 90 Prozent aller Unternehmen befinden sich bei uns in Familienbesitz, mehr als in jedem anderen europäischen Land und erst recht mehr als im globalen Vergleich.[9] Der Anteil der Wertschöpfung wie auch der Beschäftigung, den diese Firmen übernehmen, ist außergewöhnlich hoch und somit wird die gesamte deutsche Wirtschaft hiervon spürbar geprägt. Während die Dax-Konzerne zwischen 2007 und 2016 ein Beschäftigungsplus von 4 Prozent erreichten, wuchsen die großen deutschen Familienunternehmen in diesem Zeitraum um 23 Prozent.[10] Eine überzeugende Bilanz.

Schon vor mehr als 500 Jahren sagte Staatsphilosoph Niccolò Machiavelli, »dass es kein schwierigeres Wagnis, keinen zweifelhafteren Erfolg und keinen gefährlicheren Versuch gibt, als eine neue Ordnung einzuführen«.[11] Ich meine, man kann uns, den bisher so erfolgreichen Familienunternehmern, die Verantwortung für die Bewältigung der oben beschriebenen Herausforderungen und gleichzeitig die Schaffung einer neuen Ordnung bedenkenlos anvertrauen.

Anmerkungen

1 Kreditanstalt für Wiederaufbau – KfW (2020).
2 »Vertrauensranking«, Markt- und Meinungsforschungsinstitut Forsa im Auftrag von RTL (2017).
3 Institut für Innovation und Technik im Auftrag des BMWi (2018).
4 »IW-Trends«, Institut der deutschen Wirtschaft Köln (2017).
5 Bundeshaushalt (2020).
6 Your Supply Chain Needs a Sustainability Strategy, BCG (2020).
7 Verband Deutscher Maschinen- und Anlagenbauer – VDMA (2019).
8 Institut der deutschen Wirtschaft & Simon Kucher (2019).
9 Stiftung Familienunternehmen (2019).
10 Ebd.
11 »Il Principe«, Niccolò Machiavelli (1513).

ZOË ANDREAE, Jahrgang 1993, ist studierte Betriebswirtin und Geschäftsführerin in zweiter Generation des 1986 in Hamburg gegründeten Softwareunternehmens *LECARE*. Das Familienunternehmen entwickelt branchenübergreifend juristische Software für Rechtsabteilungen von kleinen Unternehmen bis hin zu international tätigen Großkonzernen. Neben digitaler Akten- und Vertragsverwaltung bietet LECARE Lösungen in den Bereichen Datenschutz und Compliance sowie im Forderungsmanagement, in der Verwaltung von Marken, Patenten und Gerichtsverfahren und im elektronischen Rechtsverkehr an. LECARE Softwarelösungen werden als strategisches Instrument zur Digitalisierung der juristischen Vorgänge und Aufgabengebiete individuell auf die Bedürfnisse der Kunden angepasst.

VERANTWORTUNG UND DIGITALISIERUNG

Von Zoë Andreae

Über Nacht in die Verantwortung

Mit 23 Jahren entschied ich mich, unser Familienunternehmen *LECARE* aus dem Stand zu übernehmen, nachdem mein Vater unerwartet aufgrund einer schweren Krankheit die Geschäftsführung niederlegen musste. Durch die Kurzfristigkeit und die Art der Krankheit gab es für den Generationenwechsel keine Vorbereitung oder Übergangsphase. Einerseits erschwerten mir diese Umstände vieles in der Anfangszeit, andererseits erwies sich der unmittelbare Generationenwechsel auch als Chance und Weckruf für die langfristige und notwendige Weiterentwicklung des Unternehmens, insbesondere hinsichtlich digitaler Transformation und disruptiver Strategien.

Unser 1986 von meinem Vater gegründetes Familienunternehmen LECARE entwickelt juristische Software für Rechtsabteilungen von kleinen und mittleren Unternehmen bis hin zu international tätigen Großkonzernen. Anfang der 1990er-Jahre brachten wir die erste Anwaltskanzleisoftware für Windows auf den Markt, die wir Ende der 1990er-Jahre an das Softwarehaus DATEV verkauften. Dadurch verlagerte sich für LECARE der Entwicklungsschwerpunkt in den Bereich der Rechtsabteilungen und deren spezifische Anforderungen an eine digitale Akten- und Vertragsverwaltung. Bereits im Jahr 2000 wurden wir für unser zukunftsweisendes und cloudbasiertes »Software-as-a-Service«-Konzept (SaaS) ausgezeichnet, als noch kaum ein anderer juristischer Softwarehersteller Cloud-Lösungen in Betracht zog. Mit der Grundlage modernster Technologie, 30-jähriger Erfahrung und einem tiefen Verständnis für die Komplexität und die Herausforderungen von Rechtsabteilungen können wir unsere Softwarelösungen individuell an die Bedürfnisse der Kunden anpassen und sie erweitern. Neben der Akten- und Vertragsverwaltung bietet LECARE zudem Lösungen für Datenschutz und Compliance an. Unsere Anwendungen werden im Forderungs- und Kostenmanagement, bei Kollaborationen mit externen Beratern und Kanzleien, bei der Organisation von Gerichtsverfahren, der Verwaltung von Marken und Patenten sowie im elektronischen Rechtsverkehr eingesetzt. Insgesamt stellen wir unseren Kunden branchenübergreifend ein strategisches Instrument zur Digitalisierung und Optimierung aller Vorgänge ihrer juristischen Aufgabengebiete zur Verfügung. Basierend auf Kundenfeedback und den sich verändernden Kundenbedürfnissen werden unsere Lösungen kontinuierlich hinterfragt, weiterentwickelt und angepasst.

Als Tochter kannte ich das von meinem Vater gegründete juristische Softwareunternehmen und dessen Mitarbeiter sehr gut, da ich während der Schulzeit und des Studiums dort mitarbeiten und die Grundlagen des Programmierens erlernen konnte. Insbesondere in den ersten Monaten, in denen viele Mitarbeiter durch den plötzlichen disruptiven Führungswechsel verunsichert waren, war es für mich von essenzieller Bedeutung, in der Firma ein Gefühl von Sicherheit und Ruhe zu vermitteln, an oberster Stelle sollten die Stabilität des Unternehmens und der Erhalt der Arbeitsplätze stehen. Werte wie Vertrauen, Zusammenhalt, Tradition, Beständigkeit und Durchhaltevermögen prägten diese Zeit und waren für unser Familienunternehmen entscheidend, um gemeinsam diese schwierige Zeit erfolgreich zu meistern. Nur mithilfe der langjährigen Mitarbeiter war es mir möglich, ein umfassendes Verständnis von unserem Unternehmen zu bekommen, da mein Vater mich diesbezüglich nicht mehr unterstützen und beraten kann.

Als Ururenkelin des Industriepioniers Hermann Blohm, Gründer der Hamburger Schiffswerft Blohm + Voss und des Hamburger Flugzeugbaus (Teil des heutigen Airbus), wuchs ich mit Werten von Tradition und einem großen Sinn für Verantwortung und Unternehmertum auf. Die Verantwortung für unser Software-Familienunternehmen LECARE in dem Moment zu übernehmen, in dem es darauf ankam, war somit für mich eine Selbstverständlichkeit, auch wenn ich eigentlich andere berufliche Pläne gehabt hatte. Nach meinen Bachelor- und Masterstudiengängen in Betriebswirtschaft und Entrepreneurship absolvierte ich Programme in disruptiven Strategien, Machine Learning, Corporate Innovation und B2B Management, unter anderem an der Stanford University und der Harvard Business School, die mich akademisch für die neuen unternehmerischen Herausforderungen wappneten. In meinen zehn verschiedenen Praktika während der Schul- und Studienzeit konnte ich anwendungsorientierte und internationale Erfahrungen in unterschiedlichsten Unternehmen sammeln und insbesondere viel über die Digitalisierung von bestehenden Geschäftsmodellen sowie die Begründung von neuen, rein digitalen, disruptiven Geschäftsmodellen lernen. Meine Masterarbeit über »Die Rolle von Legal Tech (Technologie für Juristen) Start-ups in der digitalen Transformation der juristischen Branche« bereitete mich gezielt auf die Themen unseres Unternehmens, dessen Weiterentwicklung und die Zukunft der juristischen Softwarebranche vor, wodurch ich ein Jahr nach Übernahme als »Women of Legal Tech 2018« ausgezeichnet wurde.

Mit der Übernahme unseres Familienunternehmens sah ich mich durch meine Ausbildung und digitale Expertise in der Verantwortung, nicht nur den *Status quo* unseres Familienunternehmens zu erhalten, sondern den Innovations- und Pioniergeist meines Vaters weiterzuführen. Von Beginn an erkannte ich viele Möglichkeiten, Innovationsimpulse zu geben, um das Unternehmen nicht nur langfristig überlebensfähig zu machen und der nächsten Generation übergeben zu können, sondern vor allem, um sein volles Potenzial in Größe entfalten zu können. Doch das Erkennen der Chancen allein reicht nicht, auf die Umsetzung von digitaler Transformation und disruptiven Innovationen kommt es an. Dabei geht es nicht, wie viele irrtümlich denken, nur um neue Technologien. Die digitale Transformation bedeutet tiefgreifende strukturelle Veränderungen von bisherigen Geschäftsmodellen durch ein Neudenken und eine Modernisierung von Organisationsformen und Unternehmenskultur, Geschäftsprozessen und Technologieinfrastruktur, wobei Technologie hier nur die Rolle des Katalysators spielt. All dies stößt innerhalb des Unternehmens oder der Familie nicht immer unbedingt auf Begeisterung, sondern ist meistens mit großen Herausforderungen verbunden, insbesondere wenn sich innerhalb des Unternehmens Widerstand gegen die geplanten Veränderungen formt. Als junge Nachfolgerin hilft es, zielorientiert zu sein, einen großen Veränderungswillen zu haben, Mut zu haben, groß zu denken und unkonventionelle Wege zu beschreiten, neugierig zu sein, keine Angst vor Konfrontation und Konflikt zu haben sowie eine hohe Ausdauer, Hartnäckigkeit und Belastbarkeit zu entwickeln. Gleichzeitig sind Empathie und Einfühlsamkeit, Geduld und Verständnis für Ängste, die bei vielen durch Veränderungen entstehen, entscheidend. Gute Kommunikations- und Begeisterungsfähigkeiten sind von großem Vorteil. All dies lernt und schafft man nicht über Nacht, insbesondere nicht ohne Vorbereitung. Doch mit eigenem Willen und einer Vision für die Verantwortung sowie mit der Unterstützung von Familie, Freunden, Mentoren und Coaches kommt man jeden Tag seinem Ziel einen Schritt näher. Für uns als Generation Verantwortung ist es neben dem richtigen Mindset entscheidend zu verstehen, wie die Dynamiken der Digitalisierung und Disruption funktionieren, um die bevorstehenden unternehmerischen Herausforderungen in unseren Familienunternehmen zu meistern.

Digitalisierung und Disruption

Das exponentielle Wachstum technologischer Entwicklungen reduziert ökonomische Barrieren zu globalen Märkten und ermöglicht so neue Formen des Wettbewerbs. In diesem veränderten und sich kontinuierlich wandelnden Marktumfeld entstehen neue Wettbewerber, die mit disruptiven Geschäftsmodellen und neuen Technologien bisherige Kundenschnittstellen neu besetzen und Märkte aufmischen. Wo etablierte Unternehmen früher Jahrzehnte benötigten, schaffen es disruptive Quereinsteiger heute innerhalb kürzester Zeit, ganze Industrien ins Wanken zu bringen. Nicht nur B2C-Unternehmen werden durch E-Commerce oder digitale Plattformen schmerzhaft verdrängt, sondern auch traditionellen Industrien im B2B-Sektor droht Disruption. Weder Marktführerschaft noch Größe, jahrelanges Branchen-Know-how oder traditionelle Kundenbindungen sind heute noch Garanten für den zukünftigen Erfolg. Im Gegenteil, es ist sehr gefährlich, gerade für Familienunternehmen, sich getreu dem Motto »das machen wir schon immer so« auf den bisherigen Erfolgsfaktoren auszuruhen und sie als Argument gegen Veränderung zu nutzen. Die einzige Konstante der heutigen digitalen Zeit ist Veränderung. Und wenn diese Veränderung noch nicht erkennbar sein sollte, dann deshalb, weil der Wettbewerb der Zukunft nicht aus den eigenen Branchen kommt, sondern durch digitale Spieler wie Start-ups, aber vor allem Tech-Giganten wie Amazon, Apple oder Google entsteht. Der vermeintliche Vorsprung der etablierten Marktführer ist schnell verloren, sobald die großen Tech-Unternehmen ihre Kernkompetenzen einsetzen – Schnelligkeit, Daten- und Software-Kompetenz, den direkten Zugang zu Kunden und das nötige Budget.

Laut einer Studie von *etventure* ahnen die meisten der großen Familienunternehmen noch nichts von dieser Bedrohung. Sie erwarten zwar einen starken Wandel ihrer jeweiligen Branche durch die Digitalisierung, glauben aber nicht, dass ihre eigenen Geschäftsmodelle unter einem ebenso starken Veränderungsdruck stehen. Darüber hinaus betrachten sie als Konkurrenz der Zukunft weiterhin vor allem die bestehenden Wettbewerber der eigenen Branche und vernachlässigen die Wettbewerbsbedrohung, die durch große Tech-Unternehmen oder junge Start-ups lauert. Vor diesem Hintergrund verspüren die meisten befragten Unternehmen zwar einen starken Veränderungsdruck, gleichzeitig investieren jedoch zwei Drittel weniger als zehn Prozent ihrer Gesamtinvestitionen in die Digitalisierung. Nur acht Prozent der Befragten investieren mehr als 25 Prozent ihrer Gesamtinvestitionen in die digitale Transformation und in eine adäquate Vorbereitung auf Disruptionen.

Neueste Zahlen einer aktuellen Quartalsumfrage des Verbands Die Familienunternehmer e. V. geben Hoffnung, dass sich in Sachen digitale Transformation etwas bewegt. Trotz aller Unsicherheiten der gegenwärtigen doppelten Herausforderung durch die wirtschaftlichen Folgen der Coronapandemie und den digitalisierungsbedingten Strukturwandel investieren 51 Prozent der Familienunternehmen mehr in die Digitalisierung als in der Jahresplanung 2020 vorgesehen, die Erhöhung der Investitionen liegt im Durchschnitt bei 35 Prozent. Die Familienunternehmen zeigen, dass es sich lohnt, innovativ zu sein und neue Wege zu beschreiten. Auch wenn man dies als positives Signal deuten könnte, ist es als reaktiv und nicht proaktiv einzuordnen, denn bei der Coronapandemie handelt es sich um eine eigene flächendeckende Disruption. Entscheidend ist, dass Familienunternehmen auch weniger offensichtliche, schleichende Marktveränderungen antizipieren, erkennen und mit ihnen proaktiv umgehen können. Was es für Auswirkungen haben kann, wenn man die Anzeichen ignoriert, zeigen zahlreiche Beispiele ehemals marktführender Unternehmen, die heute entweder stark angeschlagen sind oder gänzlich vom Markt vertrieben wurden.

Disruption ist kein neues Phänomen, die Weltmärkte haben sich in den letzten Jahrzehnten kontinuierlich verändert, meist durch neue Marktteilnehmer, die etablierte Unternehmen mit der Hilfe von neuen Technologien, alternativen Geschäftsmodellen oder einer Kombination aus beidem erfolgreich verdrängt haben. Neue Technologien sind nicht intrinsisch disruptiv, es kommt immer darauf an, wie die Technologien im Markt relativ zu den Geschäftsmodellen existierender Marktteilnehmer eingesetzt werden. Disruption ist prinzipiell auch nichts Negatives, sondern bedeutet im Grunde Veränderung. Sie wird hauptsächlich dann von existierenden Unternehmen als Bedrohung gesehen, wenn diese nicht rechtzeitig auf sie reagieren. Diejenigen, die es nicht schaffen, sich weiterzuentwickeln oder anzupassen, fallen zurück. Gleichzeitig kann diese Veränderung als Chance begriffen werden, sowohl für neue als auch für bisherige Marktteilnehmer.

Disruption hängt mit zwei Arten von Innovation zusammen. Erhaltende Innovationen zielen darauf ab, existierende Produkte und Dienstleistungen für die bisherigen Kunden eines Marktes zu verbessern. Bei dieser Art von Innovation haben etablierte Unternehmen einen Vorteil gegenüber neuen Marktteilnehmern und gewinnen den Innovationswettbewerb meist durch ihre langjährige Erfahrung und Kundenbeziehungen. Ablösende, disruptive Innovationen beziehen sich auf Produkte oder Dienstleistungen, die zu Beginn vor allem von existierenden Marktteilnehmern als minderwertig erachtet und in zwei verschiedenen Marktszenarien von den Platzhirschen übersehen werden. Zum einen, wenn die Disruptoren Produkte oder Dienstleistungen anbieten, die gerade nur für Kunden im niedrigen Marktsegment »gut genug« sind. Zum anderen, wenn sie neue Märkte schaffen, die vorher nicht existierten, und sie dadurch Nichtkonsumenten in Konsumenten verwandeln. In beiden Szenarien von disruptiven Innovationen ist es üblich, dass die etablierten Unternehmen die Disruptoren und deren Produkte und Dienstleistungen nicht ernst nehmen und sie verächtlich ignorieren. Dieses Verhalten birgt eine große Gefahr, da so den Disruptoren großzügig das neue, wenn auch anfangs nicht lukrativ wirkende Spielfeld überlassen wird und diese so ihre neue Marktdynamik ungestört entfalten können, um nach und nach die etablierten Marktspieler vom Feld zu befördern.

Disruptionen werden meistens durch Katalysatoren beschleunigt. Diese zeichnen sich durch Veränderungen im erweiterten Marktumfeld aus und fungieren als Frühwarnsignale. Die fünf relevantesten Katalysatoren sind: befähigende Technologien, die durch ihre rapide Entwicklung meistens den Kern von disruptivem Potenzial bilden; veränderte Kundenerwartungen und Bedürfnisse, die sich stark auf das Nachfrageverhalten auswirken; Plattformen, die Teilnehmer und Ressourcen besser miteinander verknüpfen und zugänglich machen; makroökonomische Verschiebungen, die neue Herausforderungen oder Chancen sowohl für neue als auch für bisherige Marktteilnehmer schaffen, und staatspolitische Veränderungen, die den Grad von politischem Eingriff in die Wirtschaft verändern und somit neue Möglichkeiten schaffen.

Ein großes Problem an Katalysatoren und ihren Folgen ist, dass sie meistens erst von den bisherigen Unternehmen als solche erkannt werden, wenn es bereits zu spät ist. Auch wenn es im Nachhinein offensichtlich wirkt, ist es fast immer schwer, die disruptiven Veränderungen und den damit verbundenen Schwund der eigenen Marktposition frühzeitig zu erkennen. Wenn etablierte Unternehmen anfangen Kunden, Marktanteile oder Umsätze an neue Marktteilnehmer zu verlieren, ist dies meist ein Anzeichen für eine mögliche bevorstehende Disruption. Ebenfalls bedrohlich wird es, wenn große Platzhirsche (mehrere) kleine neue Marktteilnehmer unterschätzen. Disruptive Kräfte sind ebenso schwierig zu erkennen, wenn ein neuer Marktteilnehmer den bisherigen Markt vergrößert, der etablierte Spieler jedoch auf seinen bisherigen Markt beschränkt bleibt, welcher nun einen kleineren Teil des Gesamtmarktes repräsentiert. Gleichzeitig kann es sein, dass ein neuer Marktteilnehmer unbemerkt den Markt einer bisherigen Produktkategorie durch die Einführung eines neuen Produktes verkleinert.

Die meisten etablierten Unternehmen verfehlen es häufig, diese Arten von Disruption zu erkennen. Einerseits, da sie unter »Marketing Myopia« (Kurzsichtigkeit) leiden und in der Folge ihre Märkte und Konkurrenten zu eng definieren. Andererseits tun sich viele schwer, explizit nach disruptiven Veränderungen Ausschau zu halten. Sie entwickeln keine eigenen disruptiven Innovationen anhand neuer Kundenbedürfnisse, oftmals aus Angst, das Kerngeschäft und langjährige Kundenbeziehungen dadurch zu beschädigen. Ein klassisches Phänomen, das der Harvardprofessor Clayton Christensen in den 1990er-Jahren das »Innovator's Dilemma« taufte. Solange Unternehmen noch in einer komfortablen, profitablen Marktposition sind, verspüren sie keine Notwendigkeit oder Dringlichkeit für Veränderungen, sondern stehen diesen sehr zögerlich und skeptisch gegenüber. Die vorherigen Beispiele von disruptiven Kräften zeigen, wie schnell eine solche Selbstzufriedenheit bedrohlich werden kann. Denn sobald die Notwendigkeit und Dringlichkeit für Veränderung offensichtlich wird und das eigene Unternehmen bereits finanziell leidet, ist es meistens bereits zu spät.

Aus diesem Grund ist es für jedes Familienunternehmen entscheidend, interne Fähigkeiten aufzubauen, um Disruptionen frühzeitig zu erkennen und statt dem typischen, ignoranten Verhalten von selbstzufriedenen Platzhirschen bei den ersten Anzeichen dafür entschieden zu agieren. Es gibt vier Handlungsoptionen für Familienunternehmen: Sie können selbst zur Disruption werden, sie untergraben und aufhalten, sie eindämmen oder ihr erliegen und ihr das Feld räumen. Mit der Wahl einer der ersten drei Optionen können sich Familienunternehmen nicht nur einen First-Mover-Vorteil gegenüber dem Wettbewerb und potenziellen Disruptoren verschaffen, sondern langfristig ihre Überlebensfähigkeit sichern. Um entschieden agieren zu können, ist es erfolgskritisch, im Führungsteam und danach unternehmensweit ein Gefühl der Dringlichkeit für die durch die disruptive Bedrohung bedingte Veränderung zu schaffen. Die Gefühle von Bedrohung und Dringlichkeit beugen vor allem den Risiken von gefährlicher Selbstzufriedenheit und defensiven Reaktionen im Unternehmen vor.

Um den Disruptionen effektiv zu begegnen, ist ein Perspektivenwechsel hilfreich. Anstatt aus der üblichen Unternehmensinnenperspektive das externe Marktumfeld und die drohenden Veränderungen zu analysieren, hilft es, von außen auf das Unternehmen zu schauen und rückwärts von einer gewünschten zukünftigen Position aus bis zum derzeitigen Moment zurückzudenken und zu analysieren, was es benötigen würde, um dorthin zu kommen. Dieses hilft, entstehende Möglichkeiten anhand neuer Blickwinkel zu identifizieren und zu evaluieren. Grundsätzlich sollten Familienunternehmen Disruption als Chance sehen und handeln, solange ihr Kerngeschäft noch stark ist. Sie sind typischerweise eine Chance, lange bevor sie zur Bedrohung werden. Familienunternehmen sollten sie zum zentralen Bestandteil ihrer Unternehmensstrategien machen, um sich einen klaren Überblick darüber zu verschaffen, wie sich ihre relevanten Märkte durch disruptive Einflüsse entwickeln, und um kurzfristige Initiativen für disruptive Innovationen so zu priorisieren, dass sie eine maximale Wirkung erzielen können. Da disruptive Innovationen oft radikal sind und im Laufe der Zeit signifikante Investitionen benötigen, ist die langfristige Ausrichtung von Familienunternehmen dabei von großem Vorteil. Disruptive Innovationen bedürfen einiger Umstrukturierung innerhalb des Unternehmens, um Ressourcen frei zu machen, die neben der Stärkung des Kerngeschäftes für eine aggressive Verfolgung neuer Möglichkeiten benötigt werden. Diese Möglichkeiten werden durch disruptive Kräfte an den Außengrenzen des Unternehmens geschaffen.

Bei der Handlungsoption, selbst zum Disruptor zu werden, ist es stark empfehlenswert, die disruptiven Geschäftsmodelle separat vom Kerngeschäft entstehen zu lassen, da sich Unternehmen selten selbst von innen heraus disruptieren können. Im geschützten Raum, losgelöst von den Strukturen, Hierarchien und Prozessen des Kerngeschäftes, können neue digitale Ideen mit freiem Blick auf den Kunden anhand von Prototypen entwickelt, gemeinsam mit dem Kunden getestet und neue agile Methoden erprobt werden. Bei ersten Pilotprojekten geht es nicht um die Entwicklung perfekter Produkte, sondern um die schnelle Umsetzung von Innovation und ihre Weiterentwicklung nah am Kunden und seinen Bedürfnissen. Scheitern ist erlaubt, wenn nicht sogar erwünscht, da Fehler als Chance gesehen werden, um aus ihnen zu lernen. So können bereits innerhalb weniger Wochen neue digitale Produkte entstehen, die sich als marktfähig erweisen. Erfolgreich getestete Innovationen können dann in die Kernorganisation übertragen werden, wo sie Mitarbeiter durch konkrete Erfolge in Form von validierten digitalen Services und Produkten für die digitale Transformation begeistern können. So können sie als Initialzündung für die Transformation des gesamten Unternehmens dienen.

Digitale Transformation

Um als Familienunternehmen den Herausforderungen von disruptiven Technologien und der digitalen Transformation bestmöglich zu begegnen, gibt es weit erforschte Strategien und Erfolgsfaktoren, anhand derer es sich dringend empfiehlt, eine Digitalstrategie für das eigene Familienunternehmen zu konzipieren.

Die zentralen Fragestellungen bei der Strategieentwicklung für die digitale Transformation sind: Was ist der Sinn und was die Rolle unseres Familienunternehmens im digitalen Zeitalter? Welche Veränderungen kommen durch die Digitalisierung auf unser Familienunternehmen zu und wie verändert sich dadurch unser Marktumfeld? Wie müssen wir unser Geschäftsmodell, unsere derzeitigen Strategien, Produkte, Dienstleistungen und Geschäftsprozesse entsprechend anpassen, um von den Veränderungen zu profitieren?

Wie formulieren wir eine langfristige Vision und digitale Strategie für die Digitalisierung unseres Familienunternehmens? Wie können wir die Digitalisierung mit dem bisherigen Wertesystem unseres Familienunternehmens vereinen und sie durch ein gemeinsames Verständnis im Wertesystem verankern? Wie können wir Vision, Strategie und Wertesystem mithilfe von Change Management und Storytelling-Methoden als Führungsteam so kommunizieren, dass alle Mitarbeiter die Zusammenhänge verstehen und dadurch verinnerlichen, welche Chancen die digitale Transformation für das Unternehmen als Ganzes und für jeden individuell mitbringt? Wie können wir die Mitarbeiter auf die Reise des digitalen Wandels des Denkens, der Arbeitsweisen, der bestehenden Strukturen und der Unternehmenskultur mitnehmen? Wie können wir unseren Mitarbeitern die damit verbundenen Ängste nehmen und sie für die digitale Transformation begeistern? Wie können wir Glaubwürdigkeit für die neue digitale Unternehmenskultur durch eigenes Vorleben schaffen?

Welche Rolle spielt Technologie, und wie können wir sie gezielt nutzen, um nicht nur unsere IT-Infrastruktur zu vereinheitlichen und zu optimieren? Wie lassen sich nicht nur das bestehende Geschäftsmodell und analoge Prozesse digitalisieren, sondern vor allem neue digitale Geschäftsmodelle entwickeln, die dem technologischen Wandel ebenso wie den sich verändernden Kundenbedürfnissen gerecht werden? Wo findet künftig die Wertschöpfung in der eigenen Wertkette statt, und wie kann der Kunde bestmöglich auf seiner individuellen Kundenreise digital begleitet werden?

Wie identifizieren wir die erfolgversprechendsten Anwendungsfelder, definieren Ziele für diese und sequenzieren diese so, dass Initiativen mit maximalem Potenzial priorisiert werden, um die daraus entstehenden Gewinne in die nächsten wichtigen Ziele der Roadmap investieren zu können? Wie können wir durch Leuchtturmprojekte ein Momentum schaffen, mit dem wir mit geringem Risiko und hoher Belohnung frühzeitig Unterstützung gewinnen können? Welche Kompetenzen brauchen wir in unserem Launch-Team, das für den Aufbau des digitalen Transformationsteams und die Koordination mit bestehenden Abteilungen bei der Einführung digitaler Workflows verantwortlich ist? Wie messen wir den Fortschritt und Erfolg durch Transformationsmetriken und Leistungsindikatoren (KPIs) und schaffen Verantwortlichkeiten für diese? Wie stellen wir die Finanzierung der erforderlichen Investitionen in die IT-Infrastruktur und in die Mitarbeiter sicher?

Welche Kompetenzen benötigen wir langfristig, und wie können wir diese Fähigkeiten durch Rekrutierung und durch Weiterbildung der bestehenden Belegschaft nachhaltig aufbauen? Wie können wir im Kampf um digitale Talente bestehen? Wie können wir bestehende Mitarbeiter nicht nur inhaltlich auf die Digitalisierung vorbereiten, sondern auch durch eine praxisorientierte Weiterbildung? Wie schaffen wir es, eine agile Arbeitsweise einzuführen, die schnelle Entscheidungen ermöglicht, Risiken toleriert und es möglich macht, aus Fehlern zu lernen? Und zuletzt, aber nicht abschließend, wie schaffen wir es, die digitale Transformation über Pilotprojekte hinaus unternehmensweit zu skalieren, um sie nachhaltig und ganzheitlich umzusetzen?

Eine Menge an Fragen – wenn Sie nun nicht direkt auf alle diese Fragen eine Antwort haben sollten, seien Sie beruhigt, denn es geht den meisten Familienunternehmen auch noch so. Da die Beantwortung all dieser Fragen den Rahmen dieses Essays übersteigt, finden Sie in der nachfolgenden Abbildung einen Überblick über die zwölf Schritte der digitalen Transformation in Familienunternehmen und im Appendix eine Übersicht weiterführender Literatur zu den Themen Strategieentwicklung, Vorgehensweise und Erfolgsfaktoren für die digitale Transformation und Disruption von Familienunternehmen.

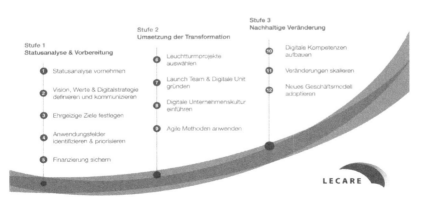

Die 12 Schritte der Digitalen Transformation in Familienunternehmen

Stufe 1
Statusanalyse & Vorbereitung
1. Statusanalyse vornehmen
2. Vision, Werte & Digitalstrategie definieren und kommunizieren
3. Ehrgeizige Ziele festlegen
4. Anwendungsfelder identifizieren & priorisieren
5. Finanzierung sichern

Stufe 2
Umsetzung der Transformation
6. Leuchtturmprojekte auswählen
7. Launch Team & Digitale Unit gründen
8. Digitale Unternehmenskultur einführen
9. Agile Methoden anwenden

Stufe 3
Nachhaltige Veränderung
10. Digitale Kompetenzen aufbauen
11. Veränderungen skalieren
12. Neues Geschäftsmodell adoptieren

LECARE

Grundsätzlich sollten wir als Familienunternehmer die Möglichkeiten, die durch Digitalisierung und Disruption entstehen, als immense Chance für unsere Unternehmen begreifen und tief in der Unternehmensstrategie verankern. Als Familienunternehmen können wir dabei unsere traditionellen Stärken in der langfristigen Planung und im gesamtheitlichen Denken nutzen, um unsere Unternehmen zukunftssicher mithilfe der digitalen Transformation aufzustellen, unsere bestehenden und bisher noch bewährten Geschäftsmodelle an die neuen Herausforderungen anzupassen und alle Bereiche der Unternehmen einheitlich auf eine digitale Zukunft auszurichten.

Generation Verantwortung

Als gegenwärtige, gut ausgebildete Nachfolgegeneration, die zumeist aus Digital Natives besteht, tragen wir die große Verantwortung, unsere Familienunternehmen nicht nur auf die Herausforderungen der digitalen Transformation und Disruptionen vorzubereiten, sondern diese vor allem als Chance und langfristige Überlebensstrategie für unsere Unternehmen zu begreifen.

Wir jungen Unternehmensnachfolger haben nicht nur ein großes Bewusstsein und einen klaren Blick für das Ausmaß des bevorstehenden digitalen Wandels und die damit verbundenen Entwicklungsmöglichkeiten in unseren Branchen, Märkten und Unternehmen, sondern sind auch in der Lage, Disruptionen zu antizipieren, frühzeitig zu erkennen und mit entsprechenden Strategien zu agieren. Unserer Generation ist klar, dass »digital« keine Abteilung mehr ist, sondern ein zentraler Bestandteil unserer Unternehmensstrategie sein muss. Wir erkennen die Notwendigkeit für langfristige digitale Innovation, erhaltende sowie disruptive, und wie diese für unsere Familienunternehmen zu zentralen zukunftsgestaltenden Ressourcen werden können. Es liegt in unserer Verantwortung, der älteren Generation und allen Mitarbeitern in unseren Familienunternehmen mutig, entschlossen und mit Freude zu vermitteln, welche großartigen Chancen die Digitalisierung für unsere Unternehmen hat und welchen Risiken wir gegenüberstehen werden, sollten wir den Weg der digitalen Transformation nicht bald beschreiten. Dabei sollten wir die wahren Potenziale für die digitale Transformation möglichst nur gemeinsam mit der älteren Generation identifizieren. Auf ihre langjährige Industrieerfahrung und ihr tiefes Wissen über unsere Unternehmen sind wir angewiesen. Wenn wir dieses mit unserer Expertise und unserem digitalen Mindset kombinieren, wird laut der Forschung zu Familienunternehmen die Umsetzungs- und Erfolgswahrscheinlichkeit von digitaler Transformation in unseren Unternehmen signifikant erhöht.

Grundsätzlich empfiehlt es sich, die Digitalisierung im Rahmen der Planung des Generationenwechsels innerhalb der Unternehmerfamilie aktiv zu thematisieren und ihr eine besondere Aufmerksamkeit zukommen zu lassen. Innerhalb des hier notwendigen generationenübergreifenden Dialogs können spezifische Strategien und Maßnahmen entwickelt werden, die unserer digitalisierungsaffinen Generation mehr Verantwortung und eine aktive Beteiligung in diesem Themenbereich überlassen. Denn die Zukunft unserer Familienunternehmen hängt davon ab, dass wir jungen Unternehmensnachfolger frühzeitig in Sachen Digitalisierung mit einbezogen werden.

Insgesamt tragen wir als Generation Nachfolge nicht nur die Verantwortung, unsere Familienunternehmen mit digitalem Know-how, etwa bei der Implementierung digitaler Homeoffice-Lösungen, durch unsichere Gewässer wie die derzeitige Coronakrise zu führen. Sondern wir als junge Unternehmensnachfolger tragen insbesondere die Verantwortung, die Überlebensfähigkeit unserer Familienunternehmen in Zeiten von rasantem digitalen Wandel und gravierenden, branchenverändernden Disruptionen langfristig sicherzustellen, um eine Weitergabe an die nächste Generation überhaupt zu ermöglichen. Wir sind die Generation Verantwortung.

Weiterführende Literatur

Disruption

Harvard Business Review, Dezember 2015. What Is Disruptive Innovation?. hbr.org/2015/12/what-is-disruptive-innovation

Harvard Business Review, Juni 2019. Disruption Starts with Unhappy Customers, Not Technology. hbr.org/2019/06/disruption-starts-with-unhappy-customers-not-technology

McKinsey & Company, April 2016. How vulnerable are you to digital disruption?. www.mckinsey.com/~/media/mckinsey/business%20 functions/strategy%20and%20corporate%20finance/our%20insights/ the%20economic%20essentials%20of%20digital%20strategy/ digital%20distruption%20cm%202.pdf

McKinsey Quarterly, März 2016. The economic essentials of digital strategy. www.mckinsey.com/business-functions/strategy-and-corporate-finance/ our-insights/the-economic-essentials-of-digital-strategy

McKinsey Quarterly, Mai 2016. An incumbent's guide to digital disruption. www.mckinsey.com/business-functions/strategy-and-corporate-finance/ our-insights/an-incumbents-guide-to-digital-disruption

Digitalisierung & digitale Transformation

etventure, 2019. Studie Digitale Transformation. Die Zukunftsfähigkeit der deutschen Unternehmen. service.etventure.de/digitale-transformation-2019-registrierung

Harvard Business Review, 2020. Rethinking Digital Transformation. hbr. org/sponsored/2020/03/rethinking-digital-transformation

McKinsey Quarterly, Mai 2014. Strategic principles for competing in the digital age. www.mckinsey.com/business-functions/strategy-and-corporate-finance/our-insights/strategic-principles-for-competing-in-the-digital-age

McKinsey & Company, März 2017. A roadmap for a digital transformation. www.mckinsey.com/industries/financial-services/our-insights/a-roadmap-for-a-digital-transformation

Digitalisierung in Familienunternehmen

Boston Consulting Group, Juni 2018. Family Forward – Familienunternehmen fit für die Zukunft machen. web-assets.bcg.com/19/f5/807b33cc4500a5c60a5ffb7406e8/bcg-report-familienunternehmen-2018-tcm9-195445.pdf

Boston Consulting Group, Juni 2020. Strategische Flexibilität in Familienunternehmen. image-src.bcg.com/Images/Strategische_Flexibilitat_in_Familienunternehmen_tcm9-250151.pdf

Deloitte, Mai 2017. Next generation family businesses. Leading a family business in a disruptive environment. www2.deloitte.com/content/dam/Deloitte/ua/Documents/strategy/Next-generation-family-business.pdf

Die Familienunternehmer e. V. 2020. Investition in Digitalisierung trotz Corona-Krise. www.junge-unternehmer.eu/fileadmin/familienunternehmer/positionen/digitalisierung/grafik/grafik_digitalisierung_famu_umfrage.jpg

Wittener Institut für Familienunternehmen der Universität Witten/Herdecke, 2019. Strategien der Digitalisierung in Familienunternehmen. www.wifu.de/bibliothek/strategien-der-digitalisierung-in-familienunternehmen/

FELIX FIEGE, Jahrgang 1978, führt als Vorstandsvorsitzender gemeinsam mit seinem Cousin Jens Fiege das Familienunternehmen in fünfter Generation. Er ist verheiratet und hat drei Kinder. In seiner Freizeit spielt er gern Fußball oder Tennis, segelt oder jagt. FIEGE ist ein internationaler Kontraktlogistiker mit mehr als 20 000 Mitarbeitern an über 150 Standorten in 14 Ländern. Die Kundenbandbreite reicht von jungen Start-ups bis hin zu Marktführern in den verschiedensten Branchen. Fiege entwickelt individuelle Lösungen für die gesamte Wertschöpfungskette und fokussiert sich auf die Kernbranchen Fashion & Lifestyle, Healthcare, Industrie, Konsumgüter, Reifen, Medien und Online Retail.

VERANTWORTUNG UND LOGISTIK

Von Felix Fiege

Die Zukunft zu gestalten, Herausforderungen anzunehmen und zu bewältigen, kreative Antworten auf eine sich immer schneller verändernde Welt und die sich daraus ableitenden neuen Gegebenheiten für das eigene Geschäftsmodell zu finden – dies sind Aufgaben, denen sich Unternehmer immer wieder stellen müssen. Sie treffen Entscheidungen, gehen in die Verantwortung; für sich, das Unternehmen, die Kunden und Partner sowie natürlich die eigenen Mitarbeiter. Diese Entscheidungen haben weitreichende Konsequenzen, für die genannten Gruppen, aber teilweise auch für die Gesellschaft und für die Umwelt, wenn man beispielsweise den unternehmenseigenen CO_2-Fußabdruck betrachtet. Dabei hat man als Unternehmer einen großen Gestaltungsspielraum, Dinge zum Besseren zu bewegen. Und damit ist nicht ausschließlich das Wachstum des eigenen Unternehmens gemeint.

Als Unternehmer sehe ich mich selbst in der Verantwortung, ökonomische, soziale und ökologische Aspekte bei allen Entscheidungen für unser Unternehmen zu berücksichtigen. Dabei ist mir bewusst, dass ein Unternehmen, besonders eines aus der Dienstleistungsbranche wie *Fiege*, immer maßgeblich aus den Menschen besteht, die dafür wie für seine Kunden arbeiten.

Auf den folgenden Seiten werde ich etwas ausführlicher beschreiben, wie wir bei Fiege als Logistikdienstleister versuchen, unserer Verantwortung gerecht zu werden, und wie wir als Unternehmer unsere Rolle an der Unternehmensspitze wahrnehmen. Lassen Sie mich Ihnen das Familienunternehmen Fiege, das ich gemeinsam mit meinem Cousin

Jens Fiege als Vorstandsvorsitzender in fünfter Generation führen darf, etwas näher vorstellen.

Fiege gehört mit mehr als 20 000 Mitarbeitern in 14 Ländern zu den führenden Logistikdienstleistern Europas. Unsere Kundenbandbreite reicht von jungen Start-ups bis hin zu Marktführern in den verschiedensten Branchen. Fiege entwickelt individuelle Lösungen für die gesamte Wertschöpfungskette. Dabei fokussieren wir uns auf die Kernbranchen Fashion & Lifestyle, Healthcare, Industrie, Konsumgüter, Reifen und Medien – und das über alle Vertriebskanäle hinweg.

Zu unseren Kunden zählen Unternehmen wie Zalando, Bosch, MediaMarktSaturn, Dräger oder Nestlé, aber auch kleine Start-ups und viele Mittelständler. Als Europas führender Fulfillment-Dienstleister gehören neben den klassischen Logistik-, Transport- und Distributionsleistungen auch Full-Service-E-Commerce-Lösungen zu Fieges Portfolio, inklusive Back-End-Strukturen wie etwa Order-Management-Systeme, Customer Service und Payment-Abwicklungen. Ziel dabei ist es oftmals, den stationären Handel mit dem Onlinehandel zu verbinden und daran anknüpfend innovative City-Logistik-Lösungen zu entwickeln, die für mehr Effizienz und Nachhaltigkeit auf der letzten Meile sorgen.

Ein weiterer Geschäftsbereich ist die Immobilienentwicklung, wo wir schlüsselfertige Logistikimmobilien planen, bauen, finanzieren und auch vermarkten – für unsere Kunden, für die wir in dem neuen Logistikzentrum operativ tätig werden, aber auch für Dritte, die bei der Konzeption und Entwicklung ihrer Logistikanlage von dem Know-how von Fiege profitieren wollen.

Verantwortung für mehr Effizienz

Die Logistik ist seit vielen Jahren der drittgrößte Wirtschaftsbereich in Deutschland. Drei Millionen Beschäftigte arbeiten täglich daran, dass

Waren- und Informationsflüsse stabil bleiben, dass von der Produktion über die Lagerung und Veredelung bis hin zur Distribution der Güter an den Handel oder den Endkunden die Wertschöpfungskette stetig optimiert wird. Effizienzsteigerung ist unser Geschäft. Uns als Logistikdienstleistern wird von unseren Kunden ein großes Vertrauen entgegengebracht. Die Produktion, die Filiale oder den Endkunden schnell und verlässlich zu beliefern, ist unsere Kernkompetenz. Und ebenso wichtig ist es für uns, hierbei über verschiedene Kundenprojekte hinweg Synergien zu schaffen, beispielsweise Transporte effizienter zu gestalten und Leerfahrten zu vermeiden.

Neben der Stabilität der Supply Chain müssen uns unsere Kunden im Hinblick auf ihre Daten vertrauen können. In den Logistikzentren entstehen Unmengen an Daten, etwa über Bestellverhalten, Saisonalitäten, Lagerbestände und Produktivität. Diese Daten, die in unseren Logistiklagern tagtäglich entstehen oder zusammenlaufen, sind mit dem Begriff Big Data zu beschreiben. Ihre Sicherheit zu garantieren, liegt in unserer Verantwortung.

Wir gehen aber gern auch einen Schritt weiter und wollen diese Daten für unsere Kunden nutzbar machen. Durch künstliche Intelligenz können heute riesige Datenmengen automatisiert analysiert und ausgewertet werden, um daraus Schlüsse für die Zukunft zu ziehen. Durch Predictive Analytics, also die Absatzvorhersage durch künstliche Intelligenz, schaffen wir einen zusätzlichen Mehrwert für unsere Kunden. Die vorhandenen Daten werden angereichert durch historische Daten und aktuelle Einflüsse, darunter Wetterberichte und Social-Media-Kampagnen. Wir investieren bei Fiege gezielt in diesen Bereich und haben das Ziel, zu einer »Data-driven Company« zu werden. Dies soll als ein Beispiel dafür dienen, wie wir unsere Aufgabe als Logistiker weiterdenken, um unseren Kunden Mehrwerte zu bieten.

Im Folgenden gehe ich näher auf die Besonderheiten eines Familienunternehmens ein und möchte die Entwicklung einer Unternehmenskultur, die genau dieses Hinterfragen von etablierten Strukturen und

Prozessen ermöglicht und die eigenen Mitarbeiter zum Weiterdenken motiviert, beleuchten.

Verantwortung für die Familie

Ein Familienunternehmen zu leiten, bedeutet gleichzeitig in der Verantwortung gegenüber der Familie zu stehen. Denn ein familiengeführtes Unternehmen ist kein Vermögensgegenstand, es ist eine Aufgabe. Das Familienunternehmen ist praktisch geliehen, um es an die nächste Generation weiterzugeben.

Dies bedeutet aber nicht, dass das Unternehmen genauso bewahrt werden muss, sogar im Gegenteil: Um dauerhaft zu bestehen, muss man es stetig weiterentwickeln. Wir sehen uns in der Verantwortung, das Unternehmen für die sich ständig verändernden äußeren Gegebenheiten strategisch auszurichten und uns immer wieder neu zu erfinden.

Dies ist etwas, das Fiege schon mehrfach gelungen ist. Bereits in den 1920er-Jahren gab es eine große Diskussion zwischen zwei Generationen, ob ein motorisierter Lastkraftwagen angeschafft werden sollte. Bis dahin war Fiege vornehmlich ein Fuhrunternehmen mit Pferd und Wagen. Zum Glück hat sich die jüngere Generation durchgesetzt, und Josef Fiege hat die Investition getätigt – in einer Zeit, in der ein Automobil auf der Straße noch etwas Besonderes war. Durch diese gewagte Innovation hat Fiege sich damals zu einer überregionalen Spedition entwickelt.

Auch heute wollen wir uns durch Innovationen stetig weiterentwickeln. Sehr bedeutend in den vergangenen Jahren ist die Entwicklung zu einem Full-Service-E-Commerce-Dienstleister. Der Onlinehandel ist der Wachstumstreiber in nahezu allen Branchen, in denen wir für unsere Kunden tätig sind. Produktinnovationen und Serviceerweiterungen waren und sind nötig, um dauerhaft erfolgreich zu sein. Neue Geschäftsmodelle zu entwickeln, ist eine Kernaufgabe in diesen Zeiten des Wandels. Mitunter auch in neuen Partnerschaften mit Kunden oder sogar Mitbewerbern. Auf vielfältige Weise können hieraus neue Mehrwerte für alle geschaffen werden. Viele Herausforderungen dieser Zeit sind nur gemeinsam zu bewältigen, dazu zählen der Klimaschutz, aber auf die Logistik bezogen auch die Entwicklung moderner City-Logistik-Lösungen. Für diese Kreativität und Freiheit in den Köpfen unserer Mitarbeiter zu sorgen, sehen mein Cousin Jens und ich als eine unserer wichtigsten Aufgaben an.

Verantwortung teilen – Führen mit einer Doppelspitze

Ich habe es immer als sehr großen Vorteil erlebt, das Familienunternehmen nicht allein führen zu müssen, sondern einen gleichberechtigten Partner an meiner Seite zu haben. Es besteht sicher die Gefahr, als alleinig Verantwortlicher an der Spitze eines Familienunternehmens zu vereinsamen. Im ersten Moment mag es einfacher klingen, alle wichtigen Entscheidungen allein treffen zu können. Aber für mich ist es unheimlich wertvoll, in Jens einen Vertrauten an meiner Seite zu wissen. Denn mit einem Familienmitglied die Verantwortung zu teilen, bedeutet gleichzeitig, einen echten Sparringspartner in der Entscheidungsfindung zu bekommen. Bei uns gilt ultimativ das Motto: »Zum Ja-sagen braucht's zwei, zum Nein-sagen reicht einer.« Auch wenn wir dieses Prinzip in der Praxis nie anwenden, glaube ich, dass damit unsere Entscheidungen besser und sicherer werden, weil man am Ende den anderen immer überzeugen muss.

Das Wichtigste ist aber sicher, dass wir uns verstehen, dass die Chemie stimmt, Vertrauen da ist und die Zusammenarbeit Spaß bringt. Es heißt oft, der größte Vorteil eines Familienunternehmens ist die Familie, und der größte Nachteil eines Familienunternehmens ist ebenfalls die Familie. Bei uns ist es zum Glück definitiv der Vorteil. An einer

Unternehmensspitze braucht man Menschen in seinem Umfeld, die Entscheidungen hinterfragen und offen und ehrlich sagen, was sie denken. Diese Menschen gibt es natürlich ebenso außerhalb der Familie, man muss sie aber bewusst suchen, aufbauen und halten. Auch das ist eine Eigenschaft, auf die wir im Rahmen unserer Unternehmenskultur sehr viel Wert legen.

Verantwortung übertragen

Es ist unsere Aufgabe als Führungsduo, unseren Mitarbeitern Verantwortung zu übertragen. Wir haben unser Unternehmen im Jahr 2014 neu ausgerichtet und eine Business-Unit-Struktur geschaffen. Unsere Organisation war damit nicht mehr regional, sondern nach Branchen organisiert.

Die einzelnen Business Units sollen agieren wie ein Unternehmen im Unternehmen. Den Business-Unit-Leitern haben wir für ihren Markt sehr viel Verantwortung übertragen. Sie sollen unternehmerisch denken und handeln. Dafür haben sie von uns sehr viele Freiheiten eingeräumt bekommen. Es ist an uns, entsprechend einzufordern, dass diese Freiheit auch genutzt wird und sich die Business Units in ihren Branchen weiterentwickeln.

Wir sehen uns in der Verantwortung, für eine positive Kultur im Unternehmen zu sorgen. Die Menschen sollen Spaß bei der Arbeit haben und morgens gern zu uns kommen. Dafür gilt es, ein Arbeitsumfeld zu schaffen, das fordernd ist, in dem es aber auch Mitgestaltungsmöglichkeiten gibt. An oberster Stelle steht die Wertschätzung jeder einzelnen Mitarbeiterin und jedes einzelnen Mitarbeiters.

Dies können wir nicht allein bewältigen, wir sind darauf angewiesen, dass es von unseren Führungskräften auf allen Hierarchieebenen so gelebt wird. Wir selbst gehen als gutes Beispiel voran. Denn dass bei Fiege eine offene und ehrliche, wertschätzende und teamorientierte

Unternehmenskultur gelebt wird, ist für uns von maßgeblicher Bedeutung. Unser Credo für alle unsere Mitarbeiter heißt: Jeder hat ein Recht auf gute Führung.

Und das erwarten wir auch von unseren Mitarbeitern. Dafür gibt es für sie entsprechende Entwicklungsmöglichkeiten. Unsere Mitarbeiter sollen selbst in die Verantwortung gehen – für ihre Einheit oder ihren Aufgabenbereich. Jeder soll das Gefühl haben, zusätzliche Verantwortung übernehmen zu können, wenn er oder sie sich dafür bereit fühlt.

Für den Erfolg ist der Beitrag jedes Einzelnen entscheidend. Unsere Branche ist von Menschen geprägt, und entsprechend wichtig ist es, ein starkes Team aufzubauen. Dass sich Erfolg am besten in einem starken Team verwirklichen lässt, habe ich persönlich auch schon früh abseits der beruflichen Laufbahn erfahren. Sehr eindrücklich waren hier die Erfahrungen, die ich auf einem Segeltörn von Deutschland nach Australien gemacht habe. Mit meinem Bruder Jan und einem weiteren Freund habe ich erlebt, was es heißt, sich zu hundert Prozent auf ein Team verlassen zu können, und wie (überlebens-)wichtig es ist, zusammenzuarbeiten.

Weiterentwicklung durch Innovation

Die Bedeutung der Weiterentwicklung des Unternehmens habe ich bereits ausgeführt, jetzt möchte ich noch etwas näher darauf eingehen, wie wir das Thema Innovation bei Fiege strategisch angehen. Wir haben es uns zur Aufgabe gemacht, eine Unternehmenskultur zu schaffen, in der möglichst viele Mitarbeiter dazu motiviert werden, Innovationen zu entwickeln oder zu treiben. Es ist uns wichtig, dass alle unsere Mitarbeiter neuen Entwicklungen positiv gegenüber eingestellt sind und diese neuen Wege mitgehen. Seien es nun technologische Weiterentwicklungen in unserem Kerngeschäft Kontraktlogistik oder ganz neue digitale Geschäftsmodelle, die unser Kerngeschäft ergänzen.

Die eigenen Mitarbeiter für solche Projekte zu gewinnen, ist eine wichtige Aufgabe, denn neue Technologien können im ersten Moment gewiss auch Unsicherheiten bei einigen Mitarbeitern hervorrufen.

Ein Hebel zur Implementierung einer innovativen Unternehmenskultur ist die Fiege *Innovation Challenge*, die wir 2017 ins Leben gerufen haben und die seitdem jährlich stattfindet. Fiege-Mitarbeiter aus allen Ländern und Standorten können Ideen einreichen, die dann von einer Expertenjury im ersten Schritt bewertet und in einem Interview hinterfragt werden. Die besten neuen Geschäftsmodelle werden dann beim Pitch-Event in der Zentrale in Greven von den jeweiligen Teams vorgestellt. Eine Jury und das Publikum wählen die drei besten aus, denen neben dem Preisgeld die Möglichkeit gegeben wird, die Idee mit Fiege gemeinsam umzusetzen.

Dies ist ein bislang sehr erfolgreicher Weg, Potenziale an Ideen aus der eigenen Belegschaft zu heben. Denn durch die *Innovation Challenge* haben es schon mehrere Geschäftsmodelle zu Geschäftsfelderweiterungen oder sogar zu Ausgründungen und eigenen Unternehmen geschafft.

Dieser Prozess von der Ideengenerierung über die Gründung bis hin zur Skalierung am Markt wird bei Fiege durch den Bereich Company Building professionell begleitet. Innovations- und Gründungsexperten bieten im Company Builder, der unter dem Namen XPRESS Ventures agiert, Ideengebern und Gründern bei Fiege die Unterstützung und das ideale Umfeld, das sie benötigen, um ihre Geschäftsidee zu einem echten Geschäftsmodell weiterzuentwickeln. So werden Ideen bei Fiege systematisch gefördert. Die Bandbreite der Themenfelder, mit denen sich Fiege-Mitarbeiter beschäftigen, ist dabei sehr groß. So werden Ideen weiterverfolgt, die sich den Herausforderungen der City-Logistik widmen, Plattformen entwickelt, die die Unternehmenssteuerung erleichtern, oder gar Technologien hervorgebracht, die die Intralogistik effizienter und nachhaltiger machen.

Eine feste Institution für die weitere Ausprägung der Innovationsbegeisterung bei unseren Mitarbeitern ist mittlerweile auch der *Maschinen-*

raum in Berlin. Der *Maschinenraum* ist ein offener Co-Creation-Workspace, der unseren Mitarbeitern den Austausch mit Experten anderer mittelständischer Unternehmen, aber auch Start-ups ermöglicht. Wenn unsere Projektmanager nach einer Woche aus Berlin zurückkommen, sind sie verändert – der Austausch mit jungen Unternehmern und die Auseinandersetzung mit ihrem Willen zur Veränderung lösen etwas bei unseren Kollegen aus. Nicht selten beobachten wir eine Mischung aus Demut und Euphorie. Demut, denn es wird ihnen bewusst, dass sich heute Geschäftsmodelle immer schneller verändern und zu neuen Marktrealitäten führen. Doch sie sind gleichzeitig positiv gestimmt, weil sie erkennen, dass sie diese Veränderungen aktiv vorantreiben können.

Nachhaltiges Wirtschaften

Wir stehen als Gesellschaft vor großen Veränderungen und müssen viele davon gemeinsam angehen: Der Klimawandel ist hier sicher als eine der ersten zu nennen. Auch wenn in der Logistik bereits vieles erreicht wurde, ist es doch immer noch ein weiter Weg.

In den vergangenen Jahren und Jahrzehnten hat sich die Logistik stark verändert. Das explodierende Verkehrsvolumen, gestiegene globale Arbeitsteilung und immer internationalere Supply Chains oder der boomende E-Commerce sind nur einige Entwicklungen, die die Branche vor neue Herausforderungen gestellt haben. Mehr denn je bedarf es zukunftsfähiger Lösungen, die effiziente und ressourcenschonende Warenströme ermöglichen.

Als wesentlicher Teil der Wertschöpfungskette von vielen Produkten versuchen wir bei Fiege, nachhaltige Prozesse und Dienstleistungen stetig zu erweitern. Die Nachfrage und Akzeptanz dafür wächst erfreulicherweise. Viele Unternehmen, die nachhaltig produzieren, nehmen für ihren ökologischen Fußabdruck auch ihre logistischen Prozesse in den Blick.

Nachhaltiges Wirken und Wirtschaften hat bei uns als Familienunternehmen seit jeher eine große Bedeutung. Die Firma nachhaltig weiterzuentwickeln und an die nächste Generation übergeben zu können, ist unser Hauptziel. Unser gesamtes unternehmerisches Handeln richtet sich danach aus. Die Zukunft gestalten wir jeden Tag.

Nachhaltiges Wirtschaften ist der Schlüssel für die Zukunftsfähigkeit unserer Geschäftsmodelle. Häufig wird Nachhaltigkeit auf den Aspekt Ökologie reduziert. Die ökonomische wie die soziale Dimension der Nachhaltigkeit werden bei uns gleichermaßen berücksichtigt.

Klimaschutz und der bewusste Einsatz von Ressourcen bei wachsendem Geschäft liegen uns ebenso am Herzen wie die soziale Verantwortung für unsere Mitarbeiter und die Gesellschaft. Wir verstehen das Unternehmen Fiege als Teil der Umwelt, die es umgibt, und wollen damit einen Nutzen stiften für unsere Kunden, Partner, unsere Mitarbeiterinnen und Mitarbeiter sowie für uns als Familie.

AXEL STÜRKEN, Jahrgang 1966, studierte Wirtschaftswissenschaften in der Schweiz und ist geschäftsführender Gesellschafter der *LEUCHT-TURM GRUPPE GmbH & Co. KG* in Geesthacht bei Hamburg. Das 1917 gegründete mittelständische Familienunternehmen der Konsumgüterindustrie erwirtschaftet mit weltweit etwa 500 Mitarbeitern einen Umsatz von rund 70 Millionen Euro (2020). Zum Markenportfolio gehören neben *Leuchtturm*, der weltweit führenden Marke für Sammelzubehör, *Leuchtturm1917* (Notizbücher), *Semikolon* (Papeterie), *Torquato* (Versandhandel und Einzelhandelsgeschäfte), *Bethge Hamburg* (Einzelhandelsgeschäfte für Lederwaren und Schreibkultur), *Treuleben* (Luxus-Lederwaren) und *Legendär* (Lifestyle Accessoires).

VERANTWORTUNG UND VIELSEITIGKEIT

Von Axel Stürken

Als ich im Sommer 2020 gefragt wurde, ob ich Lust hätte, an diesem Buchprojekt mitzuwirken, habe ich spontan zugesagt. Mich interessierte die Beschäftigung mit dem Thema Verantwortung, die in meinem Unternehmerleben eine große Rolle spielt.

Wie wichtig Verantwortung für mich werden würde, ahnte ich jedoch noch nicht, als ich vor fast 30 Jahren ins Berufsleben eintrat. Im Studium hatte ich wenig Berührung mit dem Thema Wirtschaftsethik. Es gab Bezüge dazu, diese stammten aber eher aus einer Beschäftigung mit entsprechenden Themen in den Medien. Die Verantwortung des Unternehmers als Richtschnur seines Handelns wurde uns nicht als relevanter Inhalt vermittelt.

Allerdings begegnete mir als Sohn eines Unternehmers die Verantwortung immer wieder implizit in den Erzählungen meines Vaters beim Abendessen. Dort wurde über Mitarbeiter gesprochen, von denen ich viele persönlich kannte. Es wurde über Erfolge geredet, aber auch über Probleme. Ich lernte damals einiges über die Verantwortung für langjährige Mitarbeiter und über deren Loyalität gegenüber der Firma.

Dieses Wissen war irgendwo in den tieferen Schichten meines Bewusstseins abgespeichert. Aber ich brachte es nicht direkt in Verbindung mit meiner sich abzeichnenden beruflichen Laufbahn. Ich sah nicht kommen, wie schwierig die Abwägung in vielen Entscheidungssituationen werden würde. Ich ahnte nicht, wie sehr ich nur ein paar Jahre später den Druck der Verantwortung spüren würde und welche sehr unterschiedlichen Rücksichten ich dabei nehmen müsste.

Verantwortung ist Interessenabwägung

Der *Leuchtturm Albenverlag* hatte seit den 1960er-Jahren ein rasantes Wachstum hinter sich. Seit seinen Ursprüngen im Jahr 1917 hatte sich das Unternehmen auf die Herstellung von Briefmarkenalben spezialisiert. Durch die steigende Nachfrage nach Zubehör für Briefmarkensammler und den gezielten Auf- und Ausbau des Exportgeschäftes waren Umsatz, Gewinn und Gehälter kontinuierlich angestiegen. Aber ab den 1980er-Jahren war der Zenit des Briefmarken-Booms überschritten, die Anzahl der Briefmarkensammler ging seitdem langsam, aber stetig zurück. Zusätzlich verschärft wurde die Situation durch die wachsende Konkurrenz. Man reagierte auf die sinkenden Absätze mit steigenden Preisen, was aufgrund der großen Markentreue der Briefmarkensammler zunächst das Problem löste.

Die ersten Jahre, nachdem ich 1992 in das väterliche Unternehmen eingetreten war, musste ich mich zu großen Teilen mit eher unangenehmen Themen befassen. Der durch die Wiedervereinigung 1990 ausgelöste Boom bescherte *Leuchtturm* zunächst drei sehr gute Jahre. Dann rutschte die Bundesrepublik 1993 zum ersten Mal seit über 10 Jahren in die Rezession. Nun standen im Unternehmen vor allem Kosteneinsparungen auf der Tagesordnung. Ich beschäftigte mich mit in den 1970er-Jahren großzügig an die Mitarbeiter verteilten Zulagen, musste aber zunächst zusehen, wie sich die Situation unter anderem durch Vereinbarungen der Tarifpartner weiter verschlechterte: Auf die zurückgehende Beschäftigung wurde mit einer Reduzierung der wöchentlichen Arbeitszeit reagiert – bei vollem Lohnausgleich.

Wir befassten uns notgedrungen mit der Frage, ob wir unseren Arbeitgeberverband verlassen mussten, um die Bürde der Tarifbindung loszuwerden. Schweren Herzens – der Seniorpartner meines Vaters war jahrelang Präsident des Arbeitgeberverbandes gewesen – erklärten wir schließlich unseren Austritt aus dem Verband.

In der Folge verhandelte ich mit dem Betriebsrat über die Kündigung oder Anpassung von Betriebsvereinbarungen. Wir schafften den Betriebsurlaub im Sommer ab und schlossen eine neue Betriebsvereinbarung über eine Flexibilisierung der Arbeitszeit. So konnten wir die Jahresarbeitszeit besser an den tatsächlichen Bedarf entsprechend den Kundenbestellungen anpassen. Den Mitarbeitern kam diese Flexibilisierung zugute, weil sie im Sommer weniger arbeiteten und mehr Zeit für ihre Gärten oder Balkone, für ihre Familien oder Zeit im Freien hatten und ihren Sommerurlaub individuell planen konnten. Dafür wurde im Winter etwas mehr gearbeitet.

In den folgenden Jahren machten wir die durch die Tarifpartner vollzogene Reduzierung der wöchentlichen Arbeitszeit auf 36,5 Stunden rückgängig und hoben sie in zwei Schritten wieder auf 40 Stunden an – erneut mit Lohnausgleich: Bei der Reduktion der Arbeitszeit waren die monatlichen Bezüge der Mitarbeiter nicht gesunken, und nun hielten wir die Stundenlöhne konstant, sodass die Mitarbeiter für mehr Arbeit auch mehr Geld bekamen. Wir nahmen die damit verbundene Kostensteigerung in Kauf, weil wir die höhere Kapazität dank sich verbessernder Auftragslage nutzen konnten.

Als, wie beschrieben, Leuchtturm Anfang der 1990er-Jahre in eine schwierige Lage geriet, war die Firma zwar noch nicht in ihrer Existenz bedroht. Aber es war absehbar, dass dies eingetreten wäre, wenn man der Entwicklung tatenlos zusähe. Es waren Veränderungen notwendig, für die viele unangenehme Gespräche geführt werden mussten. Wir mussten in Kauf nehmen, unsere Mitarbeiter zu enttäuschen und sie mit den Maßnahmen zunächst einmal zu demotivieren. Riskieren, dass die Besten gehen würden und woanders einen besser bezahlten Job annehmen würden.

Einige Jahre später waren wir wieder in der Situation, schwierige Gespräche mit unseren Mitarbeitern führen zu müssen. Leuchtturm war seit den 1980er-Jahren der größte Produzent von Briefmarken-Einsteckbüchern. Dabei handelt es sich um das Massenprodukt unserer

Branche: Briefmarkenalben mit Folienstreifen auf jeder Seite zum Hineinstecken der Briefmarken. Bedingt durch die massive Preiskonkurrenz von insgesamt fünf relevanten Wettbewerbern verdiente eigentlich niemand mehr wirklich Geld mit der Herstellung dieser Produkte. Als sich die Gelegenheit bot, begannen wir ab 2009 diese Konkurrenten nach und nach aufzukaufen. Wir kauften eine Firma in Ungarn, eine in Deutschland und zwei in den Niederlanden und konzentrierten die gesamte Produktion am ungarischen Standort.

Für Leuchtturm bedeutete dies, dass zum ersten Mal in der jüngeren Firmengeschichte betriebsbedingte Kündigungen ausgesprochen werden mussten. Wir schlossen eine ganze Produktionsabteilung, trafen mit den Mitarbeitern Abfindungsvereinbarungen oder brachten sie anderswo im Unternehmen unter. Die Maschinen verlegten wir nach Ungarn. Der Erfolg stellte sich bereits nach kurzer Zeit ein. Wir verdienten seit etwa 30 Jahren zum ersten Mal Geld mit Einsteckbüchern, festigten unsere Position als Marktführer und machten die übrigen Arbeitsplätze am Standort in Geesthacht sicherer.

Beide Entscheidungssituationen – Austritt aus dem Arbeitgeberverband und Verlegung einer Produktionsabteilung ins Ausland – sollen illustrieren, in welchem Maß die Wahrnehmung unternehmerischer Verantwortung eine Frage der Abwägung ist.

Wir mussten die Interessen des Unternehmens als Ganzes, unsere Interessen als Unternehmer, die Interessen aller Gesellschafter sowie die Interessen unserer Mitarbeiter abwägen und zu einem angemessenen Ausgleich bringen. Dabei galt es, eine vor allem langfristig gute Lösung für das Unternehmen und damit auch für die Mehrzahl der beschäftigten Menschen zu finden. Nur so konnten wir Einschnitte für die Beschäftigten oder gar Kündigungen rechtfertigen.

Verantwortung erfordert, Risiken einzugehen

Wenn alles so bleiben soll, wie es ist, muss sich alles ändern.

Giuseppe Tomasi di Lampedusa – »Der Leopard«

Als Unternehmer und als Arbeitgeber spüre ich eine große Verantwortung für alle Mitarbeiter, die teilweise schon seit Jahrzehnten für unser Unternehmen, das heißt für uns als Unternehmerfamilie, arbeiten. Ich spüre eine Verantwortung meiner Familie gegenüber, die darauf vertraut, dass die Geschäfte so geführt werden, dass das Unternehmen sicher in die Zukunft steuert.

Sicher in die Zukunft – das wollen wohl die meisten Unternehmer. Und manchen gelingt es dennoch nicht. Wie die Beispiele aus meinen ersten Jahren bei Leuchtturm zeigen, gehört zu diesem Willen auch die Bereitschaft, alles infrage zu stellen und nicht davor zurückzuschrecken, schwierige Entscheidungen mit unsicherem Ausgang zu fällen. Sich selbst und vor allem dem Unternehmen, das heißt den Mitarbeitern, die Möglichkeit zu geben, sich ständig neu zu erfinden.

Die meisten Geschäftsmodelle haben nur eine begrenzte Lebensdauer. Was 20 oder 30 Jahre gut läuft, kann irgendwann vorbei sein. Langsam schleichend oder ganz plötzlich. Wenn man nicht rechtzeitig die richtigen Fragen stellt und Antworten findet, kann ein Unternehmen schnell in eine Krise geraten, die existenzbedrohend werden kann.

Die Notwendigkeit, das Unternehmen laufend weiterzuentwickeln, neue Produkte hervorzubringen, neue Märkte zu erschließen, neue Chancen zu entdecken, zwingt uns, dafür immer wieder Risiken einzugehen. Dabei gilt es, Widerstände zu überwinden, Zweifel zu beseitigen. Die Mitarbeiter, die Mitgesellschafter, die Banken, die Kunden und die Lieferanten müssen überzeugt werden.

Im Jahr 2000 wollten mein Bruder Max und ich ein neues Geschäft aufbauen. Versandhandel per Internet war die Idee. Unser Vater gab grünes Licht, wir stellten ein kleines Team ein und machten uns an die Arbeit. Ein Dreivierteljahr später war der Webshop von *Torquato* fertig, und wir gingen online. Was wir bis dahin nicht wussten und selbst herausfinden mussten: Das Internet, wie wir es heute kennen, gab es noch nicht. E-Commerce funktionierte noch nicht, und deshalb war, während wir Torquato aufbauten, die New Economy zusammengebrochen. Amazon war fast pleite, und Karstadt ließ sein Prestigeobjekt Myworld wieder in der Versenkung verschwinden. Hätten wir nicht wenige Monate später die ersten Torquato-Versandkataloge verschickt und seitdem massiv auf den Printkatalog als unseren wichtigsten Vertriebskanal gesetzt, gäbe es Torquato heute nicht mehr.

Ein Versandunternehmen mit Katalogversand aufzubauen, ist kapitalintensiv und nimmt mehrere Jahre in Anspruch. Die Produktion eines gedruckten Kataloges ist sehr kostspielig, und dies bedeutete für Torquato jahrelange Anlaufverluste. Im Jahr 2020 ist Torquato der mit Abstand am schnellsten wachsende Teil unserer Unternehmensgruppe. Die jahrelangen Investitionen zahlen sich nun aus, weil wir mit dem richtigen Produkt zur richtigen Zeit zur Stelle waren.

Nur zwei Jahre nach der Gründung von Torquato bot sich mit der Einführung des Euro-Münzgeldes eine neue Chance. Bis dahin war das Stammhaus Leuchtturm praktisch ein reiner Briefmarkenalben-Verlag gewesen. Es gab zwar ein paar Alben und Boxen für Münzen, aber diese Sparte wurde bis dahin eher halbherzig betrieben, und entsprechend erfolglos waren wir. Nun sollten am 1. Januar 2002 in den 12 Ländern, in denen der Euro zunächst eingeführt wurde, acht neue Münzen herausgegeben werden. Insgesamt 96 Münzen auf einen Schlag. Das schrie doch nach einem Münzalbum, fanden mein Bruder und ich. Wir wollten 5000 oder 10 000 von diesen Alben herstellen lassen. Unsere Vertriebsleiter waren allerdings sehr skeptisch, was diese Idee anging. Wir trafen die Entscheidung im Alleingang und verkauften 2002 etwas mehr als eine halbe Million Euro-Alben.

Verantwortung bedeutet, Fehler in Kauf zu nehmen

Wenige geschäftliche Entscheidungen zahlen sich so einfach aus, wie es bei den Euro-Alben der Fall war. 2005 gründeten wir zum Beispiel einen neuen Geschäftsbereich, der sich mit der Entwicklung von Produkten für den Schreibwarenhandel beschäftigen sollte. Wir glaubten, über genügend Know-how und Kontakte zu verfügen, um uns über den auf Sammler spezialisierten Markt hinaus ausdehnen zu können. Wir stellten jemanden ein, der den neuen Markt mit uns gemeinsam entwickeln sollte. Dabei verfolgten wir eine Reihe von Produktideen, die wir zum Teil auch produzieren ließen.

Keines dieser Produkte ist heute noch auf dem Markt. Als größter Flop erwies sich ein digitales Fotoalbum. Dieses bestand aus einem Album und losen Seiten aus Fotokarton, die man auf dem eigenen Tintenstrahldrucker bedrucken sollte, sowie einer Software zur Gestaltung der Albumseiten. So ein Produkt gab es damals noch nicht, doch die Entwicklung der Software nahm so viel Zeit in Anspruch, dass wir mit dem Album zu spät kamen. Mittlerweile konnte man überall Fotobücher bestellen, und unsere Alben mussten eingestampft werden – niemand wollte sie haben.

Insgesamt haben wir etwa ein Dutzend Produktideen bis zur Marktreife entwickelt, produzieren lassen und auf den Markt gebracht. Letztlich erfolgreich war keine von ihnen. Erfolgreich waren wir erst mit den Notizbüchern, die wir heute unter der Marke *Leuchtturm1917* verkaufen. Hätten wir nach den ersten Misserfolgen aufgegeben, wären wir nie so weit gekommen. Und der Mann, der diesen Geschäftsbereich mit uns aufgebaut hat, wäre heute nicht unser Mitgeschäftsführer.

Verantwortung und Globalisierung

Als kleines mittelständisches Unternehmen suchte Leuchtturm bereits in den 1960er-Jahren sein Heil im Export. Seit Ende der 1960er-Jahre ist die Firma mit Tochtergesellschaften in den USA und Kanada präsent und unterhält intensive Handelsbeziehungen in Westeuropa, zu Japan, Australien und Neuseeland. Durch die Globalisierung der Einkaufs- und Produktionsmärkte wurde der Kostendruck auf unsere eigene Produktion spürbar, und wir begannen selbst, weltweit einzukaufen.

Heute verfügt die Unternehmensgruppe über vier ausländische Produktionsstandorte und bezieht einen Teil ihrer Produkte aus dem Ausland, insbesondere aus Fernost. Die Auslagerung von Produktion und die Umstellung auf Fremdbezug erforderten, sich die Frage zu stellen, ob die entsprechende Entscheidung auch unserer Verantwortung gegenüber den eigenen Mitarbeitern und den Arbeitsplätzen in der Region oder in Deutschland gerecht wird. Arbeitsplätze, die von potenziellen Kunden oder potenziellen Steuerzahlern besetzt werden könnten. Bei der Verlagerung der Produktion in eigene oder fremde Produktionsstätten im Ausland mussten wir ebenfalls den Aspekt der Nachhaltigkeit von Fertigungsmethoden, Transportwegen und eingesetzten Materialien berücksichtigen – dies ist ein fortlaufender Prozess, da sich die Parameter ständig ändern.

Wenn man in der Lage ist, die Umstellung des Unternehmens langsam, sozialverträglich und ressourcenschonend zu gestalten, dann ist solch eine Veränderung nicht nur im Interesse des Unternehmens, sondern auch im Interesse der Mehrzahl der Mitarbeiter. Ein Festhalten an der hergebrachten Struktur würde dagegen vermutlich das Unternehmen als Ganzes gefährden und damit langfristig niemandem nützen.

Unser Unternehmen hat sich, beginnend in den 1990er-Jahren, von einem Industrieunternehmen zu einem Multi-Marken-Handelsunternehmen gewandelt. Wir verfügen zwar inzwischen über fünf eigene Produktionsstandorte, an denen wir Produkte fertigen, die wir sonst nirgendwo kaufen könnten. Einen großen Teil unserer Markenartikel lassen wir jedoch bei Lieferanten fertigen, mit denen wir teilweise seit Jahrzehnten zusammenarbeiten. Die Anzahl der Arbeitsplätze in der Produktion ist währenddessen am Stammsitz in Geesthacht kontinuierlich zurückgegangen. Dafür wurden viele neue Arbeitsplätze in der Logistik und in den kaufmännischen Abteilungen geschaffen. Heute beschäftigen wir in Deutschland deutlich mehr und qualifiziertere Mitarbeiter als Mitte der 1990er-Jahre.

Unserer Verwurzelung im Osten Hamburgs taten die Veränderungen keinen Abbruch. Im Gegenteil: Wir setzten und setzen weiter sehr auf Fachkräfte aus unserer Region. Durch die Transformation des Unternehmens vom Fertigungs- zum Handelsunternehmen waren wir in der Lage, unser Angebot an Arbeitsplätzen dem veränderten Ausbildungsprofil der Menschen, die in unserer Nähe leben, anzupassen.

An unseren ausländischen Standorten legen wir hinsichtlich der Arbeitssicherheit und der hygienischen Bedingungen die gleichen Maßstäbe an, wie sie in Deutschland gelten, und arbeiten auf diesem Feld kontinuierlich an Verbesserungen. Es ist klar, dass wir im Ausland auch wegen niedrigerer Herstellungskosten produzieren. Dies bedeutet aber nicht, dass wir unserer Verantwortung unseren ausländischen Mitarbeitern gegenüber nicht in gleicher Weise nachkommen, wie wir dies in Deutschland tun.

Durch die Verbundenheit mit unseren Mitarbeitern an den Auslandsstandorten bekommen Ereignisse, von denen wir sonst nur aus den Nachrichten hören würden, eine sehr persönliche Dimension. Ob es ein Blizzard an der amerikanischen Ostküste, ein Taifun in Südchina oder die Revolution in Tunesien ist. Wir sorgen uns um unsere Mitarbeiter und versuchen, sie aus der Ferne so gut wir können zu unterstützen. In der Coronapandemie wurde das Gefühl der weltweiten Verbundenheit besonders spürbar, und wir haben uns so intensiv mit unseren Tochtergesellschaften und unseren weltweiten Geschäftspartnern ausgetauscht wie noch nie zuvor.

Verantwortung für die Gesellschaft: Wie digital wollen wir leben?

Während die Verantwortung für die Mitarbeiter, die Mitgesellschafter und die Familie unmittelbar greifbar und spürbar ist, ist die gesellschaftliche Verantwortung für mich als Unternehmer abstrakter und weniger deutlich mit dem konkreten Handeln verknüpft, weil sie sich bei unseren Produkten nicht unmittelbar aufdrängt. Umso wichtiger erscheint es, sich diese Dimension der Verantwortung bewusst zu machen und daraus Leitlinien für die eigenen Entscheidungen zu entwickeln.

Ich möchte hier im Folgenden einen Aspekt herausgreifen, der mir persönlich und uns als Unternehmen besonders am Herzen liegt. Wie für alle Angehörigen meiner Generation wurde mein Unternehmerleben von nichts anderem so geprägt wie von dem Aufkommen des Internets, der Ablösung von Fax und Brief durch E-Mails, der Entwicklung des E-Commerce, zusammengefasst von der Digitalisierung. Seit 1996 haben wir eine eigene Onlinepräsenz unter leuchtturm.com, seit über 20 Jahren hat jeder Mitarbeiter eine eigene E-Mail-Adresse und Zugang zum Internet. Seit 2000 sind wir im Onlinehandel und gehören damit zu den Unternehmen in Deutschland mit der längsten Erfahrung im E-Commerce. Heute betreiben wir 48 Webshops in neun Ländern und vier Sprachen. Was ich damit sagen will: Wir als Unternehmen haben weder die Digitalisierung verschlafen, noch haben wir ihr gegenüber Vorbehalte.

Und trotzdem: Unsere Geschäftsmodelle und Marken beschäftigen sich mit Produkten, die ganz und gar nicht digital sind. Dies beginnt mit den Briefmarkenalben – dem Ursprung unseres Unternehmens –, die wir bis heute verkaufen. Alles, was wir seitdem an neuen Geschäftsfeldern entwickelt haben, beschäftigt sich mit physischen Dingen. Ob es die heute 6000 Artikel umfassende Produktwelt von Torquato oder die Notizbücher von Leuchtturm1917 sind, die Münzalben von Leuchtturm oder die Lederwaren und Papiererzeugnisse unserer kleineren Marken. Es ist die Schönheit des Analogen, die uns am Herzen liegt. »The beauty of the real things«, so lautet das vor einiger Zeit herausgearbeitete gemeinsame Leitmotiv der Unternehmensgruppe.

Unsere Produkte verkaufen wir seit jeher vor allem über den Einzelhandel. Durch das Aufkommen des E-Commerce gab es in den vergangenen Jahren eine kontinuierliche Verlagerung in Richtung Onlineumsätze. Aber die Präsentation und der Verkauf unserer Produkte im stationären Einzelhandel sind bis heute eine wichtige Säule für unsere Marken. Erst durch die physische Begegnung mit einer Marke und ihren Produkten entsteht eine wirkliche Markenbindung, sodass in unserer Welt der Einzelhandel eine nicht zu überschätzende Bedeutung hat. Der Einzelhandel ist seit etwa zehn Jahren durch das Internet einer ständigen Erosion ausgesetzt, die durch die Coronapandemie 2020 noch dramatisch beschleunigt wurde. Wir als Markeninhaber können zunächst ohne den Einzelhandel leben, weil unsere Produkte durch unsere eigene Onlinekompetenz und durch Onlineangebote unserer Kunden im Handel weiterhin verfügbar sind. Die Frage, die sich uns immer dringender stellt, ist aber: Welche Rolle spielen wir als Unternehmer in einer Gesellschaft, deren stationärer Einzelhandel bedroht ist?

Wollen wir unsere Innenstädte verfallen lassen, wie das inzwischen in vielen amerikanischen Metropolen geschehen ist? Wollen wir, dass unsere Kunden nur noch zu Hause sitzen und von dort aus alles bestellen, ohne sich selbst zu bewegen? Wollen wir auf persönliche Beratung verzichten oder sie den Kunden – wenn überhaupt – auf digitalem Wege anbieten? Ich bin davon überzeugt, dass eine sehr deutliche Mehrheit in diesem Land genau das nicht will. Die trotz der großen Bedeutung des Onlinehandels weiterhin sehr frequentierten Innenstädte sprechen eine deutliche Sprache. Die Menschen haben ein Bedürfnis nach Begegnungen, nach realen Erlebnissen, seien sie haptischer, optischer oder olfaktorischer Natur. Gerade unsere analogen Produkte sollen weiterhin analog erlebbar sein.

Es ist auch unsere Verantwortung als Unternehmer und damit als Teil der Gesellschaft, auf solche Fragen eine passende Antwort zu finden. Wenn unsere Gesellschaft will, dass es weiterhin einen vielfältigen und breit in der Fläche vertretenen stationären Einzelhandel gibt, müssen wir die strukturellen und wirtschaftlichen Voraussetzungen dafür schaffen, dass dieser Wirtschaftszweig mit ca. 3 Millionen Beschäftigten in Deutschland weiter existieren kann. Und es gehört zu unserer Verantwortung als Unternehmer, auf solche Probleme hinzuweisen und deren Lösung nach Kräften zu unterstützen. Es wäre kein Novum, dass sich die Politik eines solchen Problems annimmt und einen bestimmten Wirtschaftszweig schützt. Es gibt zum Beispiel mit der Preisbindung im Buchhandel ein seit 1888 bestehendes Instrument, das die flächendeckende Versorgung mit kleinen Buchhandlungen sicherstellen und das Kulturgut Buch schützen soll. Ich möchte nicht einer generellen Preisbindung das Wort reden. Es ist aber die Aufgabe der Politik, für Rahmenbedingungen zu sorgen, die eine Einzelhandelslandschaft erhalten, wie sie sich unsere Gesellschaft wünscht. Wir versuchen, unseren Beitrag zu leisten, indem wir weiterhin auf physische Produkte setzen und unsere eigenen Einzelhandelsflächen so gestalten, dass sie Orte bleiben, an denen Menschen sich wohlfühlen und inspirieren lassen.

Unternehmertum und Verantwortung in Krisenzeiten

In dem Wort »Unternehmer« steckt das Verb »unternehmen« – in seiner ursprünglichen Bedeutung meint es »mit den Händen ergreifen«. Genau das drückt mein Verständnis vom Unternehmersein aus: Ich nehme etwas in die Hand. Ich packe es an. Ich treffe eine Entscheidung und gehe ein Risiko ein. Oder ich gebe etwas aus der Hand. Ich trenne mich von einer Idee oder einem Geschäftszweig. Ich treffe eine

Entscheidung, nehme in Kauf, mich von Mitarbeitern zu trennen oder Verluste zu realisieren.

Unternehmer sein heißt, Entscheidungen zu treffen und dabei verantwortlich zu handeln. Wenn es kaum Risiken gibt, ist es einfach, eine Entscheidung zu treffen. Wenn die Bäume in den Himmel wachsen, einem alles, was man auf den Markt bringt, aus den Händen gerissen wird, ist es leicht, erfolgreich zu sein.

Aber in Zeiten wie diesen? Der Unternehmer muss Entscheidungen in einer Situation großer Unsicherheit treffen. Was bringt uns die Zukunft? Welche Produkte oder Dienstleistungen werden stärker nachgefragt, welche schwächer? Welche Märkte profitieren, welche müssen Federn lassen? Wenn man sich ansieht, wie wenig die großen deutschen Banken in den vergangenen 20 Jahren in der Lage waren, den Dollarkurs oder das Zinsniveau für die nächsten zwölf Monate wenigstens halbwegs vorherzusagen, wird klar: Niemand kann einem sagen, was kommt. Der Unternehmer muss zu einer eigenen Lageeinschätzung kommen und entscheiden. Das ist seine Verantwortung.

© Frauke Schumann

MARIE-CHRISTINE OSTERMANN, Jahrgang 1978, ist seit 2006 in vierter Generation geschäftsführende Gesellschafterin des Lebensmittel-großhändlers *Rullko Großeinkauf*. Seit 2010 ist sie Aufsichtsrats-mitglied der Optikerkette Fielmann AG und seit 2013 Mitglied des Präsidiums im Verband Die Familienunternehmer e. V. Im Jahr 2015 gründete sie mit anderen Unternehmern die Non-Profit-Initiative *Startup Teens*, die aktuell reichweitenstärkste Bildungsplattform in Deutschland für Jugendliche für Entrepreneurship Education und Coding. Ostermann ist ausgebildete Bankkauffrau und absolvierte ein Studium der Betriebswirtschaftslehre an der Universität St. Gallen, das sie als Diplomkauffrau abschloss.

VERANTWORTUNG UND KNOW-HOW

Von Marie-Christine Ostermann

Deutschlands Familienunternehmen werden gern als Rückgrat der Nation bezeichnet, als Motor der Wirtschaft. Kein Wunder, denn der Anteil, den familienkontrollierte Unternehmen an allen sozialversicherungspflichtig Beschäftigten hierzulande auf sich vereinen, liegt bei rund 60 Prozent. Zudem stellen Familienunternehmen 80 Prozent aller Ausbildungsplätze in Deutschland.

Aber genau dieses Rückgrat schwächelt. Nach Angaben der Förderbank KfW suchen aktuell rund 227 000 mittelständische Unternehmen einen Nachfolger. Es gibt offenbar nicht genug Interessenten, die das Unternehmen ihrer Familie – denn viele Mittelständler sind Familienunternehmen – übernehmen oder auch grundsätzlich ein Unternehmen leiten wollen. Wie kann das sein?

Für mich ist das unvorstellbar. Ich verkündete meinem Vater bereits im Alter von 16 Jahren aus eigener Initiative und voller Überzeugung, in seine Fußstapfen treten und unser Familienunternehmen *Rullko* in die vierte Generation führen zu wollen. Zwar war mir damals noch nicht bewusst, was die Übernahme von Eigentum und unternehmerischer Verantwortung wirklich bedeuten würde. Ich dachte in erster Linie an meine eigene Zukunft und an die Zukunft unserer Familie und der Mitarbeiter, aber auch an den Fortbestand der fast 100-jährigen Tradition, die mit unserem Familienunternehmen verbunden ist. Ich konnte als Teenager noch nicht wissen, dass die Übernahme von Eigentum und unternehmerischer Verantwortung auch besonders das Mitgestalten der Zukunft unserer Gesellschaft bedeuten würde. Zurückgeschreckt bin ich vor der Aufgabe nie, und sie macht mir bis heute trotz mancher Herausforderung sehr viel Freude.

Ich habe Unternehmertum von Kindheit an gelernt, meine Eltern haben es mir vorgelebt. Alle Eigenschaften, die ich fürs Unternehmersein brauche – Mut, Disziplin, Durchhaltevermögen, Weitsicht, Bodenständigkeit, Respekt, Haltung, Bescheidenheit, Optimismus, Ehrlichkeit, Verantwortungsbewusstsein oder Gestaltungswillen –, all diese Werte eines ehrbaren Kaufmanns habe ich von ihnen gelernt. Dieses Glück haben nicht viele Menschen in Deutschland, denn Unternehmer sind in unserem Land eine schwindende Minderheit. Wer aber soll die Unternehmen fortführen und die Arbeitsplätze erhalten, wenn es keine Nachfolger gibt? Und wie können wir dafür sorgen, dass wieder mehr junge Menschen Unternehmer werden wollen?

Sicherheit und Beamtentum statt Flexibilität und Unternehmertum – wirklich?

Was ich interessant und gleichzeitig erschreckend finde ist, dass Deutschlands Studenten laut einer Umfrage von Ernst & Young aus dem Jahr 2018 in den öffentlichen Dienst streben. 41 Prozent sehen den Staatsdienst für ihre beruflichen Pläne als »besonders attraktiv« an. Wichtigster Faktor: Jobsicherheit. Warum sind junge Menschen so fixiert auf Sicherheit und Beamtentum?

Na ja, Schüler werden nun einmal von den Menschen geprägt, zu denen sie einen engeren Bezug haben, also vor allem von ihren Eltern – bei mir war es ja nicht anders – und ihren Lehrern. Die meisten Eltern sind allerdings Angestellte, und die meisten Lehrer sind Beamte. Beide können ihren Kindern somit kein unternehmerisches Denken und Handeln aus ihrer Berufspraxis heraus vorleben.

Laut einer Studie des Branchenverbandes Bitkom aus dem Jahr 2016 haben Start-ups und Gründungen bei deutschen Lehrern zudem keinen guten Ruf. Rund zwei Drittel (64 Prozent) würden ihren Schülern davon abraten, nach ihrer Ausbildung ein solches innovatives Unternehmen zu gründen.

Start-ups und Gründungen genießen bei deutschen
Lehrern keinen guten Ruf.

Rund zwei Drittel der befragten
Lehrer würden ihren Schülern davon
abraten, nach ihrer Ausbildung ein
Start-up zu gründen.

Gerade einmal jeder vierte
Lehrer (24%) würde eine
Gründung empfehlen.

IT-Grundkenntnisse und Programmiererfahrungen
spielen keine Rolle an deutschen Schulen.

Mehr als jeder dritte Lehrer (38%)
gibt an, IT-Grundkenntnisse sowie
Programmiererfahrung von
Schulabgängern seien für die
Wirtschaft nicht wichtig.

Nur wenig Gründergeist weht durch Deutschlands Schulen, so die Ergebnisse einer Bitkom-Studie auf Grundlage einer repräsentativen Befragung von 505 Lehrern der Sekundarschule aus dem Jahr 2016.

Mehr als jeder dritte Lehrer (38 Prozent) gab zudem an, IT-Grund-kenntnisse sowie Programmiererfahrung von Schulabgängern seien für die Wirtschaft nicht wichtig. Allein anhand dieser Umfrage sieht man, wie weit entfernt Lehrer bei manchen Themen von der Lebensrealität sind. In Wirtschafts- und Entrepreneurshipfragen sind sie insgesamt bei Weitem nicht so kompetent und überzeugend wie Menschen mit Praxis-erfahrungen in diesen Themen. Der breiten Masse unserer Jugend fehlt es also an sogenannter Entrepreneurship Education und digitalen Skills wie Coding. Das hat Folgen für unser Land. Und unsere Wirtschaft.

Deutschland ist unternehmerisches Entwicklungsland

Wie sehr wir bei Entrepreneurship Education in der Schule hinter-herhinken, zeigt der Global Entrepreneurship Monitor 2019/2020: Deutschland liegt auf dem schwachen 36. von insgesamt 54 Plätzen. Auf den Plätzen vor uns liegen Länder wie Armenien, Guatemala und Pakistan. Das ist fatal, denn Unternehmertum ist wichtige Triebkraft für den Wohlstand einer Gesellschaft und Wachstumsmotor der Wirtschaft.

Es sind Unternehmer, die mit einer Vision Unternehmen aufbauen. Es sind Unternehmer, die neue Möglichkeiten schaffen, Produktivität zu steigern und Arbeitsplätze aufzubauen. Es sind Unternehmer, die Inno-vation fördern. Es sind Unternehmer, die einige der schwierigsten gesell-schaftlichen Herausforderungen angehen. Zum Beispiel wird es ohne unternehmerische Innovation kaum wirksamen Klimaschutz geben. Mit dem Schwund der Unternehmer ist gleichzeitig auch unsere Wirtschaft in Gefahr. Wollen wir wirklich zulassen, dass unser Wohlstand schwin-det, nur weil wir unseren Kindern keine unternehmerischen Kompeten-zen an die Hand geben? Ich bin überzeugt: nein. Unsere Kinder müssen dazu befähigt werden, mutige Gestalter der Zukunft zu werden. Und ach ja, mittlerweile suchen übrigens nicht nur Familienunternehmen händeringend Nachfolger, auch Konzerne suchen Nachwuchskräfte, die unternehmerisch denken und handeln und eigenverantwortlich etwas bewegen wollen: Unternehmer im Unternehmen, Intrapreneure.

Platz	Land
1	Niederlande
2	Vereinigte Arabische Emirate
3	Qatar
4	Norwegen
5	Indien
6	Indonesien
7	Schweiz
8	Schweden
9	Kanada
19	Lettland
...	...
33	Pakistan
34	Guatemala
35	Armenien
36	**Deutschland**
37	Bulgarien
38	Slowakei

Der Global Entrepreneurship Monitor 2019/2020 – Deutschland liegt weit abgeschlagen auf den hinteren Rängen.

Wir brauchen dringend ein neues Schulfach: Entrepreneurship Education

Länder, die in Entrepreneurship Education in der Schule und auch mit Angeboten parallel zur Schule stark sind, haben nachweislich nach der Schule mehr Gründungen, sind nachhaltig erfolgreicher, und es gibt in diesen Ländern auch mehr Intrapreneure, sprich unternehmerisch denkendende Angestellte. Genau das müssen wir hierzulande fördern. Warum?

Junge Menschen sehen die Welt mit anderen Augen und können ganz andere Visionen auf den Weg bringen. Sie sind noch nicht so eingefahren und tun Dinge so, weil sie sie schon immer so gemacht haben. Sie können oft Innovationen vorantreiben wie kaum ein Erwachsener mit Jahren oder Jahrzehnten (Berufs-)Erfahrung.

Schauen wir uns die erfolgreichen Tech-Konzerne aus den USA an. Die erfolgreichsten Gründer waren bei der Gründung ihrer Start-ups in ihren Zwanzigern. Die bekanntesten Beispiele sind hier sicher Mark Zuckerberg, Steve Jobs oder Bill Gates. Insgesamt sind rund 25 Prozent von Amerikas Unicorn-Gründern zwischen 19 und 24 Jahren alt. Sie haben zum Teil ganze Branchen komplett umgekrempelt.

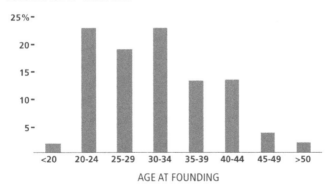

FOUNDER AGE AT $1 BILLION VC-BACKED PRIVATE COMPANIES
Estimated using year of college graduation.

PERCENTAGE OF COMPANIES

AGE AT FOUNDING

SOURCE LINKEDIN, CRUNCHBASE, THE WALL STREET JOURNAL   HBR.ORG

Junge Gründer in den USA – etwa die Hälfte der Gründer von Unternehmen mit über einer Milliarde US-Dollar Venture-Capital-Finanzierung war bei Gründung unter 30.

Hierzulande ist das schwer vorstellbar. Wenn wir auf der unternehmerischen Bühne zukünftig eine Rolle spielen wollen, brauchen wir viel mehr Entrepreneurship Education.

Die Non-Profit-Initiative Startup Teens zeigt, dass es geht

Aufgrund der niedrigen Gründerzahlen, rückläufigen Zahlen bei der Unternehmensnachfolge und einer nicht ausgeprägten Intrapreneurship-Kultur in Deutschland habe ich mit anderen Unternehmern im Jahr 2015 die Non-Profit-Initiative Startup Teens gegründet. Startup Teens ist heute die reichweitenstärkste digitale Bildungsplattform in Deutschland, die Schülern und Schülerinnen unternehmerisches Denken und Handeln sowie Coding beibringt.

Das Hauptziel, das wir mit Startup Teens verfolgen, ist ein Mindset Change bei 14- bis 19-jährigen Schülerinnen und Schülern, um bei ihnen unternehmerisches Denken und Handeln wesentlich stärker zu verankern. Startup Teens bietet daher kostenloses unternehmerisches Wissen von den Besten für alle und stützt seine Aktivitäten auf vier Bausteine.

Startup Teens betreibt den mit Abstand reichweitenstärksten YouTube-Kanal mit dem Schwerpunkt Entrepreneurship und Coding für Schüler und Schülerinnen in Deutschland. Gemeinsam mit den »Rockstars der deutschen Nachhilfe«, Alex Giesecke und Nico Schork von der Online-Lernplattform simpleclub, produzieren wir Lehrvideos, die unser erster Baustein sind. Die kurzen Videos sind jeweils fünf Minuten lang und haben durchschnittlich 80 000 Aufrufe. Dazu gibt es 20 längere Lehrvideos von zehn bis zwanzig Minuten Dauer mit exklusivem Lehrmaterial.

Der zweite Baustein sind Events, zum Beispiel regelmäßige inspirierende Livestreamings mit hochkarätigen Vertretern aus der Wirtschaft und Toptalenten. Außerdem finden große Events mit sechs bis sieben Panelteilnehmern und 100 bis 200 Schülern statt.

Der mit sieben Mal 10 000 Euro am höchsten dotierte Business-Plan-Wettbewerb für Schülerinnen und Schüler in Deutschland, die Startup Teens Challenge, ist der dritte Baustein. In den Jahren 2016 bis 2019 haben insgesamt 8000 Jugendliche an der Challenge teilgenommen.

Der vierte Baustein, das Startup-Teens-Mentoring, bietet Zugang zu mehr als 800 hochkarätigen Persönlichkeiten, die in zehn Themenfeldern weiterhelfen. Wer keinen Unternehmer im eigenen engen Umfeld hat, kann somit mit einem Startup-Teens-Mentor oder einer Mentorin die Hilfe auf dem Weg ins Unternehmertum finden, die Eltern und Lehrer leider meistens nicht leisten können.

Aber nicht nur Mentoren sind für die Jugendlichen wichtig auf ihrem beruflichen Weg. Junge Menschen richten ihr Verhalten am stärksten an ihren Vorbildern aus. Meistens sind es aber nur Musiker, Sportler, Schauspieler und Influencer, die in der Öffentlichkeit sichtbar sind und Jugendliche inspirieren. Daher haben wir den Role Model Award ins Leben gerufen, der jedes Jahr die besten Vorbilder für Jugendliche in den Kategorien Gründer, Gründerin, Familienunternehmer, Familienunternehmerin, Manager und Managerin kürt. Somit können sich die Teenager von vielen Rolemodels nachhaltig motivieren und mitreißen lassen, die durch Startup Teens Sichtbarkeit in der Öffentlichkeit bekommen.

Wir müssen gesellschaftliche Probleme unternehmerisch lösen

Was ich in Zusammenhang mit Bildungsthemen hierzulande grundsätzlich immer wieder erlebe, ist, dass Anpassungsfähigkeit und Reformationswille viel zu schwach ausgeprägt sind und der Staat oft zu träge und zu langsam ist. Während Nachfolgeunternehmerinnen wie ich von Kindesbeinen an lernen, wie unsere Eltern und Großeltern sich auf neue Situationen einstellen, um ein Unternehmen über Generationen weiterzureichen, lernen Kinder aus Nichtunternehmerfamilien – und damit die große Mehrheit – dies meist nicht. Ausgeprägter Mut, Visionskraft und Gestaltungswillen, die drei größten Fähigkeiten eines Unternehmers, gehen in der breiten Masse unserer Jugend einfach verloren. Weil sie zu wenig gelehrt oder gefördert werden.

Wir brauchen in Deutschland daher ganz dringend eine neue Form der gesellschaftlichen Verantwortung. Es muss Konsens einer zukunftsorientierten, mutigen, positiven und nachhaltigen Nation sein, dass die Befähigung junger Menschen für die Herausforderungen der Zukunft das wichtigste Thema überhaupt ist. Dies wird nur gelingen, wenn wir große Hebel ansetzen, die grundlegend Dinge verbessern. Ein schönes Beispiel in diesem Zusammenhang ist der sogenannte Lemonade Day in Amerika, der bereits 8- bis 14-Jährige mit Unternehmertum in Kontakt bringt. Die Jungen und Mädchen gestalten dabei die komplette Wertschöpfungskette des Planens, Einkaufens, Herstellens, Bewerbens, Verkaufens und Abrechnens von Limonade. Seit 2007 haben über eine Million junge Menschen in Amerika daran teilgenommen.

Die Generation Z ist besser als ihr Ruf

Und apropos junge Menschen. Sollten Sie auch der Meinung sein, dass die Generation Z unzuverlässig ist und eigentlich gar nicht arbeiten will, so kann ich aus meiner Erfahrung mit Startup Teens sagen: Die Gen Z ist weit besser als ihr Ruf. Die jungen Menschen sind in der Regel gut ausgebildet, teamorientiert und sinnstrebend. Sie wollen Verantwortung, sie wollen mitgestalten, und vor allem schreiben sie soziale Verantwortung ganz groß. Entgegen allen Vermutungen können sie sich vorstellen, Führungsverantwortung zu übernehmen.

Laut unserer Gen-Z-Studie, die wir Anfang 2020 mit Startup Teens durchgeführt haben, können sich 50 Prozent der befragten 16- bis 19-Jährigen sogar vorstellen, ein eigenes Unternehmen zu gründen. Die wenigsten tun es allerdings. Weil sie in ihrem Vorhaben nicht gefördert werden.

Lasst uns die jungen Innovatoren befähigen

Entrepreneurship Education und damit einhergehend digitale Skills wie Coding braucht jeder junge Mensch, ganz gleich, ob er Unternehmensnachfolger, Gründer oder Intrapreneur werden möchte. In unserer modernen Welt spielen unternehmerische und digitale Skills nämlich praktisch überall eine immer wichtigere Rolle. Angefangen von Home Devices, wie Fernseher, Staubsaugerroboter, smarte Glühbirnen oder Alexa, über das Gesundheitswesen, zum Beispiel Roboter für Operationen, Sensoren und Geräte für Krankheitserkennung, bis hin zum Straßenverkehr, etwa bei selbstfahrenden Autos, der Planung der Infrastruktur oder bei Ampelsystemen in Großstädten – also in einer modernen Welt eigentlich überall. Deutschland braucht daher dringend qualifizierten Nachwuchs als Gründer, als Unternehmensnachfolger und als Intrapreneur.

Einbindung der Gen Z in wichtige Gremien des Unternehmens

Ich bin der festen Überzeugung, dass die Gen Z oft Innovationen für Märkte, Produkte und Dienstleistungen erkennt, bevor es ältere Generationen tun. Daher sehe ich eine wichtige Aufgabe als Unternehmerin darin, Hierarchien heterogen zu besetzen, vor allem wenn es um die Entwicklung oder Weiterentwicklung von Produkten oder

Dienstleistungen geht. Und damit wir das richtig umsetzen können, müssen wir junge Menschen wieder mehr dazu ausbilden, unternehmerisch zu denken und zu handeln. Denn eine Idee ist und bleibt eine Idee, bis jemand sie in die Realität umsetzt. Und aus Ideen junger Menschen sind die erfolgreichsten Unternehmen unserer Zeit hervorgegangen.

Jeder Mittelständler braucht eine Intrapreneurship-Kultur

Ein Aspekt, den ich zum Abschluss ansprechen möchte: Jedes Familienunternehmen und jeder Mittelständler sollten eine Intrapreneurship-Kultur etablieren. Das Magazin *t3n* schrieb sehr treffend, »Ideen sind der Kraftstoff der Zukunft«. Das gilt vor allem für Unternehmen: Ohne Ideen droht die Bedeutungslosigkeit. Eine wichtige Quelle bleibt dabei oft unerschlossen, die Köpfe der eigenen Mitarbeiter. Interessanterweise wissen 93 Prozent der Gen Z laut unserer Startup-Teens-Studie nicht, was Intrapreneurship ist. Das ist bedauerlich, wäre durch Entrepreneurship Education jedoch leicht änderbar.

Schwieriger scheint mir, dass die meisten Familienunternehmen entweder nicht wissen, was Intrapreneurship ist, oder es nicht in Betracht ziehen, ein Intrapreneurship-Programm zu entwickeln und zu implementieren. Nur 14 Prozent der mittelständischen Unternehmen mit 100 bis 499 Mitarbeitern nutzen laut Bitkom-Umfrage im Jahr 2018 Intrapreneurship. Dabei liegen die Vorteile von Intrapreneurship für mich klar auf der Hand. Zunächst einmal erhöht es Zukunftschancen für Unternehmen, minimiert Risiken und bewahrt das Unternehmen so vor der gefürchteten Bedeutungslosigkeit. Die Welt ist so komplex geworden, und die Gen Z sieht oft Märkte, Produkte und Dienstleistungen, bevor es ältere Generationen tun. Es sollten aber selbstverständlich immer alle Generationen in das Intrapreneurship-Programm eingebunden werden. Diversität schafft Kreativität und ergibt meistens die besten Ideen.

Wie können Unternehmen eine unternehmerische Kultur aufbauen? Wichtig ist, dass Intrapreneurship von der Geschäftsführung direkt gefördert wird. Sprich, wenn Mitarbeiter eine spannende Idee haben, um das Unternehmen voranzubringen, sollten sie befähigt und motiviert werden, diese Idee direkt an die Geschäftsführung heranzutragen. Wenn es um Innovation geht, darf Hierarchie nicht im Weg stehen. Es muss intern klar kommuniziert werden, dass von jedem Mitarbeiter Engagement gewünscht ist. Sonst funktioniert es nicht.

Es bedarf zudem unterschiedlicher und zeitgemäßer Formen der Incentivierung, und zwar sowohl monetärer als auch nicht monetärer. Außerdem ist ein transparenter Aufbau wichtig, der erkennen lässt, welche Incentivierung bei welcher Risikoübernahme und bei welcher Zielerreichung einer Idee eintritt. Diese muss auch von der Relevanz abhängen.

Es gibt diverse sinnvolle Incentivierungen. Sie können beispielsweise in Fortbildungsmaßnahmen, Zusatzurlaub, der Kostenübernahme einer Homeoffice-Ausstattung, einem Elektrofirmenwagen, Geldprämien, einer Gehaltserhöhung (mit oder ohne Positionsaufstieg), einer Gewinnbeteiligung oder auch in Anteilen an einer zur Umsetzung der Idee gegründeten Tochterfirma bestehen, um nur einige Beispiele zu nennen.

Gerade die letztgenannte Incentivierung sollte meiner Meinung nach den Entrepreneur in jedem wecken, der immer schon mal mit dem Gedanken gespielt hat, ein eigenes Unternehmen zu gründen, dann aber nie den Schritt gewagt hat.

Die Vorteile eines solchen Intrapreneurship-Programms liegen für mich wie oben bereits beschrieben klar auf der Hand. Und es gibt weitere Vorteile: eine große Identifikation der Mitarbeiter mit dem Arbeitgeber, eine Stärkung der Arbeitgebermarke für junge Bewerber und beste Köpfe in einem nicht nur aufgrund der demografischen Entwicklung schwierigen Markt sowie eine starke PR- und Social-Media-Wirkung.

Auch für mich als Firmenchefin ergeben sich viele Vorteile. Ich bin entlastet, muss mich nicht um alles selbst kümmern, habe auch Zeit, um in Ruhe über wichtige Dinge nachzudenken und für mein Privatleben und kann mich jederzeit auf meine Mitarbeiter zu hundert Prozent verlassen. Viele unserer Intrapreneure haben wir nach der Schule selbst ausgebildet, sodass sie sich meist besonders mit dem Unternehmen identifizieren und oft langfristig bei uns bleiben. Letzteres ist heutzutage nicht mehr selbstverständlich.

Nun bin ich trotz meiner Begeisterung für das Thema realistisch. Zahlreiche besonders kluge Köpfe werden sich in Zukunft vermutlich trotz eines starken Intrapreneurship-Programms nicht mehr langfristig in einem (einzigen) Unternehmen anstellen lassen. Daher ist es wichtig, dass sich noch mehr Familienunternehmer mit Start-ups zusammentun. Das können sie entweder durch Kollaborationen mit Start-ups, zum Beispiel bei der Produktentwicklung, oder aber sie investieren in Start-ups zu einer noch frühen Phase.

Mein Ziel ist es, im Alter von 70 Jahren gut aufgestellt, gesund und munter unser Unternehmen an die nächste Generation weiterzugeben. Auf meinem Weg dorthin werde ich weiterhin gemeinsam mit zahlreichen anderen Unternehmern und Intrapreneueren über Startup Teens junge Menschen dazu befähigen, unternehmerisch zu denken und zu handeln und die eigene Zukunft sowie die Zukunft unseres Landes erfolgreich voranzubringen.

Mich macht glücklich, dass ich über meine unternehmerische Verantwortung nicht nur mein eigenes Leben in die Hand nehme, sondern auch die Zukunft unserer Gesellschaft mitgestalten kann.

MAIKE ROTERMUND, Jahrgang 1976, studierte zunächst in England, wo sie anschließend eine Ausbildung zur Wirtschaftsprüferin absolvierte. Sie führt *Orion* seit 2014 in zweiter Generation. Das Erotikunternehmen vertreibt Produkte nicht nur mit einem B2C-Onlineshop in sechs Ländern Europas, sondern über seinen Großhandel auch an Wiederverkäufer rund um den Globus. Zur *Orion Versand GmbH & Co. KG* gehören außerdem Shops in Österreich, Dänemark und Norwegen. Die Verwaltung und Logistik des Unternehmens befinden sich am Firmensitz in Flensburg, wo gut 300 Mitarbeiter beschäftigt sind.

VERANTWORTUNG UND LUST

Von Maike Rotermund

Verantwortung erdet, Lust beflügelt – für *Orion* gehört beides nicht nur aufgrund der Branche untrennbar zusammen. Mit Sitz ganz oben im Norden kommt Orion ursprünglich aus dem klassischen Versandhandel und vertreibt heute im Großhandel sowie über Onlineshops Produkte rund um die Lust wie Kondome, Toys, Gleitmittel und Dessous. Zum Produktportfolio gehören eigene Marken und Produktentwicklungen ebenso wie bekannte Fremdmarken.

Wie und wann Lust auf Verantwortung entstehen kann und welche Werte Orion im verantwortungsvollen Umgang insbesondere mit dem Thema Lust und Sexualität lebt, lässt sich am leichtesten anhand von Geschichten und Erfahrungen erläutern. Dabei bestehen einige Werte seit Beginn des Unternehmens, einige haben sich im Laufe der Zeit entwickelt, und neue Werte wie Nachhaltigkeit sind in den letzten Jahren dazugekommen. Der Fokus wird im Folgenden jedoch bei Verantwortung und Lust bleiben.

Von der Verantwortung zur Lust – mehr Spaß zu zweit

Manchmal überwiegt die Verantwortung, weiterzumachen und sein Bestes zu geben, nicht die Lust daran. Orions Anfänge waren schwer, denn die Firma entstand aus einer Realteilung. Zu Beginn der 1980er-Jahre entschied Beate Uhse, ihr Unternehmen unter den Söhnen aufzuteilen. Den Versand übernahmen Klaus Uhse und sein Stiefbruder Dirk Rotermund, die Läden und Kinos blieben bei Beate Uhse und ihrem jüngsten

Sohn. Nach Ablauf von fünf Jahren sollten aus beiden Unternehmen Konkurrenten werden können. So zog der Versandhandel 1984 in ein eigenes Gebäude mit einer Belegschaft, die sich fragte, ob sie auf der richtigen Seite gelandet war. Die drohende Konkurrenz durch Beate Uhse schien übermächtig, und Orion standen nur geringe finanzielle Mittel zur Verfügung. Die schwierige Situation wurde durch einen familiären Schicksalsschlag verschärft: Mitten im Umzug starb Klaus Uhse mit Anfang vierzig. Entsprechend war die Verunsicherung der Kolleginnen und Kollegen groß, und die Überlebenschancen der jungen Firma waren fraglich.

Viel Verantwortung für den damaligen Geschäftsführer Dirk Rotermund und sein Führungsteam. Wie kann man in dieser Situation die Lust an der Verantwortung aufrechterhalten? Diese Frage nach der Lust habe sich ihm in dem Moment nicht gestellt, erinnert sich mein Vater. »Hundert Leute kamen mit uns, hundert Familien waren davon abhängig, dass wir überlebten. Das war die Verantwortung und natürlich harte Arbeit aller, die uns durch die ersten Jahre getragen hat.« Nachdem die schwierigste Zeit überwunden war, stellte sich auch die Lust an der Arbeit langsam wieder ein. Der Bruch wurde als Chance genutzt, das Unternehmen wieder stärker auf Paare zu fokussieren und den Sortimentsschwerpunkt auf Bücher, Toys, Wäsche und Hilfsmittel zu legen. Sex macht Spaß, das wollte Orion vermitteln, nicht zuletzt mit dem Slogan »Mehr Spaß zu zweit«.

Lust auf Verantwortung: Liebe auf den zweiten Blick

Nicht immer verläuft die Übergabe in die nächste Generation so turbulent wie im Fall der beschriebenen Realteilung bei Orion. Die Wege sind so vielfältig wie die Unternehmerfamilien: mal vorbestimmt, mal plötzlich oder unerwartet. Jede Nachfolgerin und jeder Nachfolger haben individuelle Beweggründe, und jedes Unternehmen hat seine eigene Geschichte. Gerade bei kleineren Unternehmen erscheint der Eintritt in den Betrieb als fast natürlicher Prozess. Als Kind oft schon in einfache Arbeiten involviert, kennt man Abläufe sowie die Kunden, studiert oder macht bewusst und gewollt eine passende Ausbildung und sammelt Berufserfahrung in der Branche. »Die Frage nach dem Ob hat sich mir nie gestellt«, stellte eine befreundete Unternehmerin beinahe überrascht bei einem gemeinsamen Gespräch fest. Andere Nachfolgerinnen und Nachfolger wiederum durchleben einen Entwicklungsprozess, der mit der Übernahme von Verantwortung endet.

Mein eigener Weg zur Lust an der Verantwortung war eine langsame Annäherung. Orion ist, bedingt durch Branche und Artikel, ein Unternehmen, von dem ich als Kind nur sehr vage Vorstellungen hatte. Die Firma nahm zwar als Thema viel Raum bei uns zu Hause ein, mein Bild davon war dennoch eher abstrakt. Die Teilung der Firmen belastete zudem das Verhältnis innerhalb der Familie, sodass ich hauptsächlich die Sorgen und die Verantwortung wahrnahm, die ein Familienunternehmen mit sich bringen kann. Je älter ich wurde, desto mehr verstand ich, was Orion eigentlich verkaufte. Mein Verhältnis zum Betrieb war als Teenager zwiespältig. Einerseits verdiente ich auch schon mit sechzehn Jahren in der Logistik etwas zum Taschengeld dazu. Außerdem gefiel es mir, manchmal mit dem Thema Erotik zu provozieren und insbesondere Reaktionen von Erwachsenen zu testen. Andererseits reagierte ich meist abweisend, wenn ich auf Orion aus Interesse oder Neugier angesprochen wurde. Nachdem ich eigene Berufserfahrung gesammelt hatte, kam ich fast widerwillig mit Ende zwanzig für ein mehrmonatiges Praktikum ins Unternehmen. Erst da erschloss sich mir, was Orion tatsächlich ist: ein großes Team mit Spaß an der Arbeit, das gemeinsam zum Erfolg beiträgt, ein mittelständischer Betrieb, spannend und toll, verrückt, familiär und herzlich zugleich. Nach den ersten Erfahrungen bei Orion stand ich vor der Entscheidung, zu gehen oder länger zu bleiben. Anders als bei jedem anderen Arbeitgeber konnte ich Orion zwar verlassen, eine Verbindung zum Unternehmen würde trotzdem bestehen bleiben. Aus mehreren Monaten wurden einige Jahre, und je länger ich dabei war, desto stärker entwickelte sich der Wunsch, Orions Zukunft weiterhin aktiv mitzugestalten. So übernahm ich vor einigen Jahren entgegen all meinen früheren Überzeugungen die Geschäftsführung.

Als Familienunternehmen basiert Orion auf einer Schnittmenge von Werten, die noch aus Gründungszeiten stammen, aus Familienwerten und den Werten der Führungskräfte. In diese Schnittmenge fließen nun auch meine eigenen Werte ein.

Lust und Transparenz: Pornodreh im Besprechungsraum – und warum die Landfrauen unsere Verbündeten sind

Nichts scheint die Fantasie Außenstehender mehr zu befeuern als der Vertrieb erotischer Produkte. Geschlossene Jalousien in einem Besprechungsraum, in dem häufig ein Beamer für Präsentationen genutzt wurde, führten bei benachbarten Firmen zu den wildesten Gerüchten über mutmaßliche Aufnahmen nicht jugendfreier Filme. Hemmschwellen und Vorurteile gegenüber Orion bei potenziellen Geschäftspartnern, Bewerbern oder Nachbarfirmen abzubauen, ist trotz aller Offenheit in der Gesellschaft weiterhin extrem wichtig – und die Mittel dafür sind altbewährt: Transparenz und Verlässlichkeit.

Schon Beate Uhse brachte in den 1960er-Jahren eine Firmenbroschüre unter dem Titel »Blick durch die offene Tür« heraus, um zu zeigen, dass es dort sehr normal zuging. Die Flensburger sind seit langem mit Unternehmen aus der Erotikbranche vertraut und begegnen dem Thema mit nordischer Gelassenheit. Das Vertrauen als regionaler Partner hat Orion sich über Jahre als in vielerlei Hinsicht verantwortungsbewusstes und verlässliches Unternehmen erarbeitet. Auf Jobmessen ist Orion vertreten, tritt aber nie direkt an die Schulen heran, wenn es um Nachwuchssuche geht. Praktikantinnen und Praktikanten müssen ebenso wie Auszubildende nach wie vor volljährig sein, wenn sie hier arbeiten.

Doch interessierte Besucher jeder Art sind bei Orion herzlich willkommen. Gerade in der Vorweihnachtszeit ist das Unternehmen ein beliebtes Ausflugsziel für Generationen von Landfrauen, verschiedenste Vereine und Clubs der Region: Wir führen sie mit Vergnügen durch das gesamte Unternehmen und lassen sie durch offene Türen einen Blick in die Büros werfen. Bevor die Enttäuschung über so viel Normalität überhandnimmt, dürfen dann in unserem Showroom Produkte und Neuheiten begutachtet werden. Ob spannend oder kurios, das liegt dabei immer im Auge des Betrachters. Inzwischen haben uns mehrfach Mütter und Großmütter bei ihren Kindern und Enkeln als offensichtlich guten Ausbildungsbetrieb empfohlen – und dafür lieben wir sie!

Lust und Respekt – in Ganzkörperanzügen auf dem Weg zur Aufklärung

»Dank vor allem dafür, daß Sie eine persönliche und doch wiederum unpersönliche Zwiesprache gestatten, die jegliche Hemmnisse und Komplexe ausschaltet.«

So formvollendet bedankte sich in den 1960er-Jahren ein Kunde für die persönliche Beratung, die er erhalten hatte. Zu dieser Zeit waren Informationen über Sexualität und Verhütung meist nur hinter vorgehaltener Hand zu erhalten. Die Darstellung von Nacktheit galt als anstößig und war auch rechtlich heikel. Daher umfasste das damalige Versandsortiment hauptsächlich Aufklärungsbücher und Ratgeber, illustriert mit wissenschaftlichen Zeichnungen oder Paaren in Ganzkörperanzügen,

die somit vollständig bekleidet Stellungen beim Liebesspiel veran-
schaulichten. Dem Kundenservice wurden Fragen gestellt, die man nirgendwo anders zu fragen wagte. Dabei galt es, den Spagat zu schaffen,
den der Kunde beschreibt: über intimste Anliegen sprechen bei Wah-
rung einer respektvollen Distanz.

Unsere Gesellschaft hat sich seit dieser Kundenrückmeldung deutlich weiterentwickelt und ist im Umgang mit Sexualität offener, emanzi-
pierter und aufgeklärter geworden. Trotzdem ist die individuelle Wahrnehmung von Intimität und angemessener Distanz noch immer sehr
unterschiedlich. Während einige Menschen gern ihre sexuellen Vorlieben und Erlebnisse über soziale Netzwerke mit der Welt teilen, gibt
es ebenso welche, die bei dem Anblick eines Sexspielzeugs, das inzwischen oftmals weder in Farbe noch in seiner Form der Vorlage der Natur
ähnelt, peinlich berührt sind.

Bei einer Orion-Kundenumfrage zum »Du« oder »Sie« in der Kun-
denansprache präsentierte sich die geteilte und ganz und gar nicht alters-
abhängige Auffassung im Ergebnis: Von einer Hälfte wurde ein »Du«
als angemessen in der Kommunikation angesehen, es gehe schließlich
um Intimes, die andere Hälfte fand das »Sie« unbedingt erforderlich, es
gehe schließlich um Intimes.

Als Erotikhändler ist Orion in der Verantwortung, mit dem Thema
Sexualität offen und verantwortungsvoll umzugehen. Natürlich werden die Produkte heute deutlicher erklärt als damals, als »Massagestab«
und »Ehehygiene« noch gängige Umschreibungen für »Vibrator« und
»Sexualleben« waren. Die Gratwanderung zwischen offensiver Werbung
und nicht alles zu bewerben, was rechtlich möglich ist, begleitet uns
jeden Tag. Hinzu kommt, dass Menschen je nach persönlicher Erfahrung und derzeitiger Lebenssituation Werbung für erotische Produkte
sehr unterschiedlich empfinden. Um selbst nicht den Blick zu verlieren,
hilft uns die Vielfalt im Team. Manche Kolleginnen und Kollegen sind
Single, andere haben junge Kinder und manche sogar bereits Enkelkinder. Somit fließen in interne Entscheidungen viele unterschiedliche Per-

spektiven ein, um die wichtigste aller Fragen zu beantworten: »Können meine Kolleginnen, Kollegen oder ich mit gutem Gewissen hinter unseren Entscheidungen stehen, wenn wir samstags auf dem Wochenmarkt oder im Sportverein von Bekannten darauf angesprochen werden?« Dabei ändern sich über die Jahre die Maßstäbe und Entscheidungen, wie sich auch die Gesellschaft permanent weiterentwickelt, insbesondere neue wissenschaftliche Erkenntnisse auf dem Gebiet der Sexualität. Es entsteht eine Wechselwirkung, denn je offener die Gesellschaft in den letzten Jahrzehnten wurde, desto mehr wurde die Forschung wiederum enttabuisiert – und andersherum. Die Entdeckung der tatsächlichen Größe der Klitoris durch die Chirurgin Helen O'Connell erst Mitte der 1990er-Jahre war dabei ein wichtiger Meilenstein. Das weibliche Sexualorgan war auf einmal dem männlichen Pendant in Größe und Funktion zumindest ebenbürtig, was eine neue Perspektive auf die weibliche Lust warf. Im selben Maße wurde es bei Frauen selbstverständlicher, Verantwortung für ihre eigene Lust zu übernehmen und ihre eigenen Wünsche zu thematisieren.

Inzwischen könnte theoretisch jeder Teenager dank des etablierten Sexualkundeunterrichts und dank des Internets die damaligen Fragen an den Kundendienst beantworten. Verschiedene Sexpositionen und Lieblingstoys werden regelmäßig in Frauen- und Männerzeitschriften, Blogs oder Podcasts vorgestellt. Es müsste alles gesagt sein?

Lust an der Kommunikation – redet miteinander!

Fehlende oder falsche Kommunikation führt in Partnerschaften, Familien und unter Kolleginnen und Kollegen im besten Fall zu Missverständnissen, im schlimmsten Fall zur Trennung. Nach vielen Jahren in der Erotikbranche ist Orion trotz aller guten Vorsätze in eine Falle getappt, die offensichtlich und trotzdem manchmal schwer zu umschiffen ist. Wir waren der Experte in unserem Gebiet, und die Produkte wurden technisch immer komplexer und erklärungsbedürftiger. Im Vertrieb mit Großhandelskunden konnten Artikel persönlich vorgestellt werden, doch im Endkundenbereich waren wir betriebsblind geworden. Die Augen öffneten uns die sozialen Netzwerke: Insbesondere Followerinnen nutzen die Möglichkeit, uns direkt vermeintlich einfache Fragen zu stellen. Über Sexualität wird zwar mehr gesprochen, im Kern der Beziehungen haben sich die Fragen dennoch wenig verändert, und die Paare beschäftigt nach wie vor: Wie bleibe ich über lange Zeit glücklich miteinander, wie bleibt der Spaß zu zweit nach langjähriger Beziehung und Kindern erhalten, wie kommuniziere ich meine Wünsche? Überrascht erkannten wir, dass wir uns nicht mehr ausreichend damit auseinandersetzten, warum und mit welchem Hintergrundwissen Menschen mit unseren Produkten in Berührung kamen. Ab sofort konzentrierten wir uns wieder auf die ursprüngliche Stärke: Sensibilität gegenüber Kundenbedürfnissen, persönliche Nähe und offene Kommunikation. Die Fragen unserer Kundinnen und Kunden beantworten wir jeden Tag aufs Neue in Produkttexten, Mails, Videos, Storys und am Telefon. Die Kunden entscheiden, über welchen Weg und wann sie mit uns in Kontakt treten, je nach Vorliebe öffentlich oder ganz privat, doch auf alle Fälle antworten wir erneut so persönlich wie früher.

Feedback einholen und Probleme reflektieren ist anstrengend, aber immer lohnenswert, sei es mit Kunden oder in einer Partnerschaft. Wenn sich etwas ändern soll, ist Kommunikation in irgendeiner Form unumgänglich. Unsere inzwischen wieder jährlichen Umfragen geben uns einen aktuellen Einblick in das Liebesleben und die Motivation hinter den Entscheidungen. Das Ergebnis im letzten Jahr zeigte, dass 71 Prozent der Teilnehmerinnen und Teilnehmer in festen, langjährigen Beziehungen leben. Experimentierfreude, Beziehungen beleben und ganz einfach Spaß am Sex sind die meistgenannten Antworten auf die Frage, wieso Toys oder Gleitmittel zum Einsatz kommen. Fast drei Viertel der zufriedenen Paare gaben an, sich regelmäßig miteinander über Fantasien und Bedürfnisse auszutauschen. Sie haben damit eines gemeinsam: Sie reden miteinander.

Lust an der Eigenverantwortung – wie können wir das testen?

Die Lieblingsfrage des Seniorchefs bei kontroversen Diskussionen oder Aufstellungen von Hypothesen war die obligatorische Frage nach einem Schnelltest. Es war eigentlich eine Aufforderung, sich intensiv mit Themen auseinanderzusetzen, Annahmen zu testen und auch einmal falschliegen zu dürfen. Gerade in etablierten Firmen mit tradierten Erfahrungen und Werten ist die Gefahr groß, sich auf Erfahrungen zu verlassen, die nicht mehr relevant sind. »Das war schon immer erfolgreich!« oder »Die Kunden wollen das so!« ist leichter gesagt, als die eigene Expertise zu hinterfragen. Gleichzeitig fordert die Frage auf, aktiv zu werden und nicht auf eine Erlaubnis oder eine Anweisung zu warten.

Dieser Anspruch an Eigenverantwortung gilt ebenso für Beziehungen. Inwieweit sich Menschen mit Sexualität im Allgemeinen sowie ihren eigenen Bedürfnissen auseinandersetzen, was richtig oder falsch ist, ist jedem allein überlassen – solange selbstverständlich nicht die Grenzen anderer überschritten werden.

Das Ziel bei Orion ist, Menschen einen Anstoß zu geben, sich mit den eigenen Wünschen auseinanderzusetzen, und ihnen Möglichkeiten aufzuzeigen, mit Spaß und Offenheit ihre Sexualität weiterzuentwickeln. Produkte wie Dessous oder Toys können dabei unterstützen, Abwechslung ins Liebesleben oder wieder Nähe durch gemeinsame Erfahrungen zu bringen.

Guten Sex zu definieren, ist indes die Herausforderung. Apps messen die Häufigkeit und Länge unseres Geschlechtsverkehrs, Penisringe können die Anzahl der Bewegungen ermitteln, wir können die Hirnareale beobachten, die aktiv werden, per App gesteuerte Toys geben den erfolgversprechendsten Vibrationsmodus vor, und Vaginalkugeln messen die Kontraktionsstärke des Beckenbodens. Muss also nur mehr trainiert werden, um besseren Sex zu haben?

In gewissem Sinne »ja«, ohne Übung kann man sich und seinen Körper nicht besser kennenlernen. Die Antwort ist allerdings komplexer, denn die Definition eines erfüllten Sexlebens ist sehr individuell. Guter Sex kann für jede Person zu unterschiedlichen Zeiten und in unterschiedlichen Lebensphasen ganz anders aussehen. Sogar die Definition von Sex kann variieren. In dem Film »Soulsex mit John und Annie« der schwedischen Pornoregisseurin Erika Lust geht es bei den über 70-jährigen Protagonisten nicht vorrangig um Penetration und Orgasmen, sondern um intensive Nähe und Wertschätzung des anderen. Die ergebnis- und optimierungsorientierten Menschen müssen hier enttäuscht werden, denn auch nach langjähriger Arbeit in der Branche existiert bei Orion kein Tresor, in dem eine allgemeingültige, schnelle Drei-Schritt-Anleitung zu einem erfüllten Sexleben liegt.

Letztlich verhält es sich mit Sexualität wie mit Gesundheit und Fitness: Theoretisch sind das Wissen und das Interesse vorhanden, es ändert sich aber leider nichts, wenn man nicht aktiv wird. Eigeninitiative und im gemeinsamen Einverständnis Ausprobieren sind der Weg nach vorn.

Lust und Vertrauen – ohne Vertrauen keine Weiterentwicklung

In Orions Firmenkultur sind, nicht anders als in vielen Familienunternehmen oder mittelständischen Unternehmen, Vertrauen und Wertschätzung eine wichtige Basis der täglichen Arbeit. Gerade in den vergangenen Monaten der Coronakrise hat sich dies als unser wertvollstes Gut herausgestellt. Von Betriebsrat, Kolleginnen und Kollegen, Geschäftspartnern, Gesellschaftern und bis zu befreundeten Unternehmen war die Bereitschaft hoch, sich gegenseitig zu unterstützen, um bestmöglich durch diese ungewöhnliche Zeit zu kommen. Für eine gute, ausgeglichene Partnerschaft bedeutet für uns Vertrauen und Wertschätzung, dass beide Parteien auf ein gemeinsames Ziel hinarbeiten und dafür etwas investieren, sei es eine erfolgreiche Zusammenarbeit oder eine erfüllte Beziehung. Wie bei einer Partnerschaft ist es möglich, dass einer der Partner kurzfristig mehr in die Beziehung investiert, doch mittelfristig sollte immer ein Ausgleich stattfinden und keiner der Partner langfristig benachteiligt werden.

Neben dem Vertrauen in Partner und Menschen spielt bei Orion auch das Vertrauen in die Produkte eine wichtige Rolle. Nur wenige unserer Produkte kommen ohne Hautkontakt aus. Bei vielen Produkten kann man sogar sagen, dass es kaum intimer werden kann. Interessanterweise gab es in unserem hochregulierten Land für Sextoys lange Zeit keine offiziellen Qualitätsvorgaben, denn sie waren nirgendwo als eigenständige Produktgruppe erfasst. Viele Jahre bestand unsere Qualitätsprüfung unserer eigenen Produkte aus selbstentwickelten Maßstäben und Benchmarking mit anderen Herstellern.

Mitte der 2000er-Jahre wagte sich erstmals ein namhaftes Prüfinstitut an die Bewertung von Vibratoren. Das kritische Ergebnis war überraschend und traf uns unvorbereitet, denn unsere Produkte entsprachen dem marktüblichen Standard. Als Familienunternehmen fühlt sich jede schlechte Bewertung wie eine persönliche Niederlage an, ein Versagen vor dem Kunden. Daher war die einzig konsequente Entscheidung, ab sofort mehr Verantwortung für die Qualität zu übernehmen und einen eigenen Standard zu entwickeln. Mit den Richtlinien für Kinderspielzeug als Ausgangspunkt und mithilfe eines Labors erstellten wir einen Orion-Prüfkatalog, den unsere eigenen Marken bestehen sollten. Es folgte in den darauffolgenden Jahren ein zäher Kampf. Nicht nur die Hersteller schüttelten ungläubig den Kopf ob unserer Kriterien. Unseren eigenen Ansprüchen gerecht zu werden war schwer, insbesondere, wenn Projekte ins Stocken gerieten oder teurer wurden. Der große Vorteil von Familienunternehmen ist die Freiheit, in langfristige Projekte investieren zu können und Entscheidungen aus Überzeugung zu treffen. Wir waren davon überzeugt, das Richtige zu tun und dass sich die Investitionen und Mühen irgendwann auszahlen.

Inzwischen bestehen auch unsere günstigsten Serien externe Tests anstandslos. Statt auf Vorgaben zu warten, engagieren wir uns auf internationaler Ebene in Prüfkommissionen, um allgemeingültige Standards für Toys zu entwickeln und international zu installieren.

Der größte Erfolg und Vertrauensbeweis ist für mich jedoch, dass sich eine Vielzahl von Kolleginnen und Kollegen sogar in unserem Katalog mit unseren Produkten präsentieren und Orion damit ein ganz persönliches Gesicht nach außen geben.

Lust und Wertschätzung – liebt euch selbst!

Sex ist nicht alles, aber Sex ist ein wichtiger Bestandteil des Lebens. Sexualwissenschaftler des Universitätsklinikums Hamburg-Eppendorf fordern sogar nach aktuellsten Studienergebnissen, Sexualität als Gesundheitsthema stärker zu fördern, da sie sie als Teilaspekt physischer und psychischer Gesundheit sehen.

Bei allem Experimentieren und Ausprobieren sollte man sich jedoch hinterfragen, ob es dem eigenen Bedürfnis entspricht. Probiert man etwas, weil man es möchte oder weil einem suggeriert wird, dass man es braucht oder machen sollte? Für Orion ergibt sich somit die Aufgabe, Selbstbewusstsein in Bezug auf die eigene Sexualität zu vermitteln. Wer sagt, dass es nicht völlig in Ordnung ist, als Frau Pornografie gut finden zu dürfen? Doch ebenso muss man sich selbstbewusst gegen etwas entscheiden und eigene Grenzen verteidigen können. Orion unterstützt daher, auch ohne namentlich genannt zu werden, seit Jahren Projekte, bei denen es um Jugendschutz, Aufklärung, Stärkung von Familien bis hin zur Selbstverteidigung geht.

Selbstliebe, nicht im Sinne von Narzissmus, sondern Liebe und Wertschätzung sich selbst gegenüber ist ein weiterer wichtiger Aspekt. Sich nicht wohl im eigenen Körper zu fühlen, gaben 32 Prozent der Frauen und sieben Prozent der Männer 2020 in der Orion-Umfrage als Grund an, mit ihrem Sexleben nicht glücklich zu sein. In den vergangenen Jahren hat die Vielfalt der Models in der Werbung erheblich zugenommen. Viele Unternehmen haben den Weg eingeschlagen, mehr durchschnittliche Menschen abzubilden und das Unvollkommene zu zeigen. Als Händler von Erotikprodukten sieht sich Orion besonders in der Verantwortung, diesen Wandel mit voranzutreiben und zu unterstützen. Auch ohne klassische Modelfigur sexy sein zu können und auf Fotos kleine Makel nicht zu retuschieren, sind die ersten Schritte in die richtige Richtung. Schließlich sind Selbstbewusstsein und Selbstliebe die Grundlagen, um auch anderen respektvoll und tolerant begegnen zu können.

Nein, man braucht unsere Produkte nicht, um glücklich zu sein, aber wenn man sie für sich selbst nutzt, weil man Spaß daran hat und es einem guttut, ist es wie mit Make-up: An einigen Tagen darf es ganz ohne oder nur mit einem Hauch von Make-up sein. Sex kann ohne zusätzliche Hilfsmittel, in Alltagsunterwäsche und ohne große Vorbereitung toll und aufregend sein. An anderen Tagen macht es Spaß, etwas mehr aufzutragen. Und es gibt Tage, an denen es das volle Programm sein darf. Es ist die Abwechslung, die den Reiz ausmacht. Das Wichtigste ist, bei allem eine gute Portion Humor und Gelassenheit zu behalten. Denn nichts ist unerotischer als Perfektion.

Lieb doch, wie du willst!